AMÍLCAR CABRAL

DISCURSOS ANTICOLONIAIS

Série Marxismo do Terceiro Mundo

AMÍLCAR CABRAL

DISCURSOS ANTICOLONIAIS

1ª edição
Expressão Popular
São Paulo – 2024

Produção editorial e preparação: Lia Urbini
Revisão: Miguel Yoshida
Projeto gráfico e diagramação: Zap Design
Capa: Rhuan Oliveira
Impressão e acabamento: Paym

Dados Internacionais de Catalogação na Publicação (CIP)

A516

Amílcar Cabral: discursos anticoloniais / Expressão Popular. – São Paulo : Expressão Popular, 2024.
284 p.

ISBN: 978-65-5891-137-1

1. Revolução social. 2. Poderes políticos. I. Expressão Popular.

CDD: 321
CDU: 321

André Felipe de Moraes Queiroz – Bibliotecário – CRB-4/2242

1ª edição: maio de 2024
1ª reimpressão: novembro de 2025

EDITORA EXPRESSÃO POPULAR
Alameda Nothmann, 806 – Sala 06 e 08
CEP 01216-001 – Campos Elíseos-SP
atendimento@expressaopopular.com.br
www.expressaopopular.com.br
ed.expressaopopular
editoraexpressaopopular

Sumário

Nota histórica e editorial a *Amilcar Cabral: discursos anticoloniais*

Lia Urbini

Angola, Cabo Verde, Guiné-Bissau, Moçambique, São Tomé e Príncipe e Guiné Equatorial são os atuais Países Africanos de Língua Oficial Portuguesa (Palop). Eles excetuando a Guiné Equatorial, ex-colônia espanhola, compartilham conosco a língua oficial por justamente dividirem também um passado colonial conectado à história de dominação portuguesa. Apesar de não estarem conectados geograficamente entre si dentro do território africano, estes países vivenciaram uma realidade de opressão comum, integrando a última etapa de descolonização europeia.

Muitos países de colonização francesa, inglesa, italiana, alemã, belga e espanhola já haviam realizado seus processos de independência até o final da década de 1960. Portugal, por sua vez – que viveu sob a ditadura de Salazar de 1933 a 1968, continuada por Marcello Caetano, seu sucessor –, só reconheceu a independência de suas colônias após iniciar seu próprio processo de redemocratização, desencadeado pela Revolução dos Cravos em 1974.

Mas o que conhecemos aqui no Brasil atual das lutas de libertação nacional travadas por nossos irmãos africanos? Mesmo pensando em materiais que não necessitam de tradução, como os documentos das revoluções das ex-colônias portuguesas, como é que eles nos chegam, contextualizados de que maneira? É com o objetivo de contribuir com essa tarefa de compreender os processos em perspectiva histórica e com o intuito de celebrar, ao mesmo tempo, o centenário de nascimento de Amílcar Cabral e os 50 anos da Revolução dos Cravos – que muito deve à pressão contínua, incansável e enfática de anos de guerrilha nas colônias – que a Editora Expressão Popular publica este livro.

Nascido em 1924, Cabral foi um engenheiro agrônomo, revolucionário e grande nome da independência de seu país e de Cabo Verde; dirigiu o movimento de libertação nacional por meio de sua atuação no primeiro partido comunista do território, o Partido Africano para a Independência de Guiné e Cabo Verde (PAIGC), e por 15 anos defendeu a bandeira de um pan-africanismo socialista até ser assassinado pelo poder colonial em 1973. Ao longo de sua trajetória política, chegou a reunir mais de um milhão de pessoas para se libertarem da ocupação portuguesa. Mais detalhes de sua biografia estão presentes no texto de Carlos Lopes que abre este volume.

Nossa coletânea reúne também alguns discursos proferidos por Amílcar Cabral, compondo uma amostra da multiplicidade de frentes de trabalhos e interesses desse destacado revolucionário e pensador bissau-guineense. Divididos entre teoria da organização política, cultura e internacionalismo, procuramos por eles evidenciar ao mesmo tempo a importância da preservação e divulgação da memória dessa liderança revolucionária que já não está mais fisicamente presentes entre nós e o contexto social, político e cultural que possibilitou a sua existência. Desse modo, ainda que a história da independência de Guiné e Cabo Verde esteja aqui apresentada sob a ótica de uma única figura, é possível ver como não se trata de personalismo, uma vez que, no caso de processos populares como este, Amílcar revelava uma conexão intensa com a sua base.

Paulo Freire, nosso grande patrono da educação, em seu momento de exílio em função da perseguição da ditadura empresarial-militar brasileira, atuou como consultor da reforma educacional em ex-colônias portuguesas, especialmente na Guiné-Bissau e Moçambique. Talvez seja por ele que muitos leitores brasileiros tiveram contato, pela primeira vez, com o legado de Cabral e com o processo de reconstrução levado a frente pela população daqueles territórios após a independência. O aparente inusitado dos intercâmbios pedagógicos entre Brasil e Guiné-Bissau é uma expressão das trocas mais amplas, enraizadas na luta pela autodeterminação dos povos e contra autoritarismos em qualquer escala, que entrelaçam nossas histórias.

Como sintetizava Amilcar:

> Posso ter minha opinião sobre muitos temas, sobre a maneira de organizar a luta; de organizar um partido; uma opinião que se formou em mim, por exemplo, na Europa, na Ásia, ou ainda em outros países da África, a partir de livros, de documentos, de encontros que me influenciaram. Não posso porém pretender organizar um partido, organizar a luta, a partir de minhas ideias. Devo fazê-lo a partir da realidade concreta do país.

Inspirados na potência da leitura crítica do mundo instigada por figuras como Amílcar Cabral, e que carregam as histórias de seus tantos camaradas anônimos ou menos conhecidos, é que aumentamos em mais um volume nossa coleção de títulos da série Marxismo do Terceiro Mundo.

Agradecemos especialmente à Fundação Amílcar Cabral de Cabo Verde que pronta e solidariamente autorizou a publicação destes textos no Brasil, a Carlos Lopes, um dos maiores conhecedores da vida e obra de Cabral por permitir a publicação de seu texto contextualizando nosso autor e a Luciana Dias por se prontificar a escrever o texto de orelha.

Cronologia

Guiné-Bissau antes de Portugal

Os primeiros indícios de ocupação humana datam de 200 mil anos atrás. Após milhares de anos de predominância de vida nômade, uma porção do território da atual Guiné Bissau abrigou o Império Mali (1235-1670), o Reino de Gabu (1537-1867) e o Império do Sahel. A etnia mandinga se fez presente por lá desde ao menos a época do império, assim como balantas, fulas, malinquês e outras.

1446-1447 – Primeiros contatos portugueses na Guiné Bissau.

1460 – Diogo Gomes, a serviço da coroa portuguesa, inicia a ocupação do arquipélago de Cabo Verde, até então sem indícios de ocupação humana. As ilhas se tornam muito importantes como entrepostos para o comércio de pessoas escravizadas. As diferenças de estratégia em relação à colonização de um território sem ocupação anterior e outro com milênios de presença humana traz consequências na conformação das identidades cabo-verdianas e bissau-guineense.

1462 – Cabo Verde começa a ser colonizada com emprego de mão de obra escravizada trazida do continente, para plantação de cana-de-açúcar, algodão e árvores frutíferas.

1558 – Fundação de Cacheu, na Guiné Bissau, cidade que recebe os primeiros contingentes portugueses, mas com administração sediada em Cabo Verde.

1687 – Fundação da vila de Bissau, como entreposto de tráfico de escravizados e fortaleza militar.

1869 – Abolição do tráfico de escravizados nos territórios portugueses transforma radicalmente a economia nas colônias.

1885 – Conferência de Berlim pressiona Portugal a consolidar a ocupação dos seus territórios. Pouco depois, se organiza expedição portuguesa contra os balantas, os beafadas e os oincas.

1886 – Acordo luso-francês que limitou as fronteiras entre Guiné Francesa (Guiné Conacri) e Guiné Bissau (Guiné Portuguesa).

1879 – Guiné Bissau separada da administração central pelo arquipélago de Cabo Verde, passando a ter administração autônoma.

1900 – Ofensiva portuguesa contra os papéis da ilha de Bissau.

1913-1936 – Campanhas portuguesas de "pacificação", com intensa resistência dos grupos autóctones.

Anos 1950 – Primeiras organizações urbanas clandestinas se organizam na Guiné Bissau contra a administração portuguesa: Movimento de Libertação da Guiné e Cabo Verde (MLGC), União de Povos da Guiné (UPG), Reunião Democrática Africana da Guiné (RDAG), União dos Naturais da Guiné Portuguesa (UNGP), União da População Libertada da Guiné (UPLG), Movimento de Libertação da Guiné (MLG), Movimento para a Independência da Guiné (Ming), Frente de Libertação Nacional da Guiné (Fling).

1956 – Fundação do Partido Africano para a Independência da Guiné e Cabo Verde (PAIGC), por Amílcar e Luís Cabral,

Aristides Pereira, Elisée Turpin, Abílio Duarte, Júlio de Almeida e Fernando Fortes. O PAIGC, dentre todos os outros movimentos, se tornará o único com hegemonia política para conduzir o processo de libertação. MPLA é fundado em Angola.

1957 – Primeira Conferência dos Povos Afro-Asiáticos, no Cairo.

1958 – Independência da vizinha República da Guiné, ex-colônia francesa, colabora com a logística de luta da Guiné Bissau, com a criação de uma escola política de formação naquele território. Reunião alargada do PAIGC, onde se decide a mobilização prioritária do campo.

1959 – Massacre de Pidjiguiti, em Guiné Bissau, em que as forças portuguesas assassinam 50 estivadores, marca uma guinada em termos de orientação das ações do partido. Em vez de greve, outras formas de resistência e luta deveriam ser tentadas. Começo da organização da luta armada.

1960 – Segunda sessão da Conferência dos Povos Africanos, em Túnis. Constituição da Frente Revolucionária Africana para a Independência Nacional das Colônias Portuguesas (Frain). Proclamação da Independência do Senegal. Aparecimento do órgão de informação do PAIGC, *Libertação.*

1961 – Vinte membros do PAIGC são presos na Guiné Bissau pelas forças portuguesas. Grande movimentação pela libertação levou à criação de um julgamento, com posterior libertação da maioria. Reformas populistas portuguesas procuram influenciar a população a não apoiar o processo revolucionário. Inspirados pelo movimento panafricanista socialista, é formada a Conferência das Organizações Nacionalistas das Colônias Portuguesas (CONCP), agregando o PAIGC, o MPLA, a União Democrática Nacional de Moçambique (Udenamo, que no ano seguinte se torna Frelimo), e o Movimento de Libertação de São Tomé e Príncipe (MLSTP).

1962 – Mais de 2 mil pessoas presas por "nacionalismo" na Guiné Bissau. Aldeias queimadas e tortura nas prisões dão o tom da repressão portuguesa à organização popular. Denúncia da situação de opressão colonial perante a ONU.

1963 – Em 23 de janeiro, o PAIGC declara guerra contra Portugal, tendo como marco o ataque contra a fortaleza portuguesa de Tite. A data passa a ser considerada o Dia do Combatente da Liberdade da Pátria, marco do início da luta armada no país. Criação da Organização da União Africana, na Etiópia.

1964 – Primeiro congresso do PAIGC na região libertada de Cassacá, fundando as Forças Armadas Revolucionárias do Povo. Edição do primeiro livro escolar para o processo educacional encabeçado pelo PAIGC.

1965 – Segunda Conferência da CONCP em Dar-es-Salam.

1966 – PAIGC participa da criação da Organização de Solidariedade dos Povos Afro-Asiáticos e da América Latina OSPAAL, em Havana. Reorganização das Forças Armadas Revolucionárias do Povo (FARP). Inauguração da estação emissora Rádio Libertação.

1968 – Ataque ao aeroporto de Bissalanca (a 10 km de Bissau) por um comando de Exército Popular.

1969 – Tomada do campo fortificado de Madina do Boé, consumando-se a libertação da região de Boé, Guiné Bissau.

1972 – Envio de uma missão da ONU aos territórios libertados da Guiné Bissau.

1973 – Reunião da Primeira Assembleia Nacional Popular, que declarava a independência unilateral de Guiné-Bissau, rapidamente reconhecida por 63 países. Assassinato de Amílcar Cabral em Conakry, por agentes dos colonialistas portugueses. Segundo congresso do PAIGC nas regiões libertadas do leste. Aristides Pereira é eleito Secretário-Geral do partido por unanimidade.

1974 – Intensificação da ação direta nos centros urbanos, enquanto continuam a se registrar os reconhecimentos internacionais do novo Estado. Revolução dos Cravos em Portugal coloca fim à ditadura Portuguesa e reconhece a Independência de Guiné Bissau. A antiga Guiné Portuguesa torna-se Guiné Bissau oficialmente, e o irmão de Amílcar Cabral, Luís Cabral, torna-se seu primeiro presidente.

1975 – Declaração de independência do arquipélago de Cabo Verde. PAIGC governa ambos os países, mas cada um com seu presidente.

1978 – Nino Vieira, um dos principais lutadores do PAIGC, é nomeado primeiro-ministro da Guiné Bissau.

1980 – Luís Cabral é deposto por um golpe do cargo de presidente da Guiné Bissau organizado por seu primeiro-ministro, agora representante do Movimento Reajustador, em decorrência de disputas internas de poder. Luís Cabral sai em exílio para Cuba, e em seguida, Portugal.

1981 – Os laços políticos entre Guiné Bissau e Cabo Verde são rompidos com o estabelecimento de uma nova Constituição em Cabo Verde. O Partido Africano para a Independência de Cabo Verde (PAICV) substitui o PAIGC.

1982 – Samora Machel, presidente de Moçambique, medeia a reaproximação entre Guiné Bissau e Cabo Verde, apesar destes seguirem administrativamente cursos distintos.

Guiné Bissau de 1980 até hoje – Na Guiné Bissau, desde a independência houve 4 golpes militares, uma guerra civil intensa entre 1998 e 1999 e frequentes trocas de governo, caracterizando um cenário de instabilidade política e corrupção. O PAIGC segue existindo como força política no território, mas sob muitas transformações em seu conteúdo de base, compartilhando com outros países africanos com legado de luta socialista anticolonialista o desafio de organizar sua população num contexto de terra arrasada pós-independência. O país figura hoje entre as nações mais empobrecidas do mundo.

Cabo Verde de 1980 até hoje – Em Cabo Verde, Aristides Pereira, do PAIGC tornado PAICV, governa por três mandatos, de 1975 até 1991. Em 1991 há uma guinada para a direita comandada pelo Movimento para a Democracia, com uma onda de privatizações conduzida por dois mandatos, e desde então MPD e PAICV se alternam no poder. O turismo e as políticas sociais fortes no país colocaram o país entre os que mais conseguiram reduzir a pobreza em África.

Amílcar Cabral

1924 – Nasce Amílcar Cabral em Bafatá, Guiné-Bissau, a 12 de setembro de 1924, filho do professor primário Juvenal Cabral e de Iva Pinhel Évora, ambos nascidos em Cabo Verde.

1931 – Amílcar ganha um irmão, Luís, que será futuramente seu companheiro de militância e posterior presidente da Guiné Bissau.

1932 – Aos 8 anos, Cabral muda-se com a família para a ilha de Santiago, Cabo Verde, onde vive grande parte da sua infância e juventude.

1937 – Entra para o Liceu de São Vicente.

1944-1945 – Amante dos esportes, Amílcar Cabral atua em São Vicente como secretário do "Boavista Futebol Clube", além de trabalhar na Imprensa Nacional de Cabo Verde.

1945-1946 – Conclui o Ensino Secundário. Obtém uma bolsa de estudos para o Instituto Superior de Agronomia, em Lisboa, Portugal. Lá conhece e casa, em 1946, com a sua primeira esposa, Maria Helena de Ataíde Vilhena Rodrigues. Participa também, por curto tempo, do Movimento Democrático da Juventude (MUD-Juvenil).

1948-1951 – Eleito presidente do Comitê da Cultura da república estudantil Casa dos Estudantes do Império (CEI). Depois se torna secretário-geral em 1950 e, em 1951, vice-presidente.

1951 – Cria, em Lisboa, aliado a outros estudantes oriundos de colônias africanas lusófonas como Francisco José Tenreiro e Mário Pinto de Andrade, o Centro de Estudos Africanos.

1952 – De volta à Guiné-Bissau, como engenheiro agrônomo, trabalha no posto experimental de Pessubé, realizando no ano seguinte o recenseamento agrícola, experiência que muito contribuiu para a posterior preparação da estratégia de luta armada de libertação.

1953 – Cria a Associação Esportiva, Recreativa e Cultural da Guiné, aberta a "assimilados" e população autóctone, despertando a antipatia do governador da colônia, que o obriga a sair de seu país. Inicia uma fase da vida relativamente clandestina, com muitas viagens de articulação política, com contatos intensos com o processo revolucionário de Angola.

1955 – Participa da histórica Conferência de Bandung, na Indonésia, que reúne líderes de 29 países africanos e asiáticos.

1956 – Assina o "Manifesto de 1956", de fundação do Movimento Popular de Libertação de Angola (MPLA) em Angola. Cria o Partido Africano da Independência, sob o pseudônimo de Abel Djassi. Funda no mesmo ano, com Viriato da Cruz, Aristides Pereira, seu irmão Luís Cabral e outros africanos, o Partido Africano da Independência (PAI), que mais tarde se transforma no Partido Africano para a Independência da Guiné e Cabo Verde (PAIGC). Daí para diante, a cronologia de Amílcar se funde com as principais ações do partido.

1960 – Em janeiro, durante a Segunda Conferência dos Povos Africanos, em Tunes, articula a criação da Frente Revolucionária Africana para a Independência Nacional das Colônias Portuguesas (FRAIN/CONCP). Em abril, participa ativamente da Segunda Conferência da Organização de Solidariedade dos Povos Afro-Asiáticos (OSPAA), realizada no país vizinho, a República da Guiné. Acompanha o início da formação de militantes e quadros de expansão para o interior da Guiné Bissau. Amílcar realiza visitas nas embaixadas da Guiné solicitando apoio financeiro e técnico para o partido. O Comitê Chinês para a Solidariedade Afro-Asiática organiza então uma visita de mais de um mês à China, convidando Cabral e outros militantes de seu partido, junto a membros do MPLA, dando início ao suporte chinês para o processo bissau-guineense.

1965 – Na Guiné-Bissau, Amílcar Cabral casa, em maio de 1965, com a sua segunda esposa, Ana Maria Foss de Sá. Mantém contatos com o comandante Ernesto "Che" Guevara, momento de relativo afastamento do apoio chinês, uma vez que Cabral passa a defender uma solução negociada com Portugal.

1966 – Estabelece contato com Fidel Castro em Escambray e Havana, para discutir pormenores da ajuda cubana ao PAIGC, numa altura em que o PAIGC já controlava metade do território guineense.

1970 – Recebido em audiência com o Papa Paulo VI, ao lado de Agostinho Neto (MPLA) e Marcelino dos Santos (Frelimo). No mesmo ano Cabral recebe o título de doutor *honoris causa* da Universidade Lincoln, Estados Unidos da América.

1973 – Assassinado a 23 de janeiro na presença da sua mulher Ana Maria em Conacry, por Inocêncio Kani, guerrilheiro do PAIGC.

O legado de Amílcar Cabral diante dos desafios da ética contemporânea[1]

Carlos Lopes[2]

Perfazem-se 80 anos do nascimento de Amílcar Cabral, personagem ímpar do continente africano, herói do seu tempo, hoje esquecido mais do que se admite, poderoso vetor de referência para as gerações que o conheceram e para as que o sucederam. Por que é importante celebrar a sua vida e obra? Por que fazê-lo agora, e em que contexto? Essas são algumas das interrogações legítimas daqueles que, por ocasião de seu aniversário, não devem entender muito bem um conjunto de acontecimentos atribuíveis aos movimentos, partidos e países que Amílcar Cabral ajudou a criar, ou que nele se legitimam. São também as interrogações de jovens que não leram o que ele escreveu, por razões tão triviais como o fato de a última edição das suas obras ter desaparecido das bancas há pelo menos 20 anos.

As hagiografias ao herói da Guiné e de Cabo Verde foram ocupando espaço. Selos, notas bancárias, monumentos, nomes de ruas e empreendimentos, retratos e pôsteres, várias simbologias

1 Extraído de: Lopes, Carlos (org.) *Desafios contemporâneos da África. O legado de Amílcar Cabral.* Luanda: Ministério da Cultura/Arquivo Nacional de Angola, 2014.

2 Subsecretário-geral das Nações Unidas e diretor-geral do Instituto das Nações Unidas para Treinamento e Pesquisa (Unitar).

substituem o conhecimento das ideias, ensinamentos e exemplos de vida. Amílcar Cabral desapareceu do debate político para regressar no culto das celebridades. Mesmo nesse registro, num patamar menos importante do que outras celebridades da música ou do esporte, por exemplo.

Será este o início de um lamento, a indução à crítica? Não. O propósito é outro.

Comemorar Cabral hoje necessita de uma razão, sim. Essa procura não é difícil de encontrar para todos aqueles que conviveram com ele ou beberam das suas experiências e do seu pensamento. Trata-se do legado ético, que muito pode servir para entender os desafios contemporâneos.

Globalização

Definida de forma diversa, a transformação do mundo a que assistimos desamparados provoca uma gravitação dos processos econômicos, sociais e culturais, fazendo-nos perder referências familiares e sentimentos confortáveis. As mudanças significativas na nossa noção de espaço e tempo questionam premissas históricas, agora invadidas por um acúmulo de informação, acesso mais fácil a comunicações e uma revolução nos métodos quantitativos. A globalização é vista como um processo de riscos e oportunidades, desenhada em função de uma capacidade de inserção e aproveitamento competitivo da economia, caracterizada por novos e fortes desafios, e uma acentuação na polarização e heterogeneidade.

A globalização é um fenômeno multidimensional que se inscreve na internacionalização da economia mundial. No entanto, pretender que o seu *locus* se limite ao comércio e ao investimento, às finanças ou aos regimes macroeconômicos não faz sentido. As assimetrias criadas mudam os comportamentos e as instituições e têm um impacto, digamos, na vivência cultural. O apelo à diversidade e o papel das imigrações contemporâneas, por exemplo, têm de ser analisados com uma acuidade superior.

Os seres humanos inteligentes sempre acham que vivem numa época singular, cheia de acontecimentos únicos e marcantes. Há um pouco de verdade nessa percepção, mas muito dessa verdade também é ofuscado por uma sobrevalorização da diferença em relação a épocas passadas. Em termos de conteúdo universal, os dilemas das sociedades humanas muitas vezes são repetitivos. Por exemplo, o alargamento da democracia para além dos eleitos cidadãos é um tema que ainda não se esgotou desde a Grécia Antiga. Os debates sobre a democracia representativa mostram que nem o sufrágio universal resolveu a questão dos direitos políticos e da plena cidadania. Seria ridículo, por exemplo, assimilar de forma simples as contribuições teóricas de Amílcar Cabral sobre a democracia à luz de dilemas atuais.

Se a globalização é um processo de identificação das relações entre sociedades, então temos que admitir que isso ocorre há milhares de anos e já nos trouxe dissabores históricos como o tráfico de escravizados, ou vantagens como a divulgação dos conhecimentos científicos, expansão do comércio ou maior intercâmbio entre os povos.

O que nos faz ter a sensação de vivermos um momento paradigmático é o fato de o poder enorme de destruição já não ser privilégio dos mais fortes. O terrorismo contemporâneo introduziu o medo nas sociedades ocidentais e universalizou a insegurança humana para os territórios protegidos: cidades, subúrbios de classe média ou países ricos. Em vez da inspiração iluminista de uma sociedade mais integrada, ou das promessas do socialismo, ou da social-democracia, de uma sociedade mais igualitária, repartindo os serviços de um Estado-providência, estamos perante uma civilização do medo. O medo, como consequência direta de uma distribuição desigual e de uma concentração de riquezas sem precedentes.

Aqui cabe uma referência a Frantz Fanon, martiniquês contemporâneo de Cabral que descreveu a violência revolucionária como força, poder e coerção exercida de forma organizada, mas que podia extravasar para algo diferente. Num prefácio de Jean-Paul Satre ao livro mais importante do autor, ele sintetizou o seu pensamento:

> basta [...] que os recém-nascidos (dos países do Terceiro Mundo) tenham que temer a vida um pouco mais do que a morte, e a torrente da violência rompe todas as barreiras. É o momento do *boomerang*, o terceiro tempo da violência; volta-se contra nós, atinge-nos e, como de costume, não compreendemos que é nossa.[3]

Essa discussão não é muito diferente da que ocupa muitas mentes hoje em dia.

Questionar os valores faz parte do percurso da humanidade. Também nesse quesito a originalidade em relação ao legado histórico é diminuta. Os grandes momentos da História estão marcados precisamente por terem trazido, mais do que acontecimentos de monta, uma discussão dos princípios éticos da sociedade. A mudança moral, por sua vez, nos coloca perante a necessidade de definir as causas e os fatores que a determinam.

Amílcar Cabral foi um grande questionador do seu tempo. A partir das experiências vividas por um grupo de africanos e asiáticos, privilegiados pelo acesso ao ensino superior em Lisboa, conjugou-se na Casa dos Estudantes do Império uma valorização das culturas de que eram originários. A tal não foram alheias as primeiras manifestações protonacionalistas – incluindo a figura tutelar de Francisco José Tenreiro – que os precederam. Mário de Andrade, Marcelino dos Santos, Eduardo dos Santos, Agostinho

[3] Sartre, *apud* Fanon, *Os condenados da Terra.*

Neto, Alda Espírito Santo, Noémia de Sousa e muitos outros deram início a um ciclo de conscientização que teve o seu auge no estabelecimento, na Lisboa dos anos 1950, do Centro de Estudos Africanos. O que esse grupo acabou por protagonizar foi um questionamento da lógica colonial, uma lógica já desenquadrada no espaço e no tempo, relativamente à evolução do processo de integração capitalista, que daria origem ao período mais recente da globalização.

De certa forma, Amílcar Cabral e seus colegas estavam mais adiantados na compreensão do mundo, como se veio a provar depois, com o desmoronamento da ditadura fascista imposta pelo Estado Novo a Portugal e a independência progressiva das colônias portuguesas, nos anos 1970. O primeiro movimento desse grupo não foi violento nem radical. Pediam, em memorandos assinados, o fim do colonialismo por meio de apelos. Num desses apelos de 1961, Cabral invocava os direitos à autodeterminação consagrados pelas Nações Unidas com processos de descolonização. Mas ele mesmo não acreditava que uma potência atrasada como Portugal tivesse a sofisticação para preterir a administração direta ao neocolonialismo, que exigia meios superiores. Na ausência de entendimento e reconhecimento por parte de Portugal, falava da necessidade de guerra preventiva.[4]

Cabral defendia que o colonizador acabaria por ser libertado pelo colonizado, numa interpretação baseada no entendimento que a contradição revolucionária principal era a que opunha os povos dominados aos dominadores, mais do que a do proletariado contra a burguesia dos países colonizadores. "O colono criou o colonizado e é este que está fadado a destruí-lo, libertando-se e

[4] Andrade, Mário. *Amílcar Cabral, ensaio de biografia política.*

libertando-o".[5] Essa tese, desafiadora do marxismo em voga, foi esboçada por Fanon e aperfeiçoada por Cabral.

A luta por valores

Desde cedo Amílcar percebeu que a luta que valia a pena era por valores. Suas denúncias da situação colonial debruçavam-se sobre a imoralidade com que eram tratados os povos das colônias, sobre a injustiça no mundo e sobre a necessidade de afirmação das identidades culturais.

O discurso atual sobre a multiculturalidade já era feito por Cabral nos anos 1950. As suas teses sobre o caráter civilizatório da luta de libertação nacional têm a ver com a sua defesa como um ato de cultura. Amílcar Cabral foi o único dirigente de guerrilha capaz de articular uma tese desse tipo. Nem a teoria do foco, em voga nas guerrilhas da América Latina, nem a teoria de solidariedade entre os povos de Che Guevara, nem a defesa da integridade territorial de Vo Nguyen Giap se basearam em princípios filosóficos equivalentes.

Leitor atento de Giap, do qual derivou sua noção de convergência entre luta de classes e lutas nacionais, e a obsessão sobre a especificidade de cada realidade, Cabral acrescentou à visão do líder vietnamita a ideia de que a libertação nacional era simultaneamente um fato de cultura e um fator cultural, como demonstrado pela resistência cultural ser a mais efetiva forma de resistência. Segundo ele:

> a cultura revela-se como o fundamento do movimento de libertação, e só podem mobilizar-se, organizar-se e lutar contra a dominação estrangeira as sociedades e os grupos humanos que preservam a sua cultura. Esta, quaisquer que sejam as

5 Cabaço, Chaves. Colonialismo, violência e identidade cultural. *In: Margens da cultura*.

> características ideológicas e idealistas da sua expressão, é um elemento essencial do processo histórico. É nela que residem a capacidade (ou a responsabilidade) de elaborar e fecundar os elementos que asseguram a continuidade da História, assim como determinar as possibilidades de progresso ou regressão da sociedade. Assim – porque uma sociedade que se liberta verdadeiramente do jugo estrangeiro retoma a rota ascendente da sua própria cultura, que se nutre na realidade vivente do meio e nega tanto influências nocivas como todas as formas de sujeição a culturas estrangeiras –, a luta de libertação é antes de tudo o mais um ato de cultura.[6]

A originalidade dessa análise de Cabral tem uma dimensão maior por ter antecipado o debate mais importante da globalização.

Mas Cabral não se limitou a essa contribuição. Quando lhe perguntavam se era marxista, ele tinha uma forma rebuscada de responder. Limitava-se a contextualizar o uso do marxismo, como ferramenta indispensável para a interpretação histórica, recusando a classificação e categorização tão em moda nos anos 1960. Mas acabou por oferecer um dos complementos mais importantes ao *Manifesto comunista* afirmando que: "O nível das forças produtivas é um elemento determinante do conteúdo e da forma da luta de classes".[7] Essas nuances faziam dele talvez um estudioso do marxismo mais sofisticado do que muitos que o reclamavam o pedestal; mas mostrava também a capacidade de não se prender a ideologias que tinham pouca relevância quando falava didaticamente com os seus guerrilheiros.

A experiência de Antonio Gramsci, na sua luta pela transformação do Partido Comunista Italiano, da ortodoxia imposta pela União Soviética sob Stalin, pode ter sido influência marcante para Cabral. A visão de Gramsci sobre organização do partido e a definição do que deve ser o seu conteúdo revolucionário ou

6 Cabral, *A arma da teoria: unidade e luta I.*

7 Ibid.

reformador encontram-se presentes na obra de Cabral. A premissa gramsciana do otimismo da vontade contra o pessimismo da realidade está mesmo refletida na palavra de ordem de Cabral, "esperar o melhor, mas preparar-se para o pior".

Amílcar Cabral entendia bem a proposta de Gramsci sobre o intelectual orgânico e o papel da sociedade civil. O seu célebre Seminário de Quadros de 1965, com as suas oito aulas, foi uma tradução à letra da análise gramsciana,[8] depois batizada de práxis filosófica. No seminário, Cabral mostrou a sua maturidade como dirigente político de um movimento em constante evolução, e cheio de inevitáveis contradições. Em cada sessão, os problemas da guerrilha eram expostos em termos de valores. Unidade, poder, trabalho político, nação, responsabilidade, educação, solidariedade eram dissecados em linguagem simples, com um pragmatismo a toda a prova.

Mas Cabral estava consciente das limitações. No seio do PAIGC, que criou e desenvolveu, conviviam muitos comportamentos reprováveis, que a natureza da guerra conseguia esconder das decisões e diretivas. O Congresso de Cassacá, o segundo do PAIGC, realizado em fevereiro de 1964, foi um momento fundamental na definição da ética do movimento de libertação nacional. Amílcar Cabral desafiou dirigentes oportunistas a corrigirem as suas práticas, num clima de tensão e de possível deflagração de conflito. A sua coragem foi marcante para que o movimento não se deixasse dominar por tendências negativas que enumerou como segue: militarismo e autoritarismo; "regularidade" ou clientelismo; "catchorindade" ou servilismo; "mandjuandade" ou espírito de clã; poligamia; "griotismo" ou bajulação; e o racismo, considerado o oportunismo da pior espécie. Cabral dizia que esses males eram

8 Id., *A prática revolucionária: unidade e luta II.*

reforçados por fraquezas organizativas tais como a tendência à improvisação; falta de planificação; falta de consideração ao fator tempo; falta de estudo sério; rendimento insuficiente; indisciplina e abusos; e desavenças entre dirigentes.[9]

Embora a luta por valores morais nunca esmorecesse, ela foi certamente minimizada e sujeita à crítica e acusação permanente. Mas, de certa forma, foi a baixeza moral que saiu parcialmente vencedora, quando correligionários do próprio Amílcar Cabral se aliaram a interesses opostos aos seus e o assassinaram em Conacri, em 20 de janeiro de 1973.

A contemporaneidade de Cabral – captada sucintamente no seu *slogan* "pensar para atuar e atuar para pensar melhor" – pode ser argumentada de vários prismas. Escolhemos quatro: ideologia, papel dos intelectuais africanos no nacionalismo, elites e pequena burguesia e movimento de solidariedade.

Ausência de ideologia

A tragédia do pensamento africano tem a ver com a ausência de ideologia, dizia Amílcar Cabral. Mas ele não se refere aos debates sobre o fim das ideologias, posteriores à sua observação, mas sim à timidez de vontade própria, de projeto político próprio, à contraposição do mimético que caracterizou muito do intelectualismo africano. Na fonte dessa postura: a persistência do princípio da inferioridade africana.

Foi Hegel quem melhor sintetizou, no pensamento filosófico, a percepção mantida no Ocidente de que a África era dominada por uma presença humana inferior, traçada pelo destino de Caim. Ao proclamar que a África era incapaz de produzir História, aliava-se à visão de que a civilização veio da escrita e reivindicação

9 *Ibid.*

do Egito como não africano, ou negro, e do Mediterrâneo como berço de um mundo iluminado apenas por europeus. Sabemos que todas essas categorizações são historicamente inconsistentes e apenas refletem variadas formas de produzir alteridade. Mas ao longo do tempo a sua persistência, veiculada pelos detentores do poder, foi de tal ordem que ainda hoje de forma muitas vezes explícita, embora mais frequentemente implícita, acredita-se numa certa inferioridade africana.

Essa percepção ultrapassou a visão do colonizador e atingiu em cheio o colonizado, que ficou com uma visão de si mesmo influenciada por complexos e uma constante recorrência à identificação tradicional e inferiorizada da política. Cabral ilustrava esse complexo com a pretensa defesa de certas formas de vestir, comer ou comportar-se como sendo africanas, o que na sua visão era ridículo, demagógico e populista. Dizia: “a crise da revolução africana provém de uma crise de conhecimento. Ou, em outras palavras, da insuficiência ou mesmo falta de bases teóricas para análises concretas e realidades concretas”.[10]

Tal atitude justificava uma distância em relação ao externo, o que deixava pouco espaço de manobra para denúncias polidas, a não ser que elas usassem o mesmo instrumento tradicionalista. Mas, no fundo, isso era ausência de vontade própria, ausência de ideologia.

Outra consequência maior dessa atitude é misturar a África ou, mais propriamente, toda a África subsaariana, num objeto único de estudo e classificação, como se a enorme diversidade do continente coubesse no cabaz estreito da inferioridade. Cabral recusava isso, insistindo na necessidade obsessiva de se estudar a realidade de cada lugar.

[10] Andrade, *op. cit.*

Não surpreende que a África tenha uma dificuldade maior de relacionamento com a modernidade, tal como ela foi e é definida. Não surpreende porque a África, agora sim no seu todo, foi abalada pela experiência colonial que deixou marcas mais profundas do que o próprio tráfico de escravizados. É que este último muitas vezes utilizou, mais do que destruiu, as estruturas políticas e comerciais africanas. Raramente se exerceu em controle territorial até o último quartel do século XIX. Já no período de administração colonial direta, a agressão à estrutura existencial dos africanos foi muito grande.

O papel dos intelectuais africanos no nacionalismo

Jean Copans dizia que não há uma sociologia dos intelectuais africanos. Por essa razão, o que é uma tarefa respeitosa transforma-se em um desafio quando se trata de enquadrar a produção desses mesmos intelectuais.

Quando as elites protonacionalistas começaram a se manifestar, o seu desejo primeiro era de serem considerados cidadãs integrais, com direitos plenos, como os almejados pela Revolução Francesa. O seu ponto de referência era a construção de uma harmonia *nacional*. Era, pois, natural que houvesse uma evolução para conquistar uma expressão nacional diferenciada, até porque a luta das elites protonacionalistas teve eco no imaginário popular, mas como outro tipo de reivindicações. Elas queriam mostrar as suas diferenças em relação a quem os dominava e nunca os considerou seres iguais. Os intelectuais africanos ficaram sempre presos às suas comparações com a modernidade externa ao mesmo tempo que queriam afirmar-se diferentes. A dimensão nacionalista sempre minou a capacidade crítica. Existem inúmeros exemplos de utilização abusiva do ímpeto nacionalista, até com consequências terríveis. Cabral foi um dos raros dirigentes nacionalistas capazes de não confundir o desejo de independência com os exageros pela sua obtenção. Para ele, os fins não necessariamente justificavam os meios.

Os intelectuais africanos, em sua grande maioria, adotaram os princípios da *modernidade*, dando-lhe uma racionalidade nacionalista interna: governo forte, liderança carismática, direito legítimo – na concepção weberiana – e soberano. O fato de se tratar de um nacionalismo sem nação não parecia incomodar. O arquétipo Estado-nação tinha sido adotado por todos como símbolo e referência da modernidade; por isso mesmo, os africanos não podiam ficar para trás. Aqui, Cabral não foi exceção. Com a adoção da nação, vinha todo um enredo de políticas e direitos que pressupunham um comportamento moderno.

Os dirigentes dos primeiros países independentes foram muito criativos na adaptação – alguns chamam africanização – do autoritarismo e centralidade do Estado. Construíram barreiras para parecerem modernos aos olhos do exterior e autênticos, ou tradicionais, para o seu público interno. Esse processo de certa forma continua ainda presente. Por isso é importante analisar o que se passou no período de gestão local do PAIGC, durante a luta armada, até 1974. As chamadas zonas libertadas eram um protótipo e uma construção de poder que se pretendia alternativa, mais democrática e participativa. Com a distância do tempo, não se pode dizer que os indivíduos formados nessa experiência – que depois assumiram posições de relevância no poder da Guiné-Bissau – estivessem imbuídos de um comportamento diferente da norma verificada em outros países africanos.

Um dos parâmetros mais importantes do pensamento moderno africano logo foi o pan-africanismo nascido primeiro fora do próprio continente – com expoentes como W. E. B. Dubois, George Padmore, Dudley Thomson – e trazido para dentro por correntes políticas nacionalistas. Ele tinha a virtude de servir de contraponto a uma imagem unitária do continente, construída à volta da inferioridade africana. Mas apresentou desde o início uma série de fraquezas, cuja mais importante era o próprio nacionalismo. A fonte de afirmação dos novos Estados (que se predispuseram na constituição da Organização da Unidade Africana a não contestar as fronteiras herdadas do colonialismo) contradizia o proposito proclamado de unificação do continente. Mas, mesmo assim, essa ideologia pan-africanista encontrava ressonância, visto que ela servia de contraponto e posicionava o continente em uma vertente de contestação do tipo nacionalista, mas feita em nível continental. E foi assim que a África moderna se manifestou perante o mundo: com uma ideologia fraca, melhor do que com um objetivo pragmático.

Os grandes pensadores do nacionalismo foram do Norte da África – Habib Bourguiba da Tunísia, Gamal Abdel Nasser do Egito e Mohamed V do Marrocos –, enquanto os ferrenhos pan-africanistas estavam mais no Sul – Haile Sellasie da Etiópia, Jomo Kenyatta do Quênia, Keneth Kaunda da Zâmbia, Ahmed Sekou Toure da Guiné, Modibo Keita do Mali, Julius Nyerere da Tanzânia e o maior deles todos, Kwame N'krumah, do Gana.

As lutas de libertação *nacional* também tinham um espaço importante no imaginário dos intelectuais africanos, mas com menor influência. Conhecem-se os ciúmes de Senghor e Sekou Toure em relação ao protagonismo de Cabral. Esses movimentos influenciavam o pensamento dos intelectuais e davam um foco claro às reivindicações internacionais africanas. Só a libertação da África do Sul do regime de *apartheid* encerrou esse foco, o qual durou várias décadas. Paradoxalmente, essas lutas serviam de ponte entre os princípios nacionalistas e os princípios pan-africanistas. As lutas da Argélia, das colônias portuguesas e, mais tarde da Rodésia e África do Sul serviram de atração para as relações internacionais do continente.

A visão política dos intelectuais africanos sempre foi ambígua em relação à democracia. Quando se estabeleceu a Associação Africana de Ciências Políticas (AAPS), em Dar-es-Salam, de cujo diretório viriam a sair muitos dirigentes políticos africanos, o foco era a análise de classe. A influência de Cabral foi muito forte. As suas teorias sobre as elites e a pequena burguesia influenciaram as análises.

Tanto em Dar-es-Salam como em Dakar havia um ambiente cosmopolita, com intelectuais vindos de muitos outros países, patrocinados pela benevolência intelectual dos presidentes Nyerere e Senghor. A acolhida às ideias de Frantz Fanon, Amílcar Cabral e outros nacionalistas pensantes era grande. A contribuição da nova vaga de historiadores africanos, como Joseph Ki-Zerbo e Cheikh Anta Diop, aumentava a vontade de mostrar uma África de pirâmide invertida: em vez da inferioridade, lisonjear certa autenticidade que dava um caráter humano superior aos africanos. Era um momento de vanguarda, em que as lutas africanas contra os restos de colonialismo e o *apartheid* e em favor de um mundo mais justo produziam manchetes positivas. E as primeiras décadas de independência produziram crescimentos espetaculares nos países africanos, mostrando aí também uma imagem positiva de reversão de tendência.

As elites e a pequena burguesia

A elite é um grupo que, para além do seu lugar funcional, tem uma liderança natural nos processos de transformação. Desgastadas hoje pela superposição dos métodos quantitativos introduzidos pela sociologia norte-americana, as elites jogam na defesa, enquanto grupo. Não é de bom tom falar de elite exceto por meio da valorização da sociedade do espetáculo. O culto à celebridade camufla a influência midiática na construção de novas formas de aculturação e simbologia. Mas sabemos que, obviamente, as elites tiveram um papel fundamental no desenho da modernidade africana.

Desde o aparecimento do movimento republicano, portador de valores de integração cidadã e de laicização, o Estado passou a fundamentar-se no direito. As elites souberam operar a transformação do poder público por meio do alargamento da participação, da construção de valores de interesse público e das traições, de humanismo cívico. O papel da elite serviu de sustentáculo à transformação operada pelo republicanismo. Mas as formas aglutinadoras de identidade nacional foram deturpando um conjunto de desenvolvimentos políticos que mudaram, para pior, o entendimento sobre os valores democráticos. A distinção entre o público e privado ficou mais tênue. Apesar disso, os novos liberais celebraram uma apatia política, por considerarem uma demonstração pelos cidadãos da sua confiança nos poderes instituídos.

Os movimentos nacionalistas inspiraram-se nesses desenvolvimentos. Todos começaram como agrupamentos de uma elite letrada, que depois se estendeu a classes populares urbanizada e ao campo. Na Guiné e em Cabo Verde, a ligação com movimentos literários e consciência cidadã foi marcada por divergências profundas sobre métodos e objetivos. Contestava-se certa popularização dos direitos por se achar que estes tinham mais a ver com cidadania de elite do que com justiça social. O movimento intelectual cabo-verdiano da Claridade inscreve-se dentro desse prisma. A ausência de uma nação consolidada favorecia tais contradições.

Consciente desse dilema, Cabral esboçou uma teoria sobre o "suicídio" da pequena burguesia, talvez a sua contribuição teórica mais debatida, por se tratar de um desafio ao conceito de classe, tal como definido pelo marxismo. Segundo o seu postulado, a pequena burguesia tinha uma tendência natural para se isolar dos interesses da maioria e se transformar em classe burguesa nacional. Até aí Cabral limitava-se a constatar o que tinha sido o processo natural de constituição das nações burguesas, na Europa e no mundo. Os primeiros anos de independência de alguns países africanos confirmavam a tendência também na África.

Para evitar que a pequena burguesia sucumbisse ao desejo natural de usurpar o poder, era necessário consolidar um processo político que levasse à renúncia dos desejos burgueses da pequena burguesia, mediante um haraquiri de classe. Cabral achava que as condições para que tal acontecesse só poderiam ser observadas depois da independência. Fanon defendia que a identificação com a revolução por parte das elites só era sentida antes, e não depois do seu envolvimento na revolução.

Essas visões contraditórias alargavam-se à focalização por Fanon no caráter fundamental dos camponeses, que Cabral considerava apenas como força física, ou motriz, distinta do papel de liderança. Ele achava os camponeses capazes de assimilar as razões objetivas de luta, mas não as subjetivas. Para Cabral, o conjunto das classes sociais de um território colonizado transformava-se em classe nacional, deixando para depois a inerência dos seus conflitos internos. A História mostrou que essa sua visão se concretizou parcialmente. O que fica em aberto é como interpretar a lição de humildade de Cabral em considerar que o desafio das elites e da pequena burguesia era não trair os ideais da luta de libertação nacional.

Solidariedade internacional

Com a independência da maioria dos países africanos, a modernidade estendeu-se a outro tema: o *desenvolvimento*. A construção da nação estava diretamente associada à vontade de transformação, à esperança num melhor desempenho econômico, contrariando a inferioridade africana.

Quando há 30 anos se criou o Conselho para o Desenvolvimento da Pesquisa Econômica e Social em África, mais conhecido como Codesria, estava-se no auge da Escola da Dependência, cujo expoente na África era Samir Amin, então diretor de um instituto de pesquisa econômica em Dakar, ligado à Comissão Econômica para a África da ONU. O Codesria rapidamente se afirmou como o ícone do pensamento sobre o desenvolvimento, e ainda hoje sua história é marcada por essa origem. Samir Amin criou o Codesria e engajou-se em um apaixonado debate que envolvia Andre Gunder Frank, Theotonio dos Santos e Fernando Henrique Cardoso na América Latina.

Esses teóricos, na época, eram vistos como desafiantes das teorias econômicas sobre o desenvolvimento que imperavam nos países ocidentais. Eles eram atraídos pela visão de que o desenvolvimento não era linear; haveria várias formas de atingir uma distribuição mais justa da riqueza, que estaria sendo polarizada em uma relação perversa entre centro e periferia. Acreditavam, pois, que o sistema mundial não era nem justo nem equitativo, e não oferecia as condições, se não fosse contestado, para viabilizar o crescimento dos países em desenvolvimento.

Tais ideias tinham o seu contraponto político na expressão de uma nova solidariedade. Amílcar Cabral foi uma das bandeiras mais conhecidas desse movimento, sendo, naquela época, referência e leitura obrigatória para todos os defensores das correntes de solidariedade que estiveram na origem da popularização do conceito de Terceiro Mundo. A sua tese era que a união dos povos na luta contra o colonialismo era indispensável, pois, enquanto uma colônia permanecesse como tal, a libertação não estava completa. Ele deu máxima importância à constituição da Conferência das

Organizações Nacionalistas das Colônias Portuguesas, CONCP[11] e outros agrupamentos políticos por essa razão.

Países africanos independentes logo assumiram um papel de destaque na reivindicação de uma Nova Ordem Mundial. Capitaneados pela Argélia, e mais tarde pela Tanzânia, os africanos conquistaram espaço e foram entusiastas da criação da chamada solidariedade, primeiro afro-asiática, e depois tricontinental. Os grandes movimentos de defesa dos interesses dos países em desenvolvimento – Não Alinhados, Grupo dos 77, e outros menores como a Organização de Solidariedade dos Países da África, Ásia e América Latina, Ospaaal – datam desse período, há cerca de 40 anos.

Os desafios éticos contemporâneos

Do grego *ethos*, ética pode ser definida como estudo dos limites entre o certo e o errado; costumes, obrigações e valores morais de conduta coletiva; e a homogeneidade de comportamentos sociais. Definir a ética é um passatempo filosófico importante que ocupou Aristóteles, Max Weber e Karl Marx e, também, Amílcar Cabral.

A essência do pensamento referencial de Aristóteles em relação à ética é a capacidade de buscar incessantemente o bem comum na base da virtude e excelência; para ser feliz são necessárias três realizações: possuir bens materiais, para além de possuir, usufruir e ter prazer. O pensamento aristotélico gira em volta das escolhas e da necessidade de deliberar para que estas se processem. É no deliberar que se exercem as escolhas éticas.

A ética racionaliza uma experiência humana na sua totalidade, diversidade e variedade:

11 Andrade, *op. cit.*

> o que nela se afirma sobre a natureza ou fundamento das normas morais deve valer para a moral da sociedade grega, ou para a moral que vigora de fato numa comunidade humana moderna. É isso que assegura o seu caráter teórico e evita a redução a uma disciplina normativa ou pragmática.[12]

Ou seja, a ética teoriza o comportamento moral dos homens em sociedade. E é por essa razão que precisamos constantemente atualizar as nossas noções sobre a moral.

Como todos os atos morais pressupõem a necessidade de escolha, temos de entender por que o mundo de hoje assiste a determinadas escolhas. Logo se entenderá que a segmentação do conhecimento, a reorientação da estabilidade hegemônica por meio de novas redes de influência, requerem, por natureza, uma moral igualmente segmentada e, por que não, assimétrica?

"Ter de escolher supõe, portanto, que preferimos o mais valioso ao menos valioso moralmente".[13] Nós avaliamos as escolhas em termos axiológicos, ou seja, do seu valor. Quando Marx se referia ao fetichismo da mercadoria, estava se referindo à noção de valor na sua dimensão material, mas igualmente ao papel desmembrador do capitalismo nas escolhas morais. O que seria ético nem sempre seria o preferido pela lógica capitalista.

Princípios contrários à lógica marxista foram defendidos por Weber, segundo o qual a ética protestante era a principal responsável pelo desenvolvimento capitalista de certos países. Depois se disse o mesmo de Confúcio para justificar o espetacular desempenho econômico da Ásia do Sudeste e China. Mais recentemente, fez-se apelo à ética janaísta da purificação e ao cultivo individual para explicar o chamado *boom* indiano.

12 Vasquez, *Ética*.
13 *Ibid.*

Realmente, o desenvolvimento é o resultado de muitos fatores. Para Cabral, o fator mais importante era o conhecimento da realidade. Ele acreditava que apenas uma identificação específica de um local permitia equacionar a sua transformação. O entendimento da cultura de um lugar é condição necessária para poder ancorar o processo de transformação. A existência de uma ética própria serve para aumentar o sentido de comunidade e de autoestima, fatores entre os mais valorizados na capacitação dos indivíduos, instituições e sociedades. Em tempos de imprevisibilidade, o recurso à discussão ética era sinal de valorização e autoestima.

Embora existam sempre variações no discurso ético de qualquer sociedade, estas têm se exacerbado com a globalização. Enquanto nas sociedades ocidentais a tendência vai ser de uma individualização tamanha que acabará por provocar uma autoética[14] específica a cada um, já em muitas outras regiões do mundo a defesa da tradição vai-se erguer em barreira contra essa possibilidade. O caminho da solidariedade oferece uma saída. Cabral havia equacionado a necessidade do aprendizado comum, da vontade própria relacionada ao respeito do outro. As suas observações sobre a necessidade de um relacionamento com os portugueses, que considerava igualmente sofredores de um regime totalitário, são de uma generosidade singular. Igualmente valorizava uma identidade própria, que aproximava os portugueses da luta dos guineenses e cabo-verdianos.

[14] Expressão de Edgar Morin, segundo o qual "as nossas finalidades não vão inevitavelmente triunfar, e a marcha da História não é moral. Devemos visualizar seu insucesso possível e até mesmo provável. Justamente porque a incerteza sobre o real é fundamental, é que somos conduzidos a lutar por nossas finalidades. A ecologia da ação não nos convida à inação, mas ao desafio que reconhece seus riscos, e à estratégia que permite modificar a ação empreendida" (Morin, A ética do sujeito possível. *In*: *Ética, solidariedade e complexidade*).

Depois de ter insistido que os valores do protestantismo podem explicar o enorme sucesso de certos países ocidentais, com o intuito de demonstrar a atualidade de Max Weber, o pensador ocidental Huttington chegou à conclusão de que o papel da cultura na definição do destino das sociedades talvez seja mais importante do que se pensava. Até aí, tudo bem – está em companhia de Amílcar Cabral, que muito antes dele chegou à mesma conclusão. Entretanto, o paradoxo é que esse argumento é qualificado da forma mais estranha para um intelectual capaz de influenciar uma boa parte da elite do país mais poderoso do mundo.

No seu livro *Quem somos?*, Huttington[15] não tem nenhuma hesitação em classificar a qualidade dos diferentes aportes culturais para a construção dos Estados Unidos, relegando para segundo plano tudo o que não pertença ao grupo dominante branco, protestante anglo-saxão. Ele o faz de uma forma ampla, inclusive para identificar o inimigo futuro, que é a cultura hispânica, sobretudo mexicana. Esse seria o grande desafio interno do progresso da mesma forma que já tinha visto na cultura muçulmana; resultante de um confronto de civilizações com os valores cristãos.

As teses de Huttington são baseadas numa leitura moral e propõem uma ética própria que, a vigorar, é excludente visto que se refugia paradoxalmente na defesa dos valores democráticos. Valores vistos como intrínsecos a determinadas culturas. Na realidade, não é descabido dizer que existem comportamentos culturais que se correlacionam com determinados comportamentos econômicos. Cabral escreveu muito sobre essa verdade. Só que não necessariamente na ordem que apresenta Huttington, e certamente sem a possibilidade de demonstração empírica que ele apresenta. Os países estão hoje "contaminados" (para utilizar o

15 Huttington, *Who are we? America's great debate*, 2004.

mesmo tipo de expressão usado por certo *establishment*) por tantas interações de ordem demográfica, cultural e identitária que não existem mais culturas puras. Aliás, elas nunca existiram totalmente, mas hoje, graças às razões que tornaram a globalização marcante, ainda menos.

É repulsiva a ideia de que algumas culturas seriam corretas por provocarem determinados comportamentos econômicos, ou erradas por não terem como centro determinadas formas de comportamento laboral ou de intercâmbio econômico. Segundo Amílcar Cabral, mesmo os povos potencialmente considerados atrasados eram capazes de dar lições de civilização indispensáveis ao próprio avanço da humanidade. Daí a sua insistência para que as zonas libertadas da Guiné fossem visitadas por inúmeras delegações, inclusive do Comitê de Descolonização das Nações Unidas. A forma participativa de poder, defendia, era uma lição de como governar com humildade e respeito pela diferença. As suas análises sobre etnicidade eram pautadas pelo profundo respeito pelas diferenças.

O mundo tem tratado a diferença de uma forma inaceitável, tendo conduzido as minorias, e algumas vezes maiorias destituídas de poder, a situações de marginalidade. Para uma parte importante desse mar de marginalizados apenas resta o ativismo. Se os valores éticos de Amílcar Cabral fossem respeitados, poderia centrar-se o debate sobre a multiculturalidade e diversidade de uma forma diferente, porque o mundo não vive um choque de civilizações. O mundo vive uma civilização humana diversa e plural. Entender esse mundo requer uma abertura à diversidade e liberdade cultural. Essa atitude não pode ser entendida, e muito menos defendida, sem uma atualização da moral e da ética. A atualização deve comportar as cautelas aqui evocadas.

Descobrimos com o genoma humano a complexidade do que somos. Descobrimos com a física quântica a gama de atributos do universo. Mas paradoxalmente os seres humanos têm dificuldade em admitir que não há identidades tão finamente definidas e classificadas. O desafio ético de hoje, esse passatempo dos filósofos, é admitir essas diferenças e considerá-las enriquecedoras. Como fez Cabral até o momento em que a intolerância pela diferença lhe interrompeu a vida em 1973. Hoje se comemora o fato de não terem conseguido interromper a sua influência.

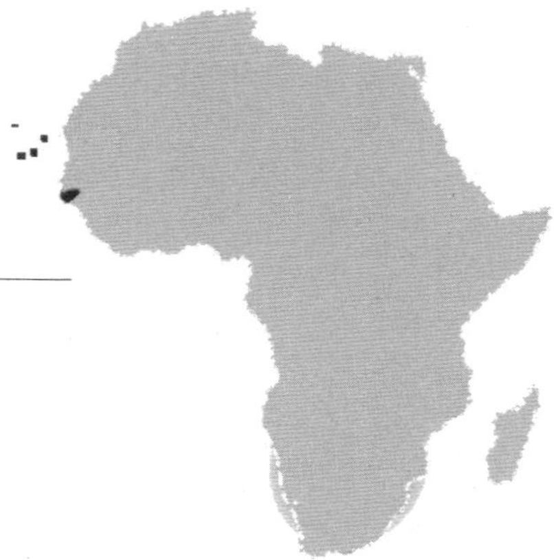

Teoria da organização

Fundamentos e objetivos da libertação nacional em relação com a estrutura social[1]

Os povos e as organizações nacionalistas de Angola, Cabo Verde, Guiné, Moçambique e São Tomé e Príncipe mandaram as suas delegações a esta Conferência por duas razões principais: primeiro, porque queremos estar presentes e tomar parte ativa neste acontecimento transcendente da história da humanidade; segundo, porque era nosso dever político e moral trazer ao povo cubano, neste momento duplamente histórico – 7° aniversário da revolução e primeira Conferência Tricontinental –, uma prova concreta da nossa solidariedade fraternal e combativa.

Permitam-me portanto, que, em nome dos nossos povos em luta e em nome dos militantes de cada uma das nossas organizações nacionais, eu enderece as mais calorosas felicitações e saudações fraternais ao povo desta Ilha Tropical, pelo primeiro aniversário do triunfo da sua revolução, pela realização desta Conferência na sua bela e hospitaleira capital e pelos sucessos que tem sabido alcançar no caminho da construção duma vida nova que

1 Discurso pronunciado, em nome dos povos e das organizações nacionalistas das colônias portuguesas, na 1ª Conferência de Solidariedade dos Povos da África, da Ásia e da América Latina (OSPAAL), Havana, 3 a 14 de janeiro de 1966, na sessão plenária de 6 de Janeiro. Texto extraído de Andrade, Mário (coord.). *Obras escolhidas de Amílcar Cabral. Unidade e luta. Volume 1. A Arma da teoria*. Praia: Fundação Amílcar Cabral, 2013.

tem como objetivo essencial a plena realização das aspirações à liberdade, à paz, ao progresso e à justiça social de todos os cubanos. Saúdo em particular o Comitê Central do Partido Comunista Cubano, o Governo Revolucionário e o seu líder exemplar – o Comandante Fidel Castro –, a quem exprimo os nossos votos de sucessos contínuos e de longa vida ao serviço da pátria cubana, do progresso e da felicidade do seu povo, ao serviço da humanidade.

Se algum, ou alguns de nós, ao chegar a Cuba, trazia no seu espírito alguma dúvida sobre o enraizamento, a força, o amadurecimento e a vitalidade da Revolução Cubana, essa dúvida foi destruída pelo que já tivemos ocasião de ver. Uma certeza inabalável acalenta os nossos corações e encoraja-nos nesta luta difícil mas gloriosa contra o inimigo comum: nenhuma força do mundo será capaz de destruir a Revolução Cubana, que, nos campos e nas cidades, está criando não só uma vida nova, mas também – o que é mais importante – um homem novo, plenamente consciente dos seus direitos e deveres nacionais, continentais e internacionais. Em todos os campos da sua atividade, o povo cubano realizou progressos importantes nos últimos sete anos, em particular no ano findo – o Ano da Agricultura. Esses progressos estão patentes tanto na realidade material e cotidiana como no homem e na mulher cubanos, na confiança tranquila do seu olhar face a um mundo em efervescência, onde as contradições e as ameaças, mas também as esperanças e as certezas, atingiram um nível nunca antes igualado.

Do que já vimos e estamos a aprender em Cuba, queremos referir aqui uma lição singular na qual nos parece estar um dos segredos, se não o segredo, daquilo a que muitos não hesitariam em chamar "o milagre cubano": a comunhão, a identificação, o sincronismo, a confiança recíproca e a fidelidade entre as massas populares e os seus dirigentes. Quem assistiu às grandiosas manifestações destes últimos dias e, em particular, ao discurso do comandante Fidel Castro no ato comemorativo do 7° aniversário, terá medido, como nós, em toda a sua grandeza, o caráter específico – talvez decisivo – deste fator primordial do sucesso da Revolução Cubana. Mobilizando, organizando e educando politicamente o povo, mantendo-o em permanente conhecimento dos problemas nacionais e internacionais que interessam à sua vida, e levando-o a participar na solução desses problemas, a vanguarda da Revolução Cubana, que cedo compreendeu o caráter indispensável da existência dinâmica dum partido forte e unido, soube não só interpretar justamente as condições objetivas e as exigências específicas do meio, mas também forjar a mais poderosa das armas para a defesa, a segurança e a garantia da continuidade da revolução: a consciência revolucionária das massas populares que, como se sabe, não é nem nunca foi espontânea em parte alguma do mundo. Cremos que esta é mais uma lição para todos, mas particularmente para os movimentos de libertação nacional e, em especial, para aqueles que pretendem que a sua revolução nacional seja uma revolução.

Alguns não deixarão de lembrar que, embora constituindo uma minoria insignificante, muitos cubanos não comungaram nas alegrias e esperanças das festas do sétimo aniversário, porque são contra a revolução. Nós lembramos que é possível que vários outros não estejam presentes nas comemorações do próximo aniversário, mas queremos afirmar que interpretamos a política da "porta aberta para a saída dos inimigos da revolução" como uma lição de coragem, de determinação, de humanismo e de confiança no povo, como mais uma vitória política e moral sobre o inimigo. E garantimos àqueles que, dum ponto de vista amigo, se preocupam com os perigos que essa saída possa representar, que nós, os povos dos países africanos ainda parcialmente ou totalmente dominados pelo colonialismo português, estamos prontos para mandar para Cuba tantos homens e mulheres necessários para compensar a saída daqueles que, por razões de classe ou de inadaptação, têm interesses e atitudes incompatíveis com os interesses do povo cubano.

Repetindo o caminho outrora doloroso e trágico dos nossos antepassados (nomeadamente da Guiné e Angola) que foram transplantados para Cuba como escravos, viremos hoje como homens livres, como trabalhadores conscientes e como patriotas cubanos, para exercer uma atividade produtiva nesta sociedade nova, justa e multirracial; para ajudar a defender com o nosso sangue as conquistas do povo de Cuba. Mas viremos também para reforçar tanto os laços históricos, de sangue e de cultura que unem os nossos povos ao povo cubano, como essa desconcentração mágica, essa alegria visceral e esse ritmo contagioso que fazem da construção do socialismo em Cuba um fenômeno novo à face do mundo, um acontecimento único e, para muitos, insólito.

Não vamos utilizar esta tribuna para dizer mal do imperialismo. Diz um ditado africano muito corrente nas nossas terras – onde o fogo é ainda um instrumento importante e um amigo traiçoeiro, o que prova o estado de subdesenvolvimento em que nos vai deixar o colonialismo –, diz esse ditado que "quando a tua palhota[2] arde, de nada serve tocar o tam-tam". À dimensão tricontinental, isso quer dizer que não é gritando nem atirando palavras feias faladas ou escritas contra o imperialismo que vamos conseguir liquidá-lo. Para nós, o pior ou o melhor mal que se pode dizer do imperialismo, qualquer que seja a sua forma, é pegar em armas e lutar. É o que estamos a fazer e faremos até a liquidação total da dominação estrangeira nas nossas pátrias africanas.

[2] Mesmo que palhoça, casa simples. (N. E.)

Viemos aqui decididos a informar esta Conferência, o mais detalhadamente possível, sobre a situação concreta da luta de libertação nacional em cada um dos nossos países e, em particular, naqueles em que há luta armada. Nós o faremos perante a comissão própria e também por meio de documentos, de filmes, de fotografias, de contatos bilaterais e dos órgãos de informação cubanos, no decurso da Conferência.

Pedimos permissão para utilizar esta oportunidade duma maneira que consideramos mais útil. Na verdade, viemos a esta Conferência convencidos de que ela é uma oportunidade rara para uma ampla troca de experiências entre os combatentes duma mesma causa, para o estudo e a resolução de problemas centrais da nossa luta comum, visando não só o reforço da nossa unidade e solidariedade, mas também a melhoria do pensamento e da ação de cada um e de todos, na prática cotidiana da luta. Por isso, se pretendemos evitar tudo quanto possa representar perda de tempo, estamos no entanto firmemente decididos a não permitir que quaisquer fatores estranhos, ou não diretamente ligados aos problemas que nos devem preocupar aqui, venham perturbar as possibilidades de êxito desta Conferência. Temos razões bastantes para afirmar que esta é igualmente a posição de todos os outros movimentos de libertação nacional presentes a esta Conferência.

A nossa agenda de trabalhos inclui temas cuja importância e acuidade estão fora de discussão, e nos quais sobressai uma preocupação dominante: a luta. Observamos contudo que um tipo de luta, quanto a nós fundamental, não está mencionado expressamente nessa agenda, embora tenhamos a certeza de que está presente no espírito dos que a elaboraram. Queremos referir-nos *à luta contra as nossas fraquezas.* Admitimos que os outros casos sejam diferentes do nosso, mas a nossa experiência nos ensina que, no quadro geral da luta que travamos cotidianamente, sejam quais forem as dificuldades que nos cria o inimigo, essa é a luta mais difícil tanto no presente como para o futuro dos nossos povos. Ela é a expressão das contradições internas da realidade econômica, social e cultural (portanto, histórica) de cada um dos nossos países. Estamos convencidos de que qualquer revolução, nacional ou social, que não tenha como base fundamental o conhecimento adequado dessa realidade, corre fortes riscos de insucesso, se não estiver votada ao fracasso.

Ausência de ideologia

Quando o povo africano afirma, na sua linguagem chã, que "por mais quente que seja a água da fonte, ela não coze o teu arroz", enuncia, com chocante simplicidade, um princípio fundamental não só da física como da ciência política. Sabemos, com efeito, que a orientação (o desenvolvimento) dum fenômeno em movimento, seja qual for o seu condicionamento exterior, depende principalmente das suas características internas. Sabemos também que, no plano político, por mais bela e atraente que seja a realidade dos outros, só poderemos transformar verdadeiramente a nossa própria realidade com base no seu conhecimento concreto e nos nossos esforços e sacrifícios próprios. Vale a pena lembrar nesta ambiência tricontinental, onde as experiências abundam e os exemplos não escasseiam, que, por maior que seja a similitude dos casos em presença e a identificação dos nossos inimigos, infelizmente ou felizmente, a libertação nacional e a revolução social não são mercadorias de exportação. São (e serão cada dia mais) um produto de elaboração local – nacional – mais ou menos influenciável pela ação dos fatores exteriores (favoráveis e desfavoráveis), mas determinado e condicionado essencialmente pela realidade histórica de cada povo, e apenas assegurado pela vitória ou a resolução adequada das contradições internas de ordem variada que caracterizam essa realidade. O sucesso da revolução cubana, que se desenvolve apenas a 150 quilômetros da maior força imperialista e antissocialista de todos os tempos, parece-nos ser, no seu conteúdo e na forma como tem evoluído, uma ilustração prática e convincente da validade do princípio acima referido.

Devemos, no entanto, reconhecer que nós próprios e os outros movimentos de libertação em geral (referimo-nos sobretudo à experiência africana) não temos sabido dar a devida atenção a este problema importante da nossa luta comum.

A deficiência ideológica, para não dizer a falta total de ideologia, por parte dos movimentos de libertação nacional – que tem a sua justificação de base na ignorância da realidade histórica que esses movimentos pretendem transformar –, constituem uma das maiores fraquezas, se não a maior, da nossa luta contra o imperialismo. Cremos, no entanto, que já foram acumuladas experiências bastantes e suficientemente variadas para permitir a definição duma linha geral de pensamento e de ação visando eliminar essa deficiência. Por isso, um amplo debate sobre essa matéria poderia ser de utilidade e permitir a esta Conferência dar uma contribuição valiosa para a melhoria da ação presente e futura dos movimentos de libertação nacional. Seria uma forma concreta de ajudar esses movimentos e, em nossa opinião, não menos importante do que os apoios políticos e as ajudas em dinheiro, armas e outro material.

É na intenção de contribuir, embora modestamente, para esse debate, que apresentamos aqui a nossa opinião sobre os fundamentos e objetivos da libertação nacional relacionados com a estrutura social. Essa opinião é ditada pela nossa própria experiência de luta e pela apreciação crítica das experiências alheias. Àqueles que verão nela um caráter teórico, temos de lembrar que toda a prática fecunda uma teoria. E que, se é verdade que uma revolução pode falhar, mesmo que seja nutrida por teorias perfeitamente concebidas, ainda ninguém praticou vitoriosamente uma revolução sem teoria revolucionária.

A luta de classes

Aqueles que afirmam – e quanto a nós com razão – que a força motora da história é a luta de classes, decerto estariam de acordo em rever esta afirmação, para precisá-la e dar-lhe até maior aplicabilidade, se conhecessem em maior profundidade as características essenciais de alguns povos colonizados (dominados pelo imperialismo). Com efeito, na evolução geral da humanidade e de cada um dos povos nos agrupamentos humanos que a constituem, as classes não surgem nem como um fenômeno generalizado e simultâneo na totalidade desses agrupamentos, nem como um todo acabado, perfeito, uniforme e espontâneo. A definição das classes no seio dum agrupamento ou de agrupamentos humanos resulta fundamentalmente do desenvolvimento progressivo das forças produtivas e das características da distribuição das riquezas produzidas por esse agrupamento ou usurpadas a outros agrupamentos. Quer dizer: o fenômeno socioeconômico classe surge e desenvolve-se em função de pelo menos duas variáveis essenciais e interdependentes: o nível das forças produtivas e o regime de propriedade dos meios de produção. Esse desenvolvimento opera-se lenta, desigual e gradualmente, por acréscimos quantitativos, em geral imperceptíveis, das variáveis essenciais, os quais conduzem, a partir de certo momento de acumulação, a transformações qualitativas que se traduzem no aparecimento da classe, das classes e do conflito entre classes.

Fatores exteriores a um dado conjunto socioeconômico em movimento podem influenciar mais ou menos significativamente o processo de desenvolvimento das classes, acelerando-o, atrasando-o ou até provocando nele regressões. Logo que cesse, por qualquer razão, a influência desses fatores, o processo retoma a sua independência, e o seu ritmo passa a ser determinado não só pelas características internas próprias do conjunto, mas também pelas resultantes do efeito sobre ele causado pela ação temporária dos fatores externos. No plano estritamente interno, pode variar o ritmo do processo, mas ele permanece contínuo e progressivo, sendo os avanços bruscos só possíveis em função de aumentos ou alteração bruscas – mutações – no nível das forças produtivas ou no regime da propriedade. A estas transformações bruscas operadas no interior do processo de desenvolvimento das classes como resultado de mutações no nível das forças produtivas ou no regime de propriedade, convencionou-se chamar, em linguagem econômica e política, revoluções.

Vê-se, em contrapartida, que as possibilidades de esse processo ser influenciado significativamente por fatores externos, em particular pela interação de conjuntos humanos, foi grandemente aumentada pelo progresso dos meios de transporte e de comunicações que veio criar o mundo e a humanidade, eliminando o isolamento entre os agrupamentos humanos duma mesma região, entre regiões dum mesmo continente e entre os continentes. Progresso que caracteriza uma longa fase da história que começou com a invenção do primeiro meio de transporte, se evidenciou já nas viagens púnicas e na colonização grega e se acentuou com as descobertas marítimas, a invenção das máquinas a vapor e a descoberta da eletricidade. E que promete, nos nossos dias, com base na domesticação progressiva da energia atômica, se não semear o homem pelas estrelas, pelo menos humanizar o universo.

O que foi dito permite-nos pôr a seguinte pergunta: será que a história só começa a partir do momento em que se desencadeia o fenômeno classe e, consequentemente, a luta de classes? Responder pela afirmativa seria situar fora da história todo o período da vida dos agrupamentos humanos, que vai da descoberta da caça e, posteriormente, da agricultura nômade e sedentária à criação do gado e à apropriação privada da terra. Mas seria também – o que nos recusamos a aceitar – considerar que vários agrupamentos humanos da África, Ásia e América Latina viviam sem história ou fora da história no momento em que foram submetidos ao jugo do imperialismo. Seria considerar que populações dos nossos países, como os balantas da Guiné, os cuanhamas de Angola e os macondes de Moçambique, vivem ainda hoje, se nos abstrairmos das muito ligeiras influências do colonialismo a que foram submetidas, fora da história, ou que não têm história.

Esta recusa, aliás, baseada no conhecimento concreto da realidade socioeconômica dos nossos países e na análise do processo de desenvolvimento do fenômeno classe tal como foi feita, leva-nos a admitir que, se a luta de classes é a força motora da história, ela o é durante um certo período da história. Isto quer dizer que antes da luta de classes (e, necessariamente, depois da luta de classes, porque neste mundo não há antes sem depois), algum fator (ou alguns fatores) foi e será o motor da história. Não nos repugna admitir que esse fator da história de cada agrupamento humano e o modo de produção (o nível das forças produtivas e o regime de propriedade) que caracteriza esse agrupamento. Mas, como se viu, a definição da classe e a luta de classes são, elas mesmas, um efeito do desenvolvimento das forças produtivas conjugado com o regime da propriedade dos meios de produção. Parece-nos, portanto, lícito concluir que o nível das forças produtivas determinante essencial do conteúdo e da forma da luta de classes é a verdadeira e a permanente força motora da história.

Se aceitarmos essa conclusão, então ficam eliminadas as dúvidas que perturbam o nosso espírito. Porque, se por um lado vemos garantida a existência da história antes da luta de classes e evitamos a alguns agrupamentos humanos dos nossos países (e quiçá dos nossos continentes) a triste condição de povos sem história, vemos assegurada, por outro lado, a continuidade da história mesmo depois do desaparecimento da luta de classes ou das classes. E como não fomos nós que postulamos, aliás, em bases científicas, o desaparecimento das classes como uma fatalidade na história, sentimo-nos bem nesta conclusão que, em certa medida, restabelece uma coerência e dá simultaneamente aos povos que, como o de Cuba, estão a construir o socialismo, a agradável certeza de que não ficarão sem história quando finalizarem o processo da liquidação do fenômeno classe e da luta de classes no seio do seu conjunto socioeconômico. A eternidade não é coisa deste mundo, mas o homem sobreviverá às classes e continuará a produzir e a fazer história, porque não pode libertar-se do fardo das suas necessidades, das suas mãos e do seu cérebro, que estão na base do desenvolvimento das forças produtivas.

Sobre o modo de produção

O que fica dito e a realidade atual do nosso tempo permite-nos admitir é que a história dum agrupamento humano ou da humanidade se processa em pelo menos três fases: a primeira, em que, correspondendo a um baixo nível das forças produtivas – do domínio do homem sobre a natureza –, o modo de produção tem caráter elementar, não existe ainda a apropriação privada dos meios de produção, não há classes, nem, portanto, luta de classes; a segunda, em que a elevação do nível das forças produtivas conduz à apropriação privada dos meios de produção, complica progressivamente o modo de produção, provoca conflitos de interesses no seio do conjunto socioeconômico em movimento, possibilita a erupção do fenômeno classe e, portanto, a luta de classes, que é a expressão social da contradição, no domínio econômico, entre o modo de produção e a apropriação privada dos meios de produção; a terceira, em que, a partir dum dado nível das forças produtivas, se torna possível e se realiza a liquidação da apropriação privada dos meios de produção, a eliminação do fenômeno classe e, portanto, da luta de classes, e se desencadeiam novas e ignoradas forças no processo histórico do conjunto socioeconômico.

A primeira fase corresponderia, em linguagem político-econômica, à sociedade agropecuária comunitária, em que a estrutura social é horizontal, sem Estado; a segunda, às sociedades agrárias (feudal ou assimilada e agroindustrial burguesa), em que a estrutura social se desenvolve na vertical, com Estado; a terceira, às sociedade socialistas e comunistas em que a economia é predominantemente, senão exclusivamente, industrial (porque a própria agricultura passa a ser uma indústria), em que o Estado tende progressivamente para o desaparecimento ou desaparece, e em que a estrutura social volta a desenvolver-se na horizontal, a um nível superior de forças produtivas, de relações sociais e de apreciação dos valores humanos.

Ao nível da humanidade ou de parcelas da humanidade (agrupamentos humanos duma mesma região ou de um ou mais continentes), essas três fases (ou duas delas) podem ser concomitantes, como o provam tanto a realidade atual como o passado. Isso resulta do desenvolvimento desigual das sociedades humanas, quer por razões internas quer pela influência aceleradora ou retardadora de algum ou alguns fatores externos sobre a sua evolução. Em contrapartida, no processo histórico dum dado conjunto socioeconômico, cada uma das fases referidas contém, a partir de um certo nível de transformação, os gérmenes da fase seguinte.

Devemos notar também que, na fase atual da vida da humanidade e para um dado conjunto socioeconômico, não é indispensável a sucessão no tempo das três fases caracterizadas. Qualquer que seja o nível atual das suas forças produtivas e da estrutura social que a caracteriza, uma sociedade pode avançar rapidamente, por meio de etapas definidas e adequadas às realidades concretas locais (históricas e humanas), para uma fase superior de existência. Tal avanço depende das possibilidades concretas de desenvolver as suas forças produtivas e é condicionado principalmente pela natureza do poder político que dirige essa sociedade, quer dizer, pelo tipo de Estado ou, se quisermos, pela natureza da classe ou classes dominantes no seio dessa sociedade.

Uma análise mais pormenorizada nos mostraria que a possibilidade dum tal salto no processo histórico resulta fundamentalmente, no plano econômico, da força dos meios de que o homem pode dispor na atualidade para dominar a natureza e, no plano político, deste acontecimento novo que transformou radicalmente a face do mundo e a marcha da história – a criação dos Estados socialistas.

Vemos, portanto, que os nossos povos, sejam quais forem os seus estágios de desenvolvimento econômico, têm a sua própria história. Ao serem submetidos à dominação imperialista, o processo histórico de cada um dos nossos povos (ou o dos agrupamentos humanos que constituem cada um deles) foi sujeito à ação violenta dum fator exterior. Essa ação – o impacto do imperialismo sobre as nossas sociedades – não podia deixar de influenciar o processo de desenvolvimento das forças produtivas dos nossos países e as estruturas sociais dos nossos povos, assim como o conteúdo e a forma das nossas lutas de libertação nacional.

Mas vemos também que, no contexto histórico em que se desenvolvem essas lutas, existe para os nossos povos a possibilidade concreta de passarem da situação de exploração e de subdesenvolvimento em que se encontram para uma nova fase do seu processo histórico, a qual pode conduzi-los a uma forma superior de existência econômica social e cultural.

O imperialismo

O relatório político elaborado pelo Comitê Internacional Preparatório desta Conferência, ao qual reafirmamos o nosso inteiro apoio, situou, de maneira clara e numa análise sucinta, o imperialismo no seu contexto econômico e nas suas coordenadas históricas. Não vamos aqui repetir o que já foi dito perante esta Assembleia. Diremos apenas que o imperialismo pode ser definido como a expressão mundial da procura gananciosa e da obtenção de cada vez maiores mais-valias pelo capital monopolista e financeiro, acumulado em duas regiões do mundo: primeiro na Europa e, mais tarde, na América do Norte. E, se queremos situar o fato imperialista na trajetória geral da evolução deste fator transcendente que modificou a face do mundo – o capital e os processos da sua acumulação –, poderíamos dizer que o imperialismo é a pirataria transplantada dos mares para a terra firme, reorganizada, consolidada e adaptada ao objetivo da espoliação dos recursos materiais e humanos dos nossos povos. Mas se formos capazes de analisar com serenidade o fenômeno imperialista, não escandalizaremos ninguém ao termos de reconhecer que o imperialismo – que tudo mostra ser na realidade a fase última da evolução do capitalismo – foi uma necessidade da história, uma consequência do desenvolvimento das forças produtivas e das transformações do modo de produção, no âmbito geral da humanidade, considerada como um todo em movimento. Uma necessidade, como o são no presente a libertação nacional dos povos, a destruição do capitalismo e o advento do socialismo.

O que importa aos nossos povos é saber se o imperialismo, na sua condição de capital em ação, cumpriu ou não nos nossos países a missão histórica reservada a este: aceleração do processo do desenvolvimento das forças produtivas e transformação, no sentido da complexidade, das características do modo de produção; aprofundamento da diferenciação das classes com o desenvolvimento da burguesia e intensificação da luta de classes; aumento significativo do *standard* geral médio do nível de vida econômica, social e cultural das populações. Interessa além disso averiguar quais as influências ou efeitos da ação imperialista sobre as estruturas sociais e o processo histórico dos nossos povos.

Não vamos fazer aqui o balanço condenatório nem a elegia do imperialismo, mas diremos apenas que, quer no plano econômico, quer nos planos social e cultural, o capital imperialista ficou longe de cumprir nos nossos países a missão histórica desempenhada pelo capital nos países de acumulação. Isso implica que, se, por um lado, o capital imperialista teve na grande maioria dos países dominados a simples função de multiplicador de mais-valias, constata-se, por outro lado, que a capacidade histórica do capital (como acelerador indestrutível do processo de desenvolvimento das forças produtivas) está estritamente dependente da sua liberdade, quer dizer, do grau de independência com que é utilizado. Devemos, no entanto, reconhecer que em alguns casos o capital imperialista ou capitalismo moribundo teve interesse, força e tempo bastante para, além de edificar cidades, aumentar o nível das forças produtivas, permitir a uma minoria da população nativa um *standard* de vida melhor ou até privilegiado, contribuindo assim, em processo que alguns chamariam dialético, para o aprofundamento das contradições no seio das sociedades em causa. Noutros casos ainda, mais raros, houve a possibilidade de acumulação do capital, dando lugar ao desenvolvimento duma burguesia local.

No que se refere aos efeitos da dominação imperialista sobre a estrutura social e o processo histórico dos nossos povos, convém averiguar em primeiro lugar quais são as formas gerais de dominação, do imperialismo. Elas são pelo menos duas:

1) dominação direta – por meio de um poder político integrado por agentes estrangeiros ao povo dominado (Forças Armadas, polícia, agentes da administração e colonos) –, a qual se convencionou chamar colonialismo clássico ou colonialismo;
2) dominação indireta – por meio dum poder político integrado na sua maioria ou na totalidade por agentes nativos –, a qual se convencionou chamar *neocolonialismo*.

No primeiro caso, a estrutura social do povo dominado, seja qual for a etapa em que se encontra, pode sofrer os seguintes efeitos:

a) destruição completa, acompanhada em geral da liquidação imediata ou progressiva da população autóctone e consequente substituição desta por uma população exótica;
b) destruição parcial, em geral acompanhada da fixação mais ou menos volumosa de uma população exótica;
c) conservação aparente, condicionada pela confinação da sociedade autóctone a áreas ou reservas próprias e geralmente desprovidas de possibilidades de vida, acompanhada da implantação massiva de uma população exótica.

Os dois últimos casos, que são os que interessa considerar no quadro da problemática da libertação nacional, estão bem representados em África. Pode-se afirmar que, em qualquer deles, o efeito principal provocado pelo impacto do imperialismo no processo histórico do povo dominado é a paralisia, a estagnação (mesmo, em alguns casos, a regressão) desse processo. Essa paralisia não é, no entanto, completa. Num ou noutro setor do conjunto socioeconômico em causa podem operar-se transformações sensíveis, quer motivadas pela permanência da ação de alguns fatores internos (locais), quer resultantes da ação de novos fatores introduzidos pela dominação colonial, tais como o ciclo da moeda e o desenvolvimento das concentrações urbanas. Entre essas transformações, convém referir a perda progressiva, em certos casos, do prestígio das classes ou camadas dirigentes nativas, o êxodo, forçado ou voluntário, duma parte da população camponesa para os centros urbanos, com consequente desenvolvimento de novas camadas sociais: trabalhadores assalariados, empregados do Estado, do comércio e profissões liberais, e uma camada instável dos sem trabalho. No campo, surge com intensidade muito variada e sempre ligada ao meio urbano, uma camada constituída por pequenos proprietários agrícolas. No caso do chamado neocolonialismo, quer a maioria da população colonizada seja autóctone, quer ela seja originariamente exótica, a ação imperialista orienta-se no sentido da criação duma burguesia ou pseudoburguesia local, enfeudada à classe dirigente do país dominador.

As transformações na estrutura social não são tão profundas nas camadas inferiores, sobretudo no campo, onde ela conserva predominantemente as características da fase colonial, mas a criação duma pseudoburguesia nativa, que em geral se desenvolve a partir de uma pequena burguesia burocrática e dos intermediários do ciclo das mercadorias (compradores), acentua a diferenciação das camadas sociais, abre, pelo reforço da atividade econômica de elementos nativos, novas perspectivas à dinâmica social, nomeadamente com o desenvolvimento progressivo duma classe operária citadina e a instalação de propriedades agrícolas privadas, que dão lugar, pouco a pouco, ao aparecimento dum proletariado agrícola. Essas transformações mais ou menos sensíveis da estrutura social, determinadas aliás por um aumento significativo do nível das forças produtivas, tem influência direta no processo histórico do conjunto socioeconômico em causa. Enquanto no colonialismo clássico esse processo é paralisado, a dominação neocolonialista, permitindo o despertar da dinâmica social – dos conflitos de interesse entre as camadas sociais nativas ou da luta de classes –, cria a ilusão de que o processo histórico volta à sua evolução normal. Essa ilusão é reforçada pela existência dum poder político (Estado nacional), integrado por elementos nativos. Apenas uma ilusão, porque, na realidade, o enfeudamento da classe "dirigente" nativa à classe dirigente do país dominador, limita ou inibe o pleno desenvolvimento das forças produtivas nacionais. Mas, nas condições concretas da economia mundial do nosso tempo, esse enfeudamento é uma fatalidade, e, portanto, a pseudoburguesia nativa, seja qual for o seu grau de nacionalismo, não pode desempenhar efetivamente a função histórica que caberia a essa classe, não pode orientar *livremente* o desenvolvimento das forças produtivas, em suma, não pode ser uma *burguesia nacional.* Ora, como se viu, as forças produtivas são o motor da história, e a liberdade total do processo do seu desenvolvimento é a condição indispensável para o pleno funcionamento desse motor.

Vê-se, portanto, que tanto no colonialismo como no neocolonialismo, permanece a característica essencial de dominação imperialista – a negação do processo histórico do povo dominado, por meio da usurpação violenta da liberdade do processo de desenvolvimento das forças produtivas nacionais. Essa constatação, que identifica, na sua essência, as duas formas aparentes da dominação imperialista, parece-nos ser de importância primordial para o pensamento e a ação dos movimentos de libertação nacional, tanto no decorrer da luta como após a conquista da independência.

Com base no que fica dito, podemos afirmar que a libertação nacional é o fenômeno que consiste em um conjunto socioeconômico negar a negação do seu processo histórico. Em outros termos, a libertação nacional dum povo é a reconquista da personalidade histórica desse povo, é o seu regresso à história, pela destruição da dominação imperialista a que esteve sujeito.

Ora vimos que a característica principal e permanente da dominação imperialista, qualquer que seja a sua forma, é a usurpação pela violência da liberdade do processo de desenvolvimento das forças produtivas do conjunto socioeconômico dominado. Vimos também que é essa liberdade, e só, que garante a normalização do processo histórico dum povo. Podemos, portanto, concluir que há libertação nacional quando, e só quando, as forças produtivas nacionais são completamente libertadas de toda e qualquer espécie de dominação estrangeira.

Costuma-se dizer que a libertação nacional se fundamenta no direito, comum a todos os povos, de dispor livremente do seu destino e que o objetivo dessa libertação é a obtenção da independência nacional. Embora estejamos de acordo com essa maneira vaga e subjetiva de exprimir uma realidade complexa, preferimos ser objetivos. Para nós, o fundamento da libertação nacional, sejam quais forem as formulações adotadas no plano jurídico internacional, reside no direito inalienável de cada povo a ter a sua própria história; e o objetivo da libertação nacional é a reconquista desse direito usurpado pelo imperialismo, isto é, a libertação do processo de desenvolvimento das forças produtivas nacionais.

Por isso, em nossa opinião, qualquer movimento de libertação nacional que não tem em consideração esse fundamento e esse objetivo pode lutar contra o imperialismo, mas não estará seguramente lutando pela libertação nacional.

Isso implica que, tendo em conta as características essenciais da economia mundial do nosso tempo, assim como as experiências já vividas no domínio da luta anti-imperialista, o aspecto principal da luta de libertação nacional é a luta contra o que se convencionou chamar neocolonialismo. Por outro lado, se considerarmos que a libertação nacional exige uma mutação profunda no processo de desenvolvimento das forças produtivas, vemos que o fenômeno da libertação nacional corresponde necessariamente a uma revolução. O que importa é ter consciência das condições objetivas e subjetivas em que se opera essa revolução, e quais as formas ou a forma de luta mais adequada para a sua efetivação.

Não vamos repetir aqui que essas condições são francamente favoráveis na presente etapa da história da humanidade. Queremos apenas lembrar que existem também fatores desfavoráveis, tanto no plano internacional como no plano interno de cada nação em luta pela sua libertação.

No plano internacional, parece-nos que pelo menos os seguintes fatores são desfavoráveis ao movimento de libertação nacional: a situação neocolonial dum grande número de Estados que conquistaram a independência política, vindo a juntar-se a outros que já viviam nessa situação; os progressos realizados pelo neocolonialismo, nomeadamente na Europa, onde o imperialismo, com recurso a investimentos preferenciais, incentiva o desenvolvimento dum proletariado privilegiado com consequente abaixamento do nível revolucionário das classes trabalhadoras; a situação neocolonial, evidente ou encoberta, de alguns Estados europeus que, como Portugal, têm ainda colônias; a chamada política de "ajuda" aos países subdesenvolvidos praticada pelo imperialismo com o objetivo de criar ou reforçar pseudoburguesias nativas, necessariamente enfeudadas à burguesia internacional, e de barrar assim o caminho à revolução; a claustrofobia e a timidez revolucionária que levam alguns Estados recentemente independentes, dispondo de condições econômicas e políticas interiores favoráveis à revolução, a aceitar compromissos com o inimigo ou com os seus agentes; as contradições crescentes entre Estados anti-imperialistas e, finalmente, as ameaças, por parte do imperialismo, à paz mundial, face à perspectiva duma guerra atômica. Esses fatores concorrem para reforçar a ação do imperialismo contra o movimento de libertação nacional.

Se a intervenção repetida e a agressividade crescente do imperialismo contra os povos podem ser interpretadas como um sinal de desespero diante da amplitude do movimento de libertação nacional, justificam-se, em certa medida, pelas debilidades criadas por esses fatores desfavoráveis na frente geral da luta anti-imperialista.

No plano interno, parece-nos que a fraqueza ou os fatores desfavoráveis mais significativos residem na estrutura econômico-social e nas tendências da sua evolução sob a pressão imperialista, ou melhor, na pequena ou nula atenção dada as características dessa estrutura e tendências pelos movimentos de libertação nacional na elaboração das suas estratégias de luta.

Este ponto de vista não pretende diminuir a importância de outros fatores internos desfavoráveis à libertação nacional, tais como o subdesenvolvimento econômico, com consequente atraso social e cultural das massas populares, o tribalismo e outras contradições menores. Convém, no entanto, notar que a existência de tribos só se manifesta como uma contradição significativa em função de atitudes oportunistas (geralmente provenientes de indivíduos ou grupos destribalizados) no seio do movimento de libertação nacional. As contradições entre classes, mesmo quando estas são embrionárias, são bem mais importantes do que as contradições entre tribos.

Embora a situação colonial e a neocolonial sejam idênticas na sua essência, e o aspecto principal da luta contra o imperialismo seja o neocolonialista, parece-nos indispensável distinguir, na prática, essas duas situações. Com efeito, a estrutura horizontal, ainda que mais ou menos diferenciada, da sociedade nativa, e a ausência dum poder político integrado por elementos nacionais, possibilitam, na situação colonial, a criação duma ampla frente de unidade e de luta, aliás indispensável, para o sucesso do movimento de libertação nacional. Mas essa possibilidade não dispensa a análise rigorosa da estrutura social autóctone, das tendências da sua evolução e a adoção, na prática, de medidas adequadas para garantir uma verdadeira libertação nacional. Entre essas medidas, embora admitamos que cada um sabe melhor o que deve fazer em sua casa, parece-nos ser indispensável à criação duma vanguarda solidamente unida e consciente do verdadeiro significado e objetivo da luta de libertação nacional, que deve por ela ser dirigida. Esta necessidade tem tanto maior acuidade quanto é certo que, salvo em raras exceções, a situação colonial não permite nem solicita a existência significativa de classes de vanguarda (classe operária consciente de si a proletariado rural) que poderiam garantir a vigilância das massas populares sobre a evolução do movimento de libertação. Contrariamente, o caráter geralmente embrionário das classes trabalhadoras e a situação econômica, social e cultural da força física maior da luta de libertação nacional – os camponeses – não permitem a estas duas forças principais dessa luta distinguir *de per si* a verdadeira independência nacional da fictícia independência política. Só uma vanguarda revolucionária, geralmente uma minoria ativa, pode conscientializar *ab initio* essa diferença e levá-la, por meio da luta, à consciência das massas populares. Isso explica o caráter fundamentalmente político da luta de libertação nacional e dá, em certa medida, a importância da forma de luta no desfecho final do fenômeno da libertação nacional.

Já na situação neocolonial, a estruturação, mais ou menos acentuada, da sociedade nativa na vertical, e a existência dum poder político integrado por elementos nativos – Estado nacional – agravam as contradições no seio dessa sociedade e tornam difícil, se não impossível, a criação duma frente unida tão ampla como no caso colonial. Por um lado, os efeitos materiais (principalmente a nacionalização dos quadros e o aumento da iniciativa econômica do nativo, em particular no plano comercial) e psíquicos (orgulho de se julgar dirigido pelos próprios compatriotas, exploração da solidariedade de ordem religiosa ou tribal entre alguns dirigentes e uma fração das massas populares) contribuem para desmobilizar uma parte considerável das forças nacionalistas. Mas, por outro lado, o caráter necessariamente repressivo do Estado neocolonial contra as forças de libertação nacional, o agravamento das contradições de classe, a permanência objetiva de agentes e de sinais de dominação estrangeira (colonos que conservam os seus privilégios, Forças Armadas, discriminação racial), a crescente pauperização do campesinato e a influência mais ou menos notória de fatores exteriores contribuem para manter acesa a chama do nacionalismo, consciencializar progressivamente largas camadas populacionais e reunir, precisamente com base na consciência da frustração neocolonialista, a maioria da população em torno do ideal da libertação nacional.

Além disso, enquanto a classe dirigente nativa se "emburguesa" cada vez mais, o desenvolvimento duma classe trabalhadora integrada por operários citadinos e por proletários agrícolas – todos explorados pela dominação indireta do imperialismo –, abre perspectivas novas à evolução da libertação nacional. Essa classe trabalhadora, qualquer que seja o grau de desenvolvimento da sua consciência política (para além dum limite mínimo que é a consciência das suas necessidades), parece constituir a verdadeira vanguarda popular da luta de libertação nacional no caso neocolonial. Ela não poderá, no entanto, realizar completamente a sua missão no quadro dessa luta (que não acaba com a conquista da independência) se não se aliar solidamente com as outras camadas exploradas: os camponeses em geral (servos, rendeiros, parceiros, pequenos proprietários agrícolas) e a pequena burguesia nacionalista. A realização dessa aliança exige a mobilização e a organização das forças nacionalistas no quadro (ou pela ação) duma organização política forte e bem estruturada.

Outra distinção importante a fazer entre a situação colonial e a neocolonial reside nas perspectivas da luta. O caso colonial (em que a nação classe se bate contra as forças de repressão da burguesia do país colonizador) pode conduzir, pelo menos aparentemente, a uma solução nacionalista (revolução nacional): a nação conquista a sua independência e adota, em hipótese, a estrutura econômica que bem lhe apetece. O caso neocolonial (em que as classes trabalhadoras e os seus aliados se batem simultaneamente contra a burguesia imperialista e a classe dirigente nativa) não é resolvido por meio de uma solução nacionalista que exige a destruição da estrutura capitalista implantada pelo imperialismo no solo nacional e postula, justamente, uma solução socialista.

Esta distinção resulta principalmente da diferença dos níveis das forças produtivas nos dois casos e do consequente aprofundamento da luta de classes.

Não seria difícil demonstrar que, no tempo, essa distinção é apenas aparente. Basta lembrar que, nas condições históricas atuais – liquidação do imperialismo que lança mão de todos os meios para perpetuar a sua dominação sobre os nossos povos, e consolidação do socialismo sobre uma parte considerável do globo –, só duas vias são possíveis para uma nação independente: voltar à dominação imperialista (neocolonialismo, capitalismo de Estado) ou adotar a via socialista. Esta opção, de que depende a compensação dos esforços e sacrifícios pelas massas populares no decurso da luta, é fortemente influenciada pela forma de luta e pelo grau de consciência revolucionária daqueles que a dirigem.

O papel da violência

Os fatos dispensam-nos de usar palavras para provar que o instrumento essencial da dominação imperialista é a violência. Se aceitarmos o princípio de que a luta de libertação nacional é uma revolução, e que ela não acaba no momento em que se iça a bandeira e se toca o hino nacional, veremos que não há nem pode haver libertação nacional sem o uso da violência libertadora, por parte das forças nacionalistas, para responder à violência criminosa dos agentes do imperialismo. Ninguém duvida de que, sejam quais forem as suas características locais, a dominação imperialista implica um estado de permanente violência contra as forças nacionalistas. Não há povo no mundo que, tendo sido submetido ao jugo imperialista (colonialista ou neocolonialista), tenha conquistado a sua independência (nominal ou efetiva) sem vítimas. O que importa é determinar quais formas de violência devem ser utilizadas pelas forças de libertação nacional, para não só responderem à violência do imperialismo, mas também para garantirem, por meio da luta, a vitória final da sua causa, isto é, a verdadeira independência nacional.

As experiências, passadas e recentes, vividas por alguns povos; a situação atual da luta de libertação nacional no mundo (em especial nos casos do Vietnã, do Congo e do Zimbábue); assim como a própria situação de violência permanente ou, quando menos, de contradições e sobressaltos, em que se encontram alguns países que conquistaram a independência pela via chamada pacífica, mostram-nos que não só os compromissos com o imperialismo são contraproducentes, mas também que a via normal da libertação nacional, imposta aos povos pela repressão imperialista, é a luta armada.

Cremos que não escandalizaremos esta Assembleia ao afirmarmos que a única via eficaz para a realização cabal e definitiva das aspirações dos povos à libertação nacional é a luta armada. Esta é a grande lição que a história recente e atual de libertação ensina a todos aqueles que estão verdadeiramente empenhados na libertação nacional dos seus povos.

Sobre a pequena burguesia

Evidentemente, tanto a eficácia dessa via como a estabilidade da situação a que ela conduz, depois da libertação, dependem não só das características da organização da luta, mas também da consciência política e moral daqueles que, por razões históricas, estão em condições de ser os herdeiros imediatos do Estado colonial ou neocolonial. Ora, os fatos têm demonstrado que a única camada social capaz tanto de conscientizar em primeiro lugar a realidade da dominação imperialista como de manipular o aparelho do Estado, herdado dessa dominação, é a pequena burguesia nativa. Se levarmos em conta as características aleatórias, a complexidade e as tendências naturais inerentes à situação econômica dessa camada social ou classe, veremos que esta fatalidade específica da nossa situação é mais uma das fraquezas do movimento de libertação nacional.

A situação colonial, que não consente o desenvolvimento duma pseudoburguesia nativa e na qual as massas populares não atingem, em geral, o necessário grau de consciência política antes do desencadeamento do fenômeno da libertação nacional, dá à pequena burguesia a oportunidade histórica de dirigir a luta contra a dominação estrangeira, em virtude de ser, pela sua situação objetiva e subjetiva (nível de vida superior ao das massas, contatos mais frequentes com os agentes do colonialismo, portanto, maior frequência de humilhações, maior grau de instrução e de cultura política etc.), a camada que mais cedo realiza a consciência da necessidade de se desembaraçar da dominação estrangeira. Assume esta responsabilidade histórica o setor da pequena burguesia a que, no contexto colonial, se poderia chamar revolucionária, enquanto os outros setores permanecem na hesitação característica dessa classe ou se aliam ao colonialista, para defender, embora ilusoriamente, a sua situação social.

A situação neocolonial, que postula a liquidação da pseudoburguesia nativa para que se consume a libertação nacional, também dá à pequena burguesia a oportunidade de desempenhar um papel de relevo – mesmo decisivo – na luta pela liquidação estrangeira. Mas, neste caso, em virtude dos progressos relativos realizados na estrutura social, a função de direção da luta é compartilhada, em maior ou menor grau, com os setores mais esclarecidos das classes trabalhadoras e até com alguns elementos da pseudoburguesia nacional, dominados pelo sentimento patriótico. O papel do setor da pequena burguesia que participa na direção da luta é tanto mais importante quanto é certo que, também na situação neocolonial, ela está mais apta a assumir essas funções, quer pelas limitações econômicas e culturais das massas trabalhadoras, quer pelos complexos e limitações de natureza ideológica que caracterizam o setor da pseudoburguesia nacional que adere à luta. Neste caso ainda, importa salientar que a missão que lhe está confiada exige a esse setor da pequena burguesia uma maior consciência revolucionária, a capacidade de interpretar fielmente as aspirações das massas em cada fase da luta e de se identificar com elas cada vez mais.

Mas, por maior que seja o grau de consciência revolucionária do setor da pequena burguesia chamada a desempenhar essa função histórica, ela não pode libertar-se desta realidade objetiva: a pequena burguesia, como classe de serviços, quer dizer, não diretamente incluída no processo da produção, não dispõe de bases econômicas que lhe garantam a tomada do poder. Com efeito, a história demonstra que, qualquer que seja o papel (muitas vezes de importância) desempenhado por indivíduos originários da pequena burguesia no processo duma revolução, essa classe nunca esteve na posse do poder político. E não poderia estar, porque o poder político (o Estado) tem os seus alicerces na capacidade econômica da classe dirigente e, nas condições da sociedade colonial e neocolonial, essa capacidade está detida nas mãos de duas entidades: o capital imperialista e as classes trabalhadoras nativas.

Para manter o poder que a libertação nacional põe nas suas mãos, a pequena burguesia só tem um caminho: deixar agir livremente as suas tendências naturais de emburguesamento, permitir o desenvolvimento duma burguesia burocrática e de intermediários do ciclo das mercadorias, transformar-se em pseudoburguesia nacional, isto é, negar a revolução e enfeudar-se necessariamente ao capital imperialista. Ora, isso corresponde à situação neocolonial, quer dizer, à traição dos objetivos da libertação nacional. Para não trair esses objetivos, a pequena burguesia só tem um caminho: reforçar a sua consciência revolucionária, repudiar as tentações de emburguesamento e as solicitações naturais da sua mentalidade de classe, identificar-se com as classes trabalhadoras, não se opor ao desenvolvimento normal do processo da revolução. Isso significa que, para desempenhar cabalmente o papel que lhe cabe na luta de libertação nacional, a pequena burguesia revolucionária deve ser capaz de suicidar-se como classe, para ressuscitar na condição de trabalhador revolucionário, inteiramente identificado com as aspirações mais profundas do povo a que pertence.

Essa alternativa – trair a revolução ou suicidar-se como classe – constitui o dilema da pequena burguesia no quadro geral da luta de libertação nacional. A sua solução positiva, em favor da revolução, depende daquilo a que, ainda recentemente, Fidel Castro chamou, com propriedade, desenvolvimento da consciência revolucionária. Essa dependência atrai necessariamente a nossa atenção sobre a capacidade do dirigente da luta de libertação nacional de se manter fiel aos princípios e à causa fundamental dessa luta. Isso revela, em certa medida, que se a libertação nacional é essencialmente um problema político, as condições do seu desenvolvimento imprimem-lhe algumas características que são do âmbito da moral.

Esta é a modesta contribuição que, em nome das organizações nacionalistas dos países africanos ainda parcialmente ou totalmente dominados pelo colonialismo português, entendemos dever trazer ao debate geral desta Assembleia. Solidamente unidos no seio da nossa organização multinacional – a CONCP [Conferência das Organizações Nacionalista das Colônias Portuguesas] –, estamos determinados a manter-nos fiéis aos interesses e às justas aspirações dos nossos povos, quaisquer que sejam as nossas origens nas sociedades a que pertencemos. A vigilância em relação a essa fidelidade é, aliás, um dos objetivos principais da nossa organização, no interesse dos nossos povos, da África e da humanidade em luta contra o imperialismo. Por isso nos batemos já, de armas nas mãos, contra as forças colonialistas portuguesas, em Angola, na Guiné e em Moçambique, e estamos a preparar-nos para fazer o mesmo em Cabo Verde e em São Tomé e Príncipe. Por isso dedicamos a maior atenção ao trabalho político no seio do nosso povo, melhorando e reforçando cada dia as nossas organizações nacionais, na direção das quais se encontram representados todos os setores da nossa sociedade. Por isso nos mantemos vigilantes contra nós mesmos e procuramos, na base do conhecimento concreto das nossas forças e das nossas fraquezas, reforçar aquelas e transformar estas em forças, pelo desenvolvimento constante da nossa consciência revolucionária. Por isso estamos em Cuba, presentes nesta Conferência.

Não daremos vivas nem proclamaremos aqui a nossa solidariedade para com este ou aquele povo em luta. A nossa presença é um grito de condenação do imperialismo e uma prova de solidariedade para com todos os povos que querem varrer das suas pátrias o jugo imperialista, em particular com o heroico povo do Vietnã. Mas cremos firmemente que a melhor prova que poderemos dar de que somos contra o imperialismo e ativamente solidários para com os nossos companheiros, nesta luta comum, consiste em regressar aos nossos países, desenvolver cada dia mais a luta e mantermo-nos fiéis aos princípios e objetivos da libertação nacional.

Fazemos votos para que cada movimento de libertação nacional aqui presente possa, com armas nas mãos, repetir no seu país, em uníssono com o seu povo, o grito já legendário do povo de Cuba: Patria o muerte, venceremos!

Morte às forças imperialistas!

Pátria livre, próspera e feliz para cada um dos nossos povos!

Venceremos!

Aplicar na prática os princípios do Partido[1]

Sobre a aplicação de alguns princípios do partido

Na fase atual da nossa luta e para reforçar a nossa organização diante das grandes responsabilidades que tem, não basta pôr em funcionamento todos os organismos dirigentes do partido, não basta fazer bom trabalho político e agir eficazmente, vitoriosamente, sobre o plano militar. Para que o partido seja cada dia melhor e esteja à altura das suas responsabilidades, é indispensável aplicar em todos os escalões da nossa vida e da nossa luta os princípios de organização e de trabalho que o partido adaptou como normas fundamentais da sua ação. Tal é o caso do princípio da crítica e da autocrítica para resolver os problemas e contradições internas, do princípio da direção coletiva na direção da vida do partido, do princípio do centralismo democrático e da democracia revolucionária nas decisões a tomar em todos os níveis e na prática das palavras de ordem do partido.

1. *Desenvolver o espírito de crítica entre os militantes e responsáveis.* Dar a todos, em cada nível, a oportunidade de criticar, de dar a sua opinião sobre o trabalho e o comportamento ou a ação dos outros. Aceitar a crítica, donde quer que ela venha, como

---

1 Extraído de Andrade, Mário (coord.). *Obras escolhidas de Amílcar Cabral.* Unidade e luta. Volume 2. A prática revolucionária. Praia: Fundação Amílcar Cabral, 2013.

uma contribuição para melhorar o trabalho do partido, como uma manifestação de interesse ativo pela vida interna da nossa organização.

Lembrar-se sempre que criticar não é dizer mal nem fazer intrigas. Criticar é e deve ser o ato de exprimir uma opinião franca, aberta, diante dos interessados, com base nos fatos e com espírito de justiça, para apreciar o pensamento e a ação dos outros, com o objetivo de melhorar esse pensamento e essa ação. Criticar é construir, ajudar a construir, fazer prova de interesse sincero pelo trabalho dos outros, pela melhoria desse trabalho.

Combater severamente *a má língua*, a mania das intrigas, o "diz-que-diz", as críticas injustas e sem fundamento. Apreciar o pensamento e a ação de um camarada não é necessariamente dizer mal. Dizer bem, elogiar, encorajar, estimular – também é criticar. Sempre vigilantes contra as vaidades e orgulhos pessoais, devemos no entanto não poupar elogios a quem os merece. Elogiar com alegria, com franqueza, diante dos outros, todo aquele cujo pensamento e ação servem bem o progresso do partido. Devemos igualmente aplicar uma crítica justa, denunciar francamente, censurar, condenar e exigir a condenação de todos aqueles que praticam atos contrários ao progresso e aos interesses do partido; combater cara a cara os erros e faltas, ajudar os outros a melhorar o seu trabalho. Tirar lição de cada erro que cometemos ou que os outros cometem, para evitar cometer novos erros, para não cairmos nas asneiras em que os outros já caíram. Criticar um camarada não quer dizer pôr-se contra o camarada, fazer um sacrifício em que o camarada é a vítima: é mostrar-lhe que estamos todos interessados no seu trabalho, que somos um e um só corpo, que os erros dele prejudicam a nós todos, e que estamos vigilantes, como amigos e camaradas, para ajudá-lo a vencer as suas deficiências e a contribuir cada vez mais para que o partido seja cada vez melhor.

Desenvolver o princípio da crítica em todas as reuniões do partido, em todos comitês e no seio das Forças Armadas. Na guerrilha ou no exército, depois de cada operação contra o inimigo, devemos apreciar os resultados dessa ação e o comportamento de cada combatente. Tirar todas as lições dessa ação para fazer novas e melhores ações. No ensino, na produção, na atividade comercial, na assistência – em todos os ramos da nossa vida e da nossa luta – devemos ser capazes de criticar e de aceitar as críticas.

Mas a crítica (prova de vontade dos outros de nos ajudar ou da nossa vontade de ajudar os outros) deve ser completada pela autocrítica (prova da nossa própria vontade de nos ajudarmos a nós mesmos a melhorar o nosso pensamento e a nossa ação).

Desenvolver em todos os militantes, responsáveis e combatentes, o espírito de autocrítica: a capacidade de cada um fazer uma análise concreta do seu próprio trabalho, de distinguir nele o que está bem do que está mal, de reconhecer os seus próprios erros e de descobrir as causas e as consequências desses erros. Fazer uma autocrítica não é apenas dizer "sim, reconheço a minha falta, o meu erro e peço perdão", ficando logo pronto para cometer novas faltas, novos erros. Não é fingir-se arrependido do mal que fez, e ficar, no fundo, convencido de que os outros é que não o compreendem. Nem tampouco fazer autocrítica é fazer uma *cerimônia* para depois poder ficar com a consciência tranquila e continuar a cometer erros. Autocriticar-se não é pagar um *responso* ou uma bula nem é fazer penitência. A autocrítica é um ato de franqueza, de coragem, de camaradagem e de consciência das nossas responsabilidades, uma prova da nossa vontade de cumprir e de cumprir bem, uma manifestação da nossa determinação de ser cada dia melhor e dar uma melhor contribuição para o progresso do nosso partido. Uma autocrítica sincera não exige necessariamente uma absolvição: é um compromisso que fazemos com a nossa consciência para não cometermos mais erros; é aceitar as nossas responsabilidades diante dos outros e mobilizar todas as nossas capacidades para fazer mais e melhor. Autocriticar-se é reconstruir-se a si mesmo, para melhor servir.

2. *Aplicar progressivamente em todos os níveis da direção do partido o princípio da direção coletiva.* Fazer tudo para que os órgãos dirigentes do partido passem a funcionar realmente, não na base de uma, duas ou três pessoas, mas de todos os seus membros, homens e mulheres.

Direção coletiva quer dizer direção, mando ou comando feito por um grupo de pessoas e não uma só pessoa ou por algumas pessoas do grupo. Dirigir coletivamente, em grupo, é estudar os problemas em conjunto, para encontrar a sua melhor solução, é tomar decisões em conjunto, é aproveitar a experiência e a inteligência de cada um, de todos para melhor dirigir, mandar, comandar. Na direção coletiva, cada pessoa do grupo dirigente deve ter funções próprias, bem definidas e é responsável pela execução das decisões tomadas pelo grupo em relação às suas funções. Dirigir coletivamente é dar a cada dirigente a oportunidade de pensar e de agir, exigir que tome as responsabilidades da sua competência, que tenha iniciativa, que manifeste com determinação e liberdade a sua capacidade criadora, que sirva bem o trabalho da equipe, que é o produto de esforços e das contribuições de todos. Dirigir coletivamente é coordenar o pensamento e a ação dos que formam o grupo, para tirar deles o melhor rendimento no cumprimento das tarefas do grupo, dentro dos limites da sua competência e no quadro das atividades e dos interesses da organização. Mas dirigir coletivamente não é nem pode ser, como alguns supõem, dar a todos e a cada um o direito de opinião e de iniciativas não controladas, criar a anarquia (falta de governo), a desordem, a contradição entre dirigentes, a discussão vazia, mania das reuniões sem resultados;

nem tampouco é dar largas à incompetência, à ignorância, ao atrevimento intelectual, só para se fingir que todos mandam. Se é verdade que duas cabeças valem mais do que uma, temos de saber distinguir as cabeças e cada cabeça deve saber exatamente o que tem de fazer. No quadro da direção coletiva, devemos respeitar a opinião dos camaradas que têm mais experiência, aprender com a experiência desses camaradas que, por seu lado, devem ajudar os outros, os menos experientes, a aprender e a melhorar o seu trabalho. No quadro da direção coletiva há sempre um ou outro camarada que tem mais categoria como responsável do partido e que, por isso, tem mais responsabilidade individual, mesmo se a responsabilidade das tarefas do grupo couber a todos os membros do grupo. Temos de prestigiar esses camaradas, ajuda-los a terem cada dia mais categoria, mas não permitir que açambarquem (tomem conta) o trabalho e a responsabilidade do grupo. Devemos, por outro lado, lutar contra o espírito de comodismo, e desinteresse, o medo das responsabilidades, a tendência para concordar com tudo, para obedecer cegamente, sem pensar.

Combater o espírito de *régulo,* de chefe tradicional, *patrão* ou de *capataz* entre os responsáveis. Mas combater também o espírito de vassalo, de súdito ao serviço do chefe, de *empregado zeloso,* de criado ou de "boy", entre os responsáveis e militantes. No quadro da direção coletiva, os órgãos superiores do partido devem exigir aos que estão abaixo deles o cumprimento rigoroso do seu dever na base da colaboração consciente e construtiva. Os órgãos menos elevados devem exigir aos mais elevados que deem tarefas concretas a cumprir, palavras de ordem claras e tomem decisões sobre os problemas da sua competência.

Combater o espírito de grupo e de *grupinhos,* os círculos fechados, a mania do segredo entre algumas pessoas, as questões pessoais e a ambição do mando.

A direção coletiva deve reforçar a capacidade de direção do partido e criar condições concretas para valorizar os membros do partido.

3. *Desenvolver, respeitar, e fazer respeitar, na prática das decisões e no cumprimento das palavras de ordem do partido, a aplicação correta do centralismo democrático.* Limitar concretamente as funções de cada órgão dirigente e dos organismos de base, estudar profundamente cada problema ou cada iniciativa nova, tomar decisões objetivas e dar palavras de ordem claras para cada tarefa e a realização prática das palavras de ordem do partido.

Centralismo democrático quer dizer que o poder de decisão, de dar palavras de ordem, de estabelecer tarefas – de dirigir – está concentrado em órgãos ou entidades centrais, com funções bem definidas, mas que essas decisões, palavras de ordem etc., devem ser tomadas democraticamente, com base nos interesses e na opinião dos representantes das massas, com base no respeito pela opinião e pelos interesses da maioria. Quer dizer que cada decisão relativa a um problema novo deve ser tomada depois de uma ampla e livre discussão por parte dos órgãos nela interessados ou da base ao topo, se se trata de assunto que interessa a toda a vida do partido. Depois dessa discussão e de acordo com os dados dela resultantes, os órgãos centrais tomam uma decisão, a qual deve passar imediatamente a ser cumprida em todos os níveis a que interesse, e sem mais discussões.

Centralismo, porque o poder, a capacidade de decidir e de dirigir está concentrado em órgãos especiais e nenhum outro órgão ou indivíduo pode usar desse poder. *Democrático* porque o uso do poder por esses órgãos não depende apenas da vontade dos que mandam, mas baseia-se nos interesses e na opinião expressa pela maioria. Para praticar cada vez melhor o centralismo democrático devemos estar atentos às aspirações e à opinião das massas populares no que respeita a cada problema importante da nossa vida e da nossa luta, devemos fazer funcionar todos os organismos de base do partido e todos os órgãos dirigentes, devemos desenvolver a crítica e a autocrítica e prestigiar cada dia os responsáveis e dirigentes que cumprem o seu dever. O centralismo democrático é uma escola de disciplina, de respeito pela opinião dos outros, de democracia e de capacidade de levar à prática as decisões tomadas.

4. Praticar, em todos os aspectos da vida do partido, a democracia revolucionária. Cada responsável deve assumir com coragem as suas responsabilidades, deve exigir dos outros o respeito pela sua atividade e deve respeitar a atividade dos outros. Não esconder nada às massas populares, não mentir, combater a mentira, não disfarçar as dificuldades, os erros e insucessos, não acreditar em vitórias fáceis, nem nas aparências.

A democracia revolucionária exige que devemos combater o oportunismo, a tolerância diante dos erros, as desculpas sem fundamento, as amizades e a camaradagem com base em interesses contrários aos do partido e do povo, a mania de que um ou outro responsável, é insubstituível no seu posto. Praticar e defender a verdade, sempre a verdade diante dos militantes, dos responsáveis, do povo, sejam quais forem as dificuldades que o conhecimento da verdade possa criar. A democracia revolucionária exige que o militante não tenha medo do responsável, que o responsável não tenha receio do militante nem medo das massas populares. Exige que o responsável viva no meio do povo à frente do povo e atrás do povo, que trabalhe para o partido ao serviço do povo.

No quadro da democracia revolucionária, o poder vem do povo, da maioria, e ninguém deve ter medo de perder o poder. O dirigente deve ser o intérprete fiel da vontade e das aspirações da maioria revolucionária, e, não, o dono do poder, o senhor absoluto que se serve do partido e não serve o partido. No quadro da democracia revolucionária, devemos evitar a demagogia, as promessas que não podemos cumprir, a expiração dos sentimentos do povo e das ambições dos oportunistas. Devemos agir de acordo com as realidades, dar a cada um a possibilidade de progredir, de verificar, pela sua ação e pela dos outros, que o partido, é obra de nós todos e que todos pertencemos ao partido que é o instrumento que o nosso povo criou para a conquista da sua liberdade e para a construção do seu progresso. No quadro da democracia revolucionária a nas condições concretas da nossa luta, devemos aumentar cada vez mais a força do povo, avançar com coragem para a conquista do poder pelo povo, para a transformação radical (na base) da vida do nosso povo, para uma etapa em que as armas e os meios de defesa da nossa revolução estarão inteiramente nas mãos do povo. Não ter medo do povo e levá-lo a participar em todas as decisões que lhe dizem respeito – esta é a condição fundamental da democracia revolucionária, que temos de realizar pouco a pouco, de acordo com o desenvolvimento da nossa luta e da nossa vida.

A democracia revolucionária exige que estejam à frente do nosso partido e do nosso povo os melhores filhos da nossa terra. Temos de eliminar, passo a passo os maus elementos do nosso partido, os ambiciosos, os oportunistas, os demagogos (enganadores do povo), os desonestos, os que não cumprem o seu dever. Para abrir caminho cada vez mais àqueles que compreendem e vivem inteiramente a vida do nosso partido, aos que desejam na realidade servir o partido e o povo, aos que cumprem e querem cumprir cada vez mais e melhor os seus deveres de militantes, de responsáveis e de revolucionários. A aplicação correta dos princípios da crítica e autocrítica, da direção coletiva, do centralismo democrático e da democracia revolucionária é o meio eficaz para obtermos uma das mais importantes, se não a mais importante vitória da nossa vida e da nossa luta, a saber:

Fazer com que o nosso partido pertença cada dia mais àqueles que são capazes de torná-lo cada vez melhor.

Fazer do nosso partido um instrumento eficaz para a construção da liberdade, da paz, do progresso e da felicidade do nosso povo, na Guiné e em Cabo Verde.

Para a melhoria do nosso trabalho político[1]

Vamos dizer alguma coisa sobre o que temos de fazer neste momento, para tornarmos mais rápida a vitória do nosso povo nas várias frentes de resistência.

Que devemos fazer?

Devemos melhorar o nosso trabalho político. Devemos organizar cada vez melhor as nossas Forças Armadas, e fazê-las agir cada vez mais intensivamente; reforçar e consolidar cada dia mais as nossas regiões libertadas; orientar cada vez melhor a nossa gente em todos os planos das suas atividades e orientar bem os nossos estudantes, os nossos quadros em formação; agir cada vez com mais eficácia, com mais consciência e melhores resultados no plano exterior, nas nossas relações com a África e com o mundo em geral.

Devemos melhorar cada dia mais as nossas cabeças e o nosso comportamento, para servir melhor o nosso grande partido ao serviço do nosso povo na Guiné e Cabo Verde.

Nunca é demais dizer que o trabalho político é um trabalho fundamental da nossa luta, tão fundamental que, como vos

1 Discurso proferido em crioulo, durante o seminário de quadros, realizado de 19 a 24 de novembro de 1969. Extraído de: Andrade, Mário (coord.). *Obras escolhidas de Amílcar Cabral.* Unidade e luta. Volume 1. A Arma da teoria. Praia: Fundação Amílcar Cabral, 2013.

disse há pouco, cada tiro é um ato político também. Tão fundamental que, para o nosso partido, os dirigentes na luta armada são dirigentes políticos. O camarada Nino neste momento está a fazer esforços para cumprir um plano que eu elaborei de ponta a ponta, depois de discutir com eles todos, para desenvolver um novo tipo de ação na nossa luta, por meio duma operação. Ele é comandante-chefe dessa operação e membro do Bureau Político do nosso partido. Qualquer dirigente da nossa luta armada, como o Tchutchu ou o Bobô, que estão aqui sentados, ou o Lúcio ou o Nandigna, ou outros que aqui estão, também são dirigentes do partido, da sua Direção Política, e até alguns deles já foram membros dos comitês do partido em certa altura. Cabeças dos comitês do partido, ou simples membros do comitê regional. Portanto, nós sentimos que não fazemos distinção entre política e outras coisas, porque tratar da saúde da nossa gente, ensinar, fornecer à nossa população tecidos e outras coisas para poderem melhorar a sua vida é política. Dar tiros, trabalhar no plano internacional, é política. Mas dado que a nossa vida é complexa, com várias funções, há pessoas que têm um trabalho concreto, que é dedicarem-se ao trabalho político. Dirigidos pela Direção Superior do partido, por diversos escalões da Direção do partido, os nossos comissários políticos têm funções de trabalho político, seja ao nível Inter-Regional ou de zona, ajudados pelas brigadas políticas. Mas os comitês do partido, os comitês de tabanca, também devem fazer trabalho político. Este é um órgão fundamentalmente político também.

O trabalho político dos nossos comissários políticos, como o de todos aqueles que trabalham em política ajudados por todos os outros responsáveis do partido, de qualquer nível, é um trabalho que é decisivo para a nossa luta. Podemos derrotar os tugas em Buba ou em Bula, podemos entrar e tomar Bissau, mas se a nossa população não estiver politicamente bem formada, agarrada à luta como deve ser, perdemos a guerra, não a ganhamos. Por isso é fundamental que os nossos comissários políticos entendam isso claro, entendam a importância do seu trabalho, mas que todos os comitês Inter-Regionais ou de zonas entendam a importância do seu trabalho, porque eles é que são os órgãos políticos do partido, para trabalhar com a nossa gente. Seja membro de segurança, comissário político, responsável de saúde, instrução, abastecimento, eles é que são a força política para agir cada dia, para melhorar o nosso trabalho.

É evidente que as vitórias das nossas Forças Armadas têm que forçar o trabalho político. Por exemplo, alguns camaradas nossos procuram conquistar a população fula das áreas entre Quirafo e Bangacia, mas quando essa gente ouve dizer que os tugas saíram de Madina Xaquili, mais fácil é fazê-la acreditar em nós. Portanto, vemos como é que as coisas se conjugam para ajudar sempre o trabalho político.

É preciso que nós, membros do comitê inter-regional ou de zona, sejamos capazes e dedicados ao nosso partido. É preciso identificar-se totalmente com os interesses do nosso partido. A primeira condição para melhorarmos o nosso trabalho político é melhorar os nossos trabalhadores políticos. É fundamental que os nossos comissários políticos, os nossos responsáveis da milícia, da segurança, da saúde, da instrução, tenham uma consciência bem elevada do seu trabalho. Devem ser aqueles que mais querem o nosso partido, que mais amor têm pelo nosso povo e que estão mais decididos a aplicar na prática as palavras de ordem do partido. Têm que ser pessoas capazes de gritar bem alto o nome do partido, da Direção do partido, devem ter confiança nela. Têm que ser pessoas que, para corresponderem ao seu desejo consciente de morrer pelo nosso partido, têm que trabalhar cada dia, de manhã à noite, para o nosso partido, o que é bem mais fácil do que morrer, dar a sua vida. Têm que ser pessoas vigilantes, sejam ou não dos serviços de segurança, diante de toda tentativa de estragar o nosso partido, de trair o nosso partido. Têm que ser pessoas capazes de ser amigas só dos amigos do nosso partido, inimigos fortes de todos os inimigos do nosso partido. Têm que ser pessoas capazes de não aceitar nenhum ato contra os interesses do nosso partido, e que, quando tiverem que falar diante do nosso povo, diante dos dirigentes, em qualquer meio, sobre problemas do nosso partido, eles são aqueles que devem gritar mais, que levantam mais alto a bandeira do nosso partido, o nome do nosso partido. Eles é que têm que levar as massas atrás deles. Têm que ser capazes de estar atrás das massas, no meio das nossas massas, à frente das nossas massas, para as arrastarem elevando sempre mais do que toda a gente a bandeira do nosso partido. Não podemos dizer, até hoje, que têm estado no nossos comitês só os melhores militantes do nosso partido. Alguns não são nada os melhores, outros até têm medo de falar no partido a sério. De agora em diante, vocês todos têm que trabalhar para pormos à frente dos nossos comitês do partido gente que é de fato do partido e que, abrindo-lhes o coração, só encontramos a bandeira do partido, abrindo-lhes a cabeça, só encontramos ideias do partido, se lhes dermos a palavra, gritam alto, bem alto, o nome do partido, para levantarem toda a gente para lutar pelo nosso partido. E de noite ou de dia, a qualquer hora que for necessário trabalhar, eles estão pegados teso no trabalho do nosso partido. Esta é a primeira condição para melhorarmos o nosso trabalho político, melhorar o trabalho da nossa gente, melhorar a nossa gente que está ligada ao trabalho direto, exclusivo do partido, do ponto de vista civil e político.

Temos que melhorar o trabalho no seio do nosso povo, temos que fazer reuniões com o nosso povo, o máximo que pudermos.

Os comissários políticos de zona têm que estar em contato permanente com as tabancas, dentro da sua zona, em permanente contato, reunidos com a sua gente, reunindo-se sempre com ela, com os comitês do partido, fazendo reuniões de tabanca, discutindo os problemas das pessoas, procurando saber o que se passa, para ajudar a resolver os problemas. A segurança deve estar com eles, fazendo também esse trabalho. A saúde, a instrução, fiscalizando, ajudando, resolvendo problemas. Tem que ser assim, temos que estar permanentemente mobilizando, organizando o nosso povo, ajudando os nossos comitês de tabanca a fazerem as suas reuniões para discutirem os seus problemas, ajudando a nossa gente a mandar em si mesma, a resolver os seus próprios problemas. Só assim é que podemos de fato corresponder às exigências da nossa luta, hoje. E esse trabalho tem de ser feito na vigilância, em relação a todos os atos do inimigo, quer infiltração do inimigo no nosso seio, – aí está a segurança para ver isso – a propaganda do inimigo na sua Rádio ou de qualquer outra maneira; temos de neutralizá-lo imediatamente. Temos de esclarecer as nossas massas, a nossa população sobre os problemas, os enganos que os tugas querem meter-lhe na cabeça. O trabalho político tem de ser um trabalho permanente no seio do nosso povo. Todos sabemos bem o que devemos fazer.

Devemos também melhorar cada dia o trabalho político no seio das Forças Armadas. Toda a nossa gente ligada ao trabalho político, incluindo os comandantes e os comissários políticos das nossas Forças Armadas, devem trabalhar para melhorar as condições políticas das nossas Forças Armadas. Não pode haver uma distância grande entre o comissário político de zona ou da inter-região e as Forças Armadas. Não. O comissário político da inter-região, o membro de segurança da inter-região, a milícia popular da inter-região ou de zona, tudo isso também é Força

Armada, basta termos dado ordens para que todos tenham armas nas mãos. Essas são as Forças Armadas destacadas no trabalho político. Os das Forças Armadas são políticos destacados no trabalho da luta armada. Portanto, não deve haver distâncias grandes, eles devem estar sempre em harmonia, vivendo mãos nas mãos, trabalhando politicamente juntos. E os comissários políticos de zona devem fazer de vez em quando reuniões com as Forças Armadas que estão nessa zona, ligados ao comissário político das Forças Armadas.

Devem falar das relações com a população, discutir problemas sobre a população, sobre as Forças Armadas, que agiram mal ou bem, para elogiar os que agiram bem, para combinarem a maneira de reforçarem mais a ajuda à população, para a população ajudar as Forças Armadas, para coordenar o seu trabalho, entre as Forças Armadas e a população, para fazerem um só corpo. Não é que o comissário político e o comitê sejam uma coisa e o comissário político do comando seja outra, e que cada um trabalhe do seu lado, virando as costas ao outro. Não pode ser assim. Devemos dizer claro que hoje, nas nossas Forças Armadas, alguns comissários políticos não são comissários políticos nada, nunca souberam fazer uma reunião política, nunca fazem reuniões políticas com os camaradas do partido que estão nas Forças Armadas. Em geral, noutras terras, as Forças Armadas têm gente do partido e gente que não é do partido. Nós aceitamos que todos os camaradas das Forças Armadas sejam do partido, temos que os trabalhar, explicar-lhes. Há camaradas que morrem nas frentes de combate sem saberem o que é o partido. Por quê? Às vezes só porque os nossos comissários políticos não sabem o que é o partido. Temos que acabar com isso. Há os que sabem bem, mesmo sem instrução às vezes, mas sabem bem. Há os que fazem trabalho político a sério, mas grande parte não faz trabalho político no seio das Forças Armadas, e às vezes o próprio comandante não deixa o comissário político fazer nada, porque ele, comandante, é que manda em tudo. Esquece-se de que o primeiro comissário político é ele mesmo. Ele é comissário político e é comandante, o outro é comissário político. Devem trabalhar juntos, fazer política juntos, junto das nossas Forças Armadas, porque, quanto mais politizadas forem elas, maior é a certeza na segurança da nossa terra e na vitória da nossa luta. Há também palavras de ordem claras, relativas ao trabalho político nas nossas Forças Armadas, e não é preciso repetir tudo aqui; vou lembrar apenas certos aspectos fundamentais.

Devemos cada dia selecionar melhor os nossos dirigentes, os nossos responsáveis, os nossos militantes. Como vos disse, até hoje, para ser do nosso partido, basta querer correr com os tugas da nossa terra, os tugas colonialistas, e querer o PAIGC. Há mesmo um juramento para o PAIGC. Nós o fizemos durante bastante tempo, mas depois paramos. No começo, no tempo difícil, quando se entrava no partido era preciso jurar, e quem acreditava na cola tinha que comer cola. Acabamos com isso, depois, porque a luta cresceu muito, havia muita gente para comer cola, e até me lembro que o camarada Tiago, que punha as pessoas no partido a fazer juramento, passou depois a sofrer um bocado porque comia muita cola. Acabamos um pouco com isso, mas no fundo, na consciência de cada um, quando entra no PAIGC, jura, mesmo que não fale, mesmo que não assine carta nenhuma. Mas pouco a pouco, para ser militante do nosso partido, é preciso dar provas concretas. Hoje ainda não; amanhã, para ser militante de fato do nosso partido, é preciso dar provas concretas de que satisfaz certas condições, é preciso conhecer bem o Programa do partido, é preciso saber o que é que o partido quer, para o tomarmos em consciência, para não vir entrar e depois não saber o que era afinal. E a cada dia devemos ser mais rigorosos com os nossos responsáveis e os nossos dirigentes; a cabeça tem que dar exemplo.

A autoridade tem que ser baseada no trabalho sério, no bom cumprimento do dever, e na conduta ou comportamento exemplar para toda a gente. Cada dia temos que exigir mais dos nossos responsáveis. Por meio da luta difícil que tivemos, formaram-se alguns responsáveis bastante razoáveis, mas devemos reconhecer que não tivemos tempo nem possibilidades de agir mais rigorosamente com outros responsáveis. Não vou repetir aqui todos os elogios que podemos fazer a alguns responsáveis do nosso partido, sejam eles comissários políticos, membros de segurança, chefes de Forças Armadas, que têm trabalhado com bastante coragem, com bastante acerto, embora cometendo um ou outro erro de vez em quando. Não vou repetir também (já o disse por meio da minha conversa) os erros que os nossos responsáveis têm cometido. A crítica disso ainda é válida – fizemo-la já naquele documento que chamamos "Sobre a reorganização das Forças Armadas", e os nossos camaradas devem lê-lo, porque lá está escrito tudo claramente, abertamente, explicando até porque é que a maior parte dos nossos responsáveis que cometem mais erros, são aqueles que saíram das cidades.

Hoje, neste seminário, chamo a atenção dos camaradas para tudo quanto já criticamos por meio de outras conversas, e chamo a atenção dos camaradas para o fato de que chegou a hora de acabarmos com os erros dos responsáveis. Chegou o momento de acabarmos com os responsáveis que quando recebem as palavras de ordem do partido as deixam de lado, guardam-nas para não se perderem, mas não leem. Chegou o momento de acabarmos com responsáveis ou dirigentes que nunca fazem um relatório sobre a situação do seu trabalho.

Chegou a hora de acabarmos com os responsáveis de qualquer nível, mesmo dirigentes do partido, que preferem a paródia à vida séria, de trabalho e estudo.

Chegou o momento de acabarmos com responsáveis e dirigentes que têm mais do que uma mulher e que, na luta, têm feito mais filhos que trabalho. Chegou o momento de acabarmos com os responsáveis e dirigentes que não são capazes de estudar para melhorarem os seus conhecimentos, mesmo no meio do mato, para serem cada dia mais responsáveis, mais dirigentes a sério. Chegou o momento de acabarmos com os responsáveis ou dirigentes que, quando se lhes pergunta qualquer coisa sobre o seu trabalho, dizem mentiras. Chegou o momento de acabarmos com responsáveis e dirigentes que são capazes de prejudicar os outros para não os deixarem avançar, com medo que lhes tirem o lugar.

Chegou o momento de acabarmos com responsáveis e dirigentes que, quando são transferidos para outro lado, pensam que vão para morrer, porque perderam o lugar, porque lá onde estavam já tinham formado o seu regulado. Chegou o momento de acabarmos com responsáveis ou dirigentes que não são capazes de se entender com os seus camaradas numa Frente ou num comitê inter-regional. Chegou o momento de acabarmos com responsáveis ou dirigentes que não querem que as nossas mulheres avancem também, para serem responsáveis ou dirigentes. Chegou o momento de acabarmos com responsáveis e dirigentes que são capazes de não respeitar os dirigentes ou responsáveis que estão acima deles. Chegou o momento de acabarmos com responsáveis e dirigentes que não mostram, em cada ato seu, amor pelo nosso partido, respeito pela Direção do nosso partido, tendo em consideração que a coisa mais importante da sua vida é o trabalho do partido. Mas somos nós todos que temos de acabar com isso. Chegou o momento de acabarmos completamente com o medo dos responsáveis ou dirigentes do partido. Não é necessário o medo pela autoridade. E quem abusa da autoridade está a cometer um crime pior do que os dos colonialistas portugueses.

Chegou a hora também de levantarmos bem alto o nome daqueles militantes, responsáveis e dirigentes que têm sabido cumprir o trabalho do partido, dando exemplo a outros, mostrando o caminho reto que devemos seguir no nosso trabalho. Cada responsável, cada dirigente, deve ter sempre bem presente que nós somos uma organização, por isso devemos estar organizados. Há camaradas que preferem coisas que não estão organizadas para escaparem ao controle. Há camaradas nossos que, se mandarmos alguém para ir ver o que eles estão a fazer, pensam que vai para os espiar. Chegou o momento de estabelecermos todo um serviço de controle como deve ser, para cada um sentir claramente se ele é dirigente ou responsável, que o controle e inspeção é para o servir, para o ajudar a andar cada vez melhor. Chegou o momento de considerarmos como verdadeiros comitês do partido, aqueles que são capazes de se reunir de fato, periodicamente, como o partido manda, de estudar os problemas, como o partido manda, de fazer relatórios, como o partido manda. Quem não é capaz disso, não é dirigente nem responsável do partido, não é comitê nenhum. É mentira, ele engana-se e está a enganar-nos. Chegou o momento de fazermos os nossos comitês de tabanca reunirem a sério, periodicamente, para discutirem os seus problemas, dar satisfação, e receberem também satisfação dos dirigentes dos comitês de zona ou inter-região, para apalparem, tomarem pulso, para saberem o que se passa na nossa terra a sério, para resolverem os problemas antes que se tornem piores. E neste quadro, para garantirmos o futuro do nosso partido, devemos fazer tudo para avançar os camaradas novos que têm mostrado capacidade para serem responsáveis, para dirigirem.

E no quadro dessa necessidade, uma necessidade grande que se nos depara hoje é a de reforçar o nosso serviço de Segurança. Podemos trabalhar muito, morrer na luta, cansarmo-nos, apoquentarmo-nos, envelhecer, adoecer etc., mas se deixarmos a "baga-baga"[2] comer o nosso pau por dentro, qualquer dia encostamo-nos ao pau e ele cai porque já está todo podre. Baga-baga tanto podem ser os agentes dos tugas no nosso meio como nós mesmos, cada um de nós.

Por exemplo: é mais perigoso para nós um responsável ou um dirigente que se embebeda do que um agente dos tugas, porque ele, além de não cumprir o seu dever como deve ser, dá mau exemplo e, além disso, mata-se com bebidas. Ora, o que querem os tugas é que ele morra mesmo, que ele não trabalhe bem. Um responsável ou dirigente do partido cuja preocupação é, em qualquer lado que chegue, procurar as raparigas mais bonitas para conquistá-las, esse está a agir pior do que um agente dos tugas. Porque, primeiro, está a cortar-nos a possibilidade de dignificar, de levantar as mulheres da nossa terra; segundo, está a dar mau exemplo para toda a gente, tanto aos outros responsáveis como aos militantes e combatentes e, além disso, desmobiliza o nosso povo; terceiro, estraga a sua cabeça como dirigente, como responsável. Um bom responsável do nosso partido hoje, um bom dirigente, que cumpre o seu dever como deve ser e que tem consciência da nossa luta, tem que ser capaz, como um homem que tem necessidade de uma mulher, ou como uma mulher que tem necessidade de um homem – porque é normal ter-se uma companhia – de escolher seriamente a sua companhia, para dar exemplo como deve ser. Nas condições da nossa terra, qualquer pessoa que manda pode ter, em geral, tantas mulheres quantas

[2] Termo usado na Guiné Bissau para designar o térmite, formiga branca. (N. E.)

quer. Essa é a África de hoje, ainda. Vejamos os ministros da África em geral: quantas mulheres têm? Mas não avançam nada com a sua terra. Temos que cortar isso na nossa terra completamente. Cada responsável ou dirigente nosso tem que dar exemplo, bons exemplos, para todos seguirem e para terem autoridade para castigar os outros quando chegar o momento de castigar.

Mas no quadro da nossa segurança temos que ver tudo isso, temos que ser vigilantes em relação a isso. Segurança não é só apanhar agentes dos tugas, evitar que o nosso povo vá vender arroz aos tugas. Esse é um problema, por exemplo, o de vender arroz; se nós trabalhássemos bem, controlássemos, podíamos até mandar a nossa gente ir vender arroz aos tugas para obter informações, para fazer espionagem e até também para obter certas coisas que nós não podemos ter ainda. Infelizmente, cremos que é um tanto difícil nas nossas condições. Mas a segurança também é o seguinte: "eu estou ao teu lado, tu és dirigente, ages mal, digo-te claro: queixo-me de ti".

Por exemplo; não é proibido beber, toda a gente pode beber, se não for muçulmano, mas na medida. Mas na medida é difícil, porque cada um tem a sua barriga. Devemos evitar a bebida ao máximo, e um agente de segurança deve estar sempre pronto para condenar abertamente, seja comandante, dirigente do partido, mesmo o secretário geral, com todo o respeito que tenha por eles; mas se se embebeda, prende-o. Isto é que é segurança. "Para, porque estás a estragar o nosso trabalho", isso é que é segurança de fato. Não aquela segurança que, para agradar ao responsável, arranja-lhe bebida e ainda faz paródia com ele. Esse não é segurança, esse é cúmplice na destruição da nossa luta.

Mas temos que reforçar a segurança da nossa luta em relação ao inimigo. O inimigo está a trabalhar muito. Temos que reforçar a nossa segurança, com base nos nossos serviços de segurança, que temos que desenvolver cada vez mais, mais a sério. O partido tem preparado muitos quadros no ramo da segurança. Infelizmente, vários não têm mostrado que aprenderam de fato, de verdade, esse trabalho, porque têm tido muita falta de iniciativa.

Temos que basear a nossa segurança no trabalho da nossa milícia popular, que é um instrumento de segurança nas nossas áreas libertadas. Temos feito esforço para organizar a nossa milícia popular, alguns responsáveis têm feito esforços, seja individualmente, seja no quadro dos nossos comitês de milícia popular, ligados ao comitê inter-regional. Mas temos que fazer muito mais. Temos que organizar a milícia popular, não como bigrupos, como alguns têm tendência para organizar, até para criar bases de milícia popular, não. A milícia popular é no meio do povo que deve estar, nas tabancas ou no meio do povo no mato. Os melhores filhos da nossa terra que estão nas tabancas e que ainda não entraram no Exército, esses é que devem ser a nossa milícia popular, bons militantes, que deram provas, jovens: segundo definimos, entre os 15 e os 30 anos de idade, para desempenharem um papel concreto, que é o reforço da nossa segurança e o trabalho de autodefesa em relação tanto a ladrões que o inimigo manda como a invasões da parte do inimigo. A vanguarda da nossa população nas tabancas, nas áreas libertadas, deve ser a nossa milícia popular, ligada ao comitê inter-regional ao Comissário Político do partido. Devemos formar, dentro de cada área, grupos de milícia popular nas tabancas e, entre diversas tabancas, podemos também formar grupos de milícia popular. Milícia Popular é gente que trabalha na sua casa, na lavoura etc., mas quando for preciso, imediatamente, deve reunir-se, quando for preciso para um trabalho deve vir. Devemos treinar a nossa milícia popular na arte da guerra, na arte da vigilância, de fazer patrulhas etc.

E devemos levar para diante aquela palavra de ordem do partido que já foi dada, de armar a nossa milícia popular. Já se começou, mas ainda não se acabou até agora. Algumas armas enferrujaram, algumas estão na fronteira, à espera para serem entregues à milícia popular. Outras armas chegaram às áreas da milícia popular, não foram distribuídas como deve ser e os tugas vieram e apanharam-nas ainda recentemente, na área de Fifioli, no setor 2 da Frente Leste. Há armas para a milícia popular: tanto "Ricos", que pusemos à disposição da milícia popular, como carabinas de vários tipos, à disposição da milícia popular, que até hoje ainda não distribuímos como deve ser. Devemos reforçar a nossa segurança, tanto armada como civil, pondo a trabalhar também elementos da população com armas nas mãos. Demos a palavra de ordem para armar a população. Nós mesmos começamos a armar a população na área de Quitáfine; a primeira distribuição de armas, fizemo-la nós mesmos. Esse trabalho não tem avançado como deve. Devemos, portanto, fazer força para melhorar isso, porque isso é melhorar o nosso trabalho político.

Outro trabalho importante que devemos fazer é reforçar a nossa organização, a nossa ligação com os centros urbanos onde o inimigo ainda está, melhorar a organização do partido escondida nos centros urbanos. Mas quem está no mato como comissário político, como comitê inter-regional, como comitê de zona, deve, na sua área, manter ligação estreita com os nossos camaradas e os nossos irmãos dentro das cidades que querem de fato lutar pelo nosso partido. Temos que ser capazes de enviar agentes para as cidades para preparar a nossa gente, para trabalhar com a nossa gente. Raro, infelizmente, é o responsável do partido que tenha feito isso a sério. Têm-se esquecido que a nossa terra também é nas cidades, seja Bissau, Bafatá, Bambadinca, Mansoa, Bissorã, Catió etc. A verdade é que há alguns, tanto da segurança como políticos, que têm de fato desenvolvido o seu trabalho. Mas o que nós fizemos ainda não chega, temos que fazer muito mais. Temos que reforçar, e isso é um serviço da nossa segurança, principalmente, mas todos os nossos políticos, trabalhadores de política, devem reforçar a organização clandestina do nosso partido dentro dos centros urbanos. Se não há em qualquer centro urbano, devemos ser capazes de mandar um ou dois destacados para lá, disfarçados, para organizarem como deve ser. Isso é fundamental. Não podemos, de maneira nenhuma, preparar dezenas e dezenas de quadros para os serviços de segurança, aos quais se ensina o trabalho clandestino, espionagem, organização clandestina, trabalho com explosivos etc. etc., contraespionagem, observação etc., para depois chegarem à nossa terra, sentarem-se e não fazerem nada. Um fulano não é da segurança porque é capaz de apanhar alguém que vai vender arroz aos tugas. Isso não chega. Chegou o momento de pormos essa gente da segurança a trabalhar mesmo nos centros urbanos, para estabelecerem novas organizações, para avançarem com o nosso partido nesses lugares. Isso é fundamental.

Devemos, para melhorar o nosso trabalho, reforçar e consolidar cada dia mais as nossas regiões libertadas. A nossa luta atingiu um grande avanço, um rápido avanço, e talvez até, no começo, um avanço demasiado rápido e, em pouco tempo, encontramo-nos diante duma grande responsabilidade que é a de ter áreas libertadas. Isso é muito bom, porque as áreas libertadas são a base, a retaguarda das nossas Forças Armadas para avançarmos com a luta, e permitem-nos, além disso, fazer uma grande experiência da direção do nosso povo. Mas é uma grande canseira, porque temos que dirigir o povo, temos que satisfazer os desejos da população, temos que melhorar a vida da população, organizá-la melhor, temos que trabalhar muito mais. Mas não há dúvida nenhuma que temos trabalhado um bocado nisso, a ponto dos tugas reconhecerem que, na maioria das nossas áreas libertadas, é impossível já o nosso povo voltar a aceitar a dominação colonialista.

Isso já é um bom trabalho, mas nós temos que fazer ainda mais e melhor trabalho, para acabarmos completamente com a saída da nossa gente das áreas libertadas, para convencer a nossa gente a voltar às áreas libertadas da nossa terra, tanto os que foram para as cidades como aqueles que saíram da nossa terra. Para consolidarmos mais a organização do partido nas áreas libertadas devemos fazer mais ainda. Desenvolver mais o nosso trabalho na instrução, embora tenhamos diminuído o número de escolas, mas para darem mais rendimento; nos nossos hospitais, nos nossos postos sanitários, mesmo que sejam poucos, mas devemos trabalhar bem, para mostrarmos que servem; os nossos armazéns do povo devem funcionar como deve ser. Os nossos militantes que trabalham nos armazéns do povo não devem furtar. Isso é muito importante. Devemos fazer tudo para o nosso povo, nas áreas libertadas, ter a capacidade de controlar os nossos armazéns do povo.

Para construirmos as nossas áreas libertadas, a primeira condição é aquela que já dissemos: melhorar o nosso trabalho político. Para isso é preciso que os dirigentes do partido, do comitê inter-regional ou de zona, vivam de fato no meio da população, com a população. Infelizmente, a tendência é para criar bases centrais. O comitê inter-regional tem a sua base, o comitê de zona está na sua base, a população está na sua barraca ou na sua tabanca, e o dirigente está longe, criando um abismo entre ele e a população que dirige. Há muito tempo demos a palavra de ordem: os dirigentes dos comitês de zona e Inter-Regionais devem estar junto do povo; não há barracas, não há bases, a sua base, se é de zona, deve ser cada barraca do povo, cada tabanca do povo. Um dia está numa, outro dia noutra, movimentando-se sempre, porque, como dirigente de zona, não deve estar parado nunca num mesmo lugar. Isso não só aumenta o rendimento do seu trabalho, faz-lhe cumprir melhor o seu dever, como aumenta também a sua própria segurança. Os comissários políticos de zona, a segurança, os chefes da instrução, os chefes de saúde, os chefes de abastecimento, nunca devem estar parados, devem estar sempre em ligação do povo, seguindo todos os problemas do povo, procurando resolver todos os seus problemas com o povo. O comissário político da inter-região, a segurança, o responsável da instrução, o responsável da saúde, do abastecimento, da milícia devem estar sempre em movimento por meio das zonas e até, se puder ser também, nas barracas e nas tabancas, vivendo sempre com a população. Em cada lugar que chegar deve reunir-se com os comitês de zona desses lugares, dando ordens, tomando pulso para saber como é que as coisas estão, fazendo reuniões com a população, esclarecendo e ajudando a resolver os problemas que os comitês de zona não são capazes de resolver, em ligação íntima com os dirigentes de zona e, por meio deles e diretamente também, com as nossas massas populares das zonas libertadas. Assim é que devemos de fato trabalhar muito para dirigir e aumentar a consolidação das nossas áreas libertadas.

Mas também os nossos comandantes das Forças Armadas, tanto comandantes principais como comandantes de corpos do Exército, devem estar em ligação com os combatentes por todo o lado, não fechados no comando, enquanto as forças agem. Tanto do lado Norte como do lado Sul do país fecham-se no comando e não têm contatos com as suas forças. Devemos ter forças por todo o lado. Se há bigrupos no entroncamento de Buba, o comandante deve ir lá vê-los; se estão para os lados de Nhala, deve ir lá vê-los, ou em Gangénia, ou em Madina de Baixo, na área de Jabadá, metido entre os tugas; nas imediações de Gantongó, em Sambuia, N'Goré, ou em qualquer outra base do norte da nossa terra, na área de Mansabá ou na área de Maqué; um comandante ou comissário político deve estar junto das Forças Armadas, sempre, sempre em movimento, marcando um sítio, ou vários sítios, para fazer reuniões com outros responsáveis, mas sempre em movimento.

Além disso, como em geral os nossos comandantes, os nossos responsáveis principais das Forças Armadas, são também dirigentes políticos, eles têm obrigação de reunir com o comitê inter-regional para discutir problemas, para fazerem coordenação de trabalho com os comitês de zona e até com a população, para ajudarem os comissários políticos, segurança etc. a trabalhar. Esta é a melhor maneira para consolidarmos a nossa situação nas áreas libertadas, na nossa luta em geral.

Devemos estar convencidos de que o lugar dos dirigentes do partido é no meio da população, e não sentados em nenhuma base; o lugar dos dirigentes das Forças Armadas é no meio dos combatentes, não é sentados em nenhum comando. Pode ter um comando ou um ponto bem seguro, onde tem, por exemplo, a sua rádio, uma ou duas pessoas de confiança, a sua guarda, onde pode ir de vez em quando, mas deve estar sempre em movimento, até para a sua própria segurança. Há responsáveis das nossas Forças Armadas que morreram já porque se sentaram demasiado nas bases.

Para consolidarmos as nossas regiões libertadas temos que trabalhar mais junto da nossa população, para aumentar a produção. Temos que ser capazes de fazer o nosso povo lavrar mais terra, produzir mais arroz; preparar o nosso povo para novas produções mesmo. Porque, mais dia, menos dia, temos que começar a produzir mancarra nas nossas áreas libertadas, para podermos vendê-la fora da nossa terra, como outros produtos ainda. Temos que levar como palavra de ordem do partido, nas áreas libertadas, a diversificação, quer dizer, variar os produtos agrícolas, para o nosso povo poder comer melhor, para os nossos combatentes também comerem melhor. Nas áreas libertadas onde há combatentes, temos de fazer os combatentes trabalharem também, como já dissemos.

Avançar com a nossa agricultura, passo a passo, sem grandes manias, avançar com o trabalho do nosso artesanato, ajudar a nossa população a fazer panos, esteiras e balaios, potes, moringas e sobretudo, também, fazer obras de arte, esculturas. Isso pode ser de alto valor para o nosso partido e para mostrar às pessoas a nossa capacidade. Devemos trabalhar muito para melhorar cada dia mais o trabalho do nosso sistema de abastecimento das áreas libertadas em artigos de primeira necessidade. Um artigo de primeira necessidade, por exemplo, é o sabão; o nosso povo deve lavar a sua roupa, o seu corpo etc. Já começamos a fazer sabão nas nossas áreas libertadas, mas até hoje não fomos capazes de fazer sabão como deve ser, quando é fácil e temos bastante óleo de palma. Os nossos responsáveis da produção encarregados disso têm dado algum resultado, mas muito longe do resultado que de fato podem obter. Há outras coisas que podemos fazer nas nossas áreas libertadas. Temos que fazer força para ajudar o nosso povo a obter ferro para preparar coisas para a agricultura, para utensílios de lavoura, meios para os nossos ferreiros trabalharem.

Os nossos armazéns do povo têm que saber distribuir bem os produtos que o partido consegue, têm que saber guardar e distribuir bem os produtos comprados ao povo em troca por artigos de primeira necessidade, como tecidos e outras coisas. Até hoje temos feito um bocado, mas os nossos armazéns do povo ainda não funcionam bem. Claro que a dificuldade grande é que às vezes não temos nada para lhes mandar, mas eu falo de quando há. O partido, no plano exterior, está a fazer cada dia mais força para aumentar sempre a quantidade de mercadorias. E este ano, felizmente, temos promessas grandes. Se a nossa luta se mantiver bem, se conseguirmos reter o inimigo no terreno como deve ser, para não nos fazer mal nenhum, podemos dar ao nosso povo, este ano, muitos artigos de primeira necessidade. Mas, para isso, temos que distribuir bem, a horas, como deve ser, sem malandrices, sem procurar enganar o povo. E nós temos que, no entanto, rigorosamente, cobrar ao povo as coisas que ele tem que dar: arroz, rola, coconote, cera, peles de animais etc. E os nossos responsáveis da produção devem guardar isso como deve ser, conservar como deve ser, para ser usado ou vendido corretamente.

Temos que ter controle da produção. Não podemos aceitar a falta de controle. Não podemos aceitar condições. Como aconteceu, por exemplo, quando pusemos um camarada a controlar a nossa economia e os camaradas não gostaram; ficaram furiosos com ele, porque ele não os deixava vender as vacas do partido. Então apareceram uma série de intrigas contra o camarada, fizeram com que os próprios combatentes se aborrecessem, porque ele não deixava ninguém comer vacas. Mas a ideia não era essa, era fazer com que se revoltassem contra ele para ser tirado de lá, porque isso impedia alguns responsáveis de vender as vacas. Temos que acabar com isso, temos que aceitar o controle, aceitar a inspeção. Não por desconfiança, é por causa da segurança.

Temos que melhorar cada dia o nosso ensino, os nossos internatos, a nossa Escola- Piloto. Isso também é consolidação das nossas áreas libertadas; embora a nossa Escola-Piloto esteja fora, faz parte das nossas áreas libertadas, porque recebe os melhores alunos das nossas escolas das áreas libertadas, está integrada no nosso sistema de ensino das áreas libertadas, e está fora, porque aí temos melhores condições para podermos fazer nela aquele trabalho que queremos fazer nesta fase da nossa luta. Melhorar o nosso ensino, quer dizer, aumentar o número de escolas. Mas aumentar as nossas escolas não chega para melhorar o nosso ensino, às vezes até pode prejudicar, porque se aumentarmos muito as escolas, depois não temos material suficiente para dar aos alunos, não temos bons professores para fazer os alunos aprender de fato. É melhor ter um certo número de escolas, mesmo poucas, garantindo um bom ensino aos nossos alunos, em todos os níveis que for preciso. E, pouco a pouco então, à medida que o partido vai tendo meios, podemos aumentar o número de escolas, sobretudo meios humanos, quer dizer, professores bons. Porque ter professores para não ensinarem nada, só para passar o tempo, isso não vale a pena. Temos que fazer as nossas escolas cumprirem o dever que o partido lhes deu – ensino, mas também trabalho. Trabalho para manterem a escola como deve ser, trabalho de produzir na agricultura para o alimento dos alunos e dos nossos combatentes, para exercício dos nossos alunos, para ninguém pensar que ir à escola quer dizer não lavrar mais. Uma das desgraças da África, hoje em dia, é a seguinte: quem faz o segundo grau já não quer pegar no arado ou na enxada para lavrar a terra. Nós, na nossa terra, mesmo que levemos o nosso povo até ao sétimo ano do liceu, temos que pegar na enxada e no arado, hoje, amanhã em tratores também, para lavrar a nossa terra como deve ser. Ter internato nas nossas áreas libertadas é bastante importante, mas antes de fazermos internatos temos que ver bem se de fato podemos manter os internatos, se há segurança bastante para os alunos não correrem o risco de serem mortos no internato, se há meios bastantes para podermos ter o que comer no internato. Não podemos criar um internato, na ideia de que o partido vai mandar comida de fora: o partido pode fazer esforço, mandar roupa, sapatos, calções de ginástica, roupa de ginástica em geral, para o internato, livros, cadernos, lápis, giz, tinta, canetas etc., mas o internato tem que ter pelo menos a sua comida. A nossa ordem é esta: o internato que não é capaz de ter a sua comida, fecha. Porque nas condições da nossa luta, da nossa terra, não podemos pretender mandar comida para os internatos, de fora da nossa terra. Isso é impossível. O internato deve ser sustentado, ou pelo nosso povo dentro da nossa terra, que dá comida para os filhos, ou pelo próprio internato que lavra arroz e outros produtos, para ter a sua comida, para guardar, para comer, como deve ser.

A nossa Escola-Piloto, que é um dos elementos essenciais do nosso ensino, que está a abrir caminho para preparar quadros, para servirem amanhã o futuro da nossa luta, quadros que podem ser tanto militares como políticos, tanto eletricistas como operários de qualquer ramo, como doutores ou engenheiros ou enfermeiros ou radistas ou outra especialidade qualquer (que ninguém pense que ir para a Escola-Piloto quer dizer que vai ser só doutor ou engenheiro, porque engana-se). A Escola-Piloto tem que ser cada dia mais exigente em relação aos alunos que recebe. Da nossa terra, devemos mandar para a Escola-Piloto os melhores alunos, que tirem as melhores notas. Mas na Escola-Piloto cada dia temos que ser mais exigentes. No ano passado, por exemplo, só ficaram na Escola-Piloto aqueles que tiveram pelo menos "suficiente". Este ano só ficarão aqueles que tiverem "bom", porque a nossa Escola-Piloto é para a elite dos nossos alunos, quer dizer, para os melhores de todos os nossos alunos. Por quê? Porque a nossa terra tem muitos meninos jovens, rapazes e raparigas que querem vir para a Escola-Piloto para aprender. Não podemos permitir que estejam na Escola-Piloto rapazes ou raparigas que não aprendem nada, que passam anos reprovando, guardando lugar, tirando o lugar a outros que querem e têm capacidade dentro da nossa terra. Não podemos permitir isso. Fizemos e devemos fazer apenas uma exceção, que é a seguinte: exigirmos às raparigas um bocado menos que aos rapazes para entrarem na Escola-Piloto, sobretudo na questão de idade e na questão de avanço nos estudos. Os rapazes só com a quarta classe. As raparigas, considerando sobretudo que, quando uma rapariga chega à quarta classe, já está formada e o pai em geral já anda à procura de maneira de a casar, temos que fazer o possível, se ela tem cabeça, para pegar nela e pô-la logo na Escola-Piloto. Portanto, admiti-las com a terceira classe e mesmo que tenham 15 ou 16 anos, devemos recebê-las, porque nós queremos fazer a promoção, o avanço das nossas mulheres e o melhor avanço, um dos principais avanços, é ensinar-lhes a ler e a escrever como deve ser. Essa é a razão por que fizemos diferença entre rapazes e raparigas na questão de os admitir na Escola-Piloto.

Devemos melhorar cada dia mais, nas nossas regiões libertadas, a assistência sanitária. Durante um certo tempo, no norte e no sul da nossa terra, houve camaradas que trabalharam muito para avançar com os serviços de saúde e avançaram de fato bastante, e criaram boas raízes para os nossos serviços de saúde. Fizeram-se hospitais na medida do possível, postos sanitários, foram criadas brigadas sanitárias. Além da assistência aos nossos combatentes, que é o principal objetivo da nossa assistência sanitária, porque estamos em guerra, começamos a dar assistência à nossa população. E então uma grande surpresa surgiu para muitos dos nossos camaradas, que diziam que o nosso povo não quer doutores, não quer "mézinho de branco", o nosso povo só quer "mézinho de terra", só quer "djambacós" ou mouros. O nosso povo mostrou que isso é mentira, o nosso povo aceitou os médicos, interessou-se pelos médicos e pelas enfermeiras. Mostrou tanto interesse, amizade e estima pelos médicos que o nosso povo começou a dar aos seus filhos os nomes dos médicos, os nomes daqueles médicos estrangeiros que vieram ajudar-nos. Essa foi uma grande revelação para aqueles camaradas que pensavam que o nosso povo quer atraso em vez de progresso. Não, o nosso povo quer é avanço, como todo e qualquer povo do mundo. Isso não quer dizer que não haja gente na nossa terra que quer o seu "djambacós", que quando se lhe dá um medicamento, por um lado, por outro lado vai fazer o seu tratamento da terra. Até alguns responsáveis do partido, que têm um grande hospital em Boké para se tratarem, que têm bons enfermeiros e médicos, às vezes dizem-me: – "Cabral, eu quero ir fazer mézinho da terra". Ainda estamos nessa situação, vamos fazer isso. Mas a verdade é que, cada dia mais, o nosso povo está a entender que os médicos, os enfermeiros, têm grande importância para a sua vida e têm salvado a vida a muitos filhos da nossa terra, sem serem combatentes. Mas temos que melhorar o nosso trabalho de saúde, temos que fazer os nossos enfermeiros e enfermeiras trabalhar mais, temos que dar exemplo, seja no hospital de Boké, seja nos hospitais dentro da terra, em qualquer lado. Os nossos enfermeiros e médicos têm que trabalhar mais que os médicos estrangeiros que nos ajudam. Temos que melhorar a distribuição de medicamentos, temos que poupar os medicamentos e temos que ter carinho pelos doentes, pelos nossos feridos. Isso deve ser vigiado, controlado pelos nossos comitês de zona, pelos nossos comitês Inter-Regionais. Devemos exercer um controle permanente, sobre o trabalho dos serviços de saúde e dos serviços de instrução.

Para melhorarmos de fato as nossas áreas libertadas, temos que ser capazes, desde agora, de estabelecer um princípio e uma prática que pode levantar muito o nosso povo e que é o seguinte: vemos quem é capaz de fazer melhor, na amizade, na estima e na colaboração. Quer dizer, devemos estabelecer no nosso meio aquilo a que se chama emulação construtiva, quer dizer, concorrência, mas para o bem, não para a nossa barriga, mas para servirmos o nosso partido, o nosso povo. Tu e eu, nós trabalhamos num ramo qualquer, que é de nós os dois. Eu ajudo-te, tu ajudas-me, mas vamos procurar fazer cada um o mais que puder. E aquele que fizer mais, devemos levantá-lo bem alto, mas sem inveja, sem puxa-puxa, sem dar com o cotovelo no outro. Por exemplo, os nossos comissários políticos devem fazer o seguinte: "Camaradas, entre a população desta área, desta terra quem produzir mais arroz este ano tem um prêmio ou uma medalha do partido e, além disso, o partido vai convidá-lo para ir para o estrangeiro, conhecer outras terras", isso por exemplo. Quem produzir mais batatas, a mesma coisa, mais mandioca, a mesma coisa. Isso é que se chama emulação construtiva. Mas, no quadro do nosso trabalho do dia a dia, devemos pensar sempre o seguinte: que diabo, se o João ou o Bacar fazem muito, porque é que eu não hei de fazer muito também? Vou fazer força para fazer ainda mais que o Bacar, mais do que o João. Mas o Bacar vê-me e vê que eu avanço e então decide fazer ainda mais. Estou contente por ele ter avançado, porque o nosso trabalho melhorou, mas vou continuar a fazer mais ainda.

No plano da nossa luta armada, devemos estimular os nossos combatentes, empurrá-los para fazerem cada dia melhor. A direção do nosso partido deve passar a apreciar os nossos comandantes, os comissários políticos, pela sua ação, e levantar bem alto o seu nome, como melhores valores do nosso trabalho porque eles, na emulação que estabelecemos, passam à frente.Devemos, portanto, estabelecer a emulação construtiva, a concorrência positiva ao serviço do nosso partido e do nosso povo em todas as atividades.

Nem toda a gente é do Partido[1]

Trabalho de direção

Vamos ver outro princípio do nosso partido que é o seguinte: a nossa luta é baseada fundamentalmente no trabalho do nosso partido, o PAIGC.

Os camaradas sabem o que é a luta. Compreenderam já que a luta é condição normal de todas as realidades em movimento. Em tudo aquilo que se move, que existe, se quiserem, porque tudo o que existe está em movimento, há sempre uma luta. Há forças contrárias que agem umas contra outras. A cada força agindo num sentido corresponde uma outra força agindo em sentido contrário.

Tomemos por exemplo uma árvore. Para uma árvore crescer, viver, dar fruto, semente, ou outra árvore, é uma grande luta. Primeiro, para a sua raiz atravessar o solo e encontrar alimento no terreno, é uma luta grande entre a raiz e a resistência do terreno. Mas é preciso uma certa capacidade, uma certa força para extrair do solo molhado o alimento que entra na raiz da planta Depois de extrair o alimento, é preciso levá-lo para outras partes

1 Discurso proferido em crioulo, durante o seminário de quadros, realizado de 19 a 24 de novembro de 1969. Extraído de: Andrade, Mário (coord.). *Obras escolhidas de Amílcar Cabral.* Unidade e luta. Volume 1. A Arma da teoria. Praia: Fundação Amílcar Cabral, 2013.

da planta. Sempre resistência contra resistência. Mas, além disso, há a resistência contra a chuva, contra as tempestades. E com uma desvantagem grande para a planta: é que a planta não pode sair do lugar onde está.

Tanto as plantas como os animais (e até mesmo um pedaço de pau, ou de ferro) têm em si uma luta, podem até mesmo ter milhares de lutas. Mas a luta fundamental, por exemplo, é entre a capacidade de conservação e os estragos que o tempo causa nas coisas. O ferro enferruja-se, o pau apodrece, a marca do tempo fica sobre as coisas, desde o homem até a coisa mais insignificante. Tudo isto traduz uma luta. Mas a luta é mais clara, evidente, quando uma coisa faz força sobre outra coisa, quando ela se trava entre duas coisas distintas.

A nossa luta é o resultado da pressão (ou opressão) que os colonialistas portugueses exercem sobre a nossa sociedade. Quem adquire uma certa consciência ou que foi testemunha de algum fato, ou que tem algum interesse em relação ao colonialismo português, pode adaptar a seguinte posição: fazer a sua própria luta ou não fazer luta nenhuma. Na nossa terra havia muita gente que lutava, tanto na Guiné como em Cabo Verde, e às vezes até mesmo fazendo versos ou outra coisa qualquer, como sinal de luta. Fechar as janelas, as portas, o quarto e descompor os tugas: ele não ouve, mas é uma maneira de lutar. Em Canhabaque, uma mulher bijagó vem com a sua água para vender. O chefe do posto tuga diz-lhe "um peso não, cinco tostões", e dá-lhe os cinco tostões, mas ela derramou a água no chão – é uma maneira de lutar. Muitas vezes, a subserviência (ato de aceitar humilhações) é também uma forma de lutar. Mas outras formas de luta são as revoltas. Uma coisa, por exemplo, de que tive uma consciência e de que nunca me esqueço, passou-se em Angola, nas roças. Eu pensava que os contratados eram uns pobres diabos, que nunca se revoltavam; mas eles revoltam-se, um a um, raras vezes se sente que se revoltam, mas cada um procura fazer a sua revolta. Uns fazem-se passar por doidos, saem com catanas e cortam todas as palmeiras novas plantadas pelos colonialistas. É uma maneira de lutar. Mas quando um, dois, três, quatro se juntam, comungam nos seus interesses, podem fazer uma revolta. Quantas revoltas caladas na Guiné, que talvez ninguém tenha visto, quantas revoltas em Cabo Verde, em S. Vicente, S. Antão, Santiago: luta contra o colonialismo português.

Mas uma luta, para poder avançar a sério, tem que ser organizada e só pode ser organizada a sério por uma direção de vanguarda. Fazer luta para libertar um povo, partindo do nada, como nós, pode-se comparar isso, por exemplo, com a luta que o homem travou com a distância. Um dos grandes problemas do homem, nos tempos antigos, era o seguinte: o homem era dominado pela distância, pelos rios, pelos mares. Queria deslocar-se, mas era difícil, não tinha meios para isso. Um dia, talvez, um homem, sentado à beira dum rio, viu um tronco de árvore passar e, pela primeira vez, veio-lhe a ideia que talvez o homem pudesse ir em cima do tronco, no rio. Se isso aconteceu, foi o momento em que apareceu o primeiro barco, como conta a lenda. Mas o homem, para vencer a distância, para atravessar os rios, os mares e até depois para atravessar o ar, para vencer, para ganhar à distância, teve que criar meios. Meios pequenos no começo, fracos, pouco a pouco foram-se desenvolvendo, utilizando todos os meios possíveis, correntes de água, ventos, correntes do mar, até começar a utilizar a energia que ele próprio descobriu, a energia a vapor, a energia elétrica e hoje a energia atômica. Vejam como a luta do homem contra a distância foi uma coisa extraordinária. A tal ponto que, hoje, o homem que levava anos para dar a volta ao mundo, já numa época de muito progresso, pode dar a volta ao mundo num satélite em 80 minutos e até em menos, se quiser.

No livro de Júlio Verne foi em 80 dias, e ele era um visionário para o futuro, que fazia previsão para o futuro.

O partido

Para lutar contra o colonialismo também é preciso meios. É preciso, em primeiro lugar, criar um instrumento para a luta. Esse instrumento é o nosso partido. Os camaradas podem dizer que o partido é um instrumento-base, o instrumento-mãe. Se quisermos, o meio principal que cria outros meios, ligados a ele. A raiz e o tronco, que dá outros ramos para o desenvolvimento da nossa luta.

A primeira pergunta que podemos pôr é a seguinte: mas porque é que nós criamos um partido, e outros criaram movimentos?

Criaram-se movimentos, frentes etc. Se vocês repararem bem, nós somos os únicos que criamos um partido, uma organização com o nome de partido. Houve talvez outros, mas nós somos um partido, apesar de antes nunca ter havido um partido na nossa terra. Não é por acaso, não é porque nós gostamos do nome partido. É com um sentido claro, para hoje e para amanhã. É que, para nós, na nossa concepção, partido é uma organização muito mais definida, muito mais clara. Partido é todo aquele que toma parte numa dada ideia, numa dada coisa, num dado caminho. Movimento é uma coisa muito vaga. O nosso partido talvez seja hoje, ainda, na realidade, um movimento, mas o nosso trabalho tem que ser transformá-lo em partido cada dia mais. E desde o começo nós lhe demos o nome de partido para que todos entendam que temos ideias bem claras sobre o caminho que estamos a seguir, sobre aquilo que queremos, ao serviço da nossa terra e do nosso povo, na Guiné e Cabo Verde, ao serviço da África e da humanidade, à medida que possamos dar alguma contribuição.

Partido, porque nós entendemos que para dirigir um povo para a libertação e para o progresso é fundamentalmente preciso uma vanguarda, gente que mostra de fato que é a melhor e que é capaz de provar isso na prática. Durante a luta de libertação muita gente tenta enganar, mas pouco a pouco é preciso definir a sua posição claramente como pertencendo àquela vanguarda, ao conjunto daqueles que são os melhores filhos do nosso povo, na Guiné e Cabo Verde.

Sabemos que o nosso partido foi criado na clandestinidade, não vos vou contar toda a história; está escrita em muitos livros, vocês podem ler; se os camaradas da Comissão Ideológica trabalharem bem. Mas foi criado na clandestinidade (escondido). No começo era de verdade um partido, muito pouca gente, um partido pequenino, mas gente com uma só cabeça e fiando profundamente naquela linha que nós traçamos, como alguém que teve na vida a oportunidade de traçar esse caminho. Pouco a pouco cresceu, cresceu, até que se transformou num movimento geral de libertação nacional. Movimento não como nome, mas como fato concreto da luta, como conjunto de gente em movimento contra o colonialismo português.

Objetivo

Mas nós, repito, somos um partido. O nosso caso esclarece-se da seguinte maneira: nós, que lutamos na Guiné e Cabo Verde contra o colonialismo português, somos todos um movimento de libertação nacional, toda a gente é "partido". Mas só entra de fato no partido aquele que de verdade tem uma só ideia, um pensamento, que só quer uma coisa, e tem que ter um dado tipo de comportamento na sua vida privada e na sua vida social. Que ideia, que coisa, que comportamento?

O nosso partido é formado só por aquela gente que quer de fato o programa do nosso partido. Nós somos PAIGC, Guiné e

Cabo Verde. Não há racismo, não há tribalismo, nós não lutamos só para termos bandeira, hino e ministros – talvez mesmo não tenhamos ministros na nossa terra.

Não nos vamos sentar no palácio do Governador, não é esse o nosso objetivo, tomar o palácio para pôr Cabral e outros. Nós lutamos para libertar o nosso povo, não só do colonialismo, mas de toda a espécie de exploração.

Não queremos que ninguém mais explore o nosso povo, nem brancos nem pretos, porque a exploração não são só os brancos que a fazem, há pretos que querem explorar ainda mais do que os brancos. Nós queremos que o nosso povo se levante, avance; e se queremos que o nosso povo se levante, não são só os homens, porque as mulheres também são o nosso povo. Aqueles que entenderam que a mulher tem direito de avançar, de ter instrução, de ir à escola como qualquer ser humano, para fazer qualquer trabalho, como ela é capaz de fazer; aqueles que entenderam bem que um homem enquanto tiver três, quatro mulheres, nunca será um homem de verdade e que não há nenhum povo que possa avançar com homens com quatro mulheres; aqueles que entenderam bem que se o seu filho for fêmea não a pode vender, assim como não pode vender a mãe, que não é nenhuma escrava; quem entendeu que as crianças são os únicos seres a quem temos que dar privilégios na nossa terra, que são a flor da nossa vida, por causa delas nós fazemos todos os sacrifícios para elas viverem felizes; aqueles que fizerem bem os trabalhos designados pelo partido, ao serviço do nosso povo, é que são membros do nosso partido e têm que mandar na nossa terra.

Eu não mando porque sou engenheiro ou doutor, mas porque estou a trabalhar a sério, e ninguém que tem cursos é mais do que aqueles que não têm curso. E nenhuma posição é mais do que outra. Só é mais aquele que trabalha mais, que produz mais.

Quem entendeu o programa do nosso partido como deve ser, seja ele da Guiné ou de Cabo Verde, esse é que pode entrar no nosso partido. Mas que esteja pronto a cada momento para dar a sua vida pela causa por que nós lutamos.

Mas enquanto uns entram no partido, talvez outros saiam, não o sentem, mas saem. Por quê? Porque ele não faz algumas de todas essas coisas, ou porque mostra que não as entende ou não quer entender. Por exemplo, há alguns ainda no nosso partido que não concordam muito com essa unidade da Guiné e Cabo Verde, mas que estão a ver; uns de Cabo Verde, outros da Guiné, que não concordam muito, que ainda estão na dúvida, a ver no que dá. Esses estão enganados, talvez façam outro partido, mas do nosso saem, saem de certeza.

Membros

Ponho o problema claro aos camaradas sobre o nosso trabalho. No partido, de verdade, só entra gente honesta, séria. E sai todo aquele que é desonesto, todos aqueles que se aproveitam do nosso partido para servir os seus interesses pessoais. Hoje enganam-nos, mas amanhã saem de certeza. Quem mente, sai, quem quer só servir a sua cabeça, para ter calças de tergal, com boas camisas, para abusar das nossas raparigas, ou quem anda a abusar do povo da nossa terra, esses saem. Aqueles que não têm respeito pelo povo da nossa terra e fingem tê-lo diante da Direção, mas por trás, quando estão na sua área a mandar, tratam o povo como se fossem chefes de posto ou administradores colonialistas, esses saem. Aqueles que têm na sua cabeça que estão a lutar, a sacrificar-se nesta luta, para amanhã abusarem como os chefes de posto, esses saem. Chegou a hora de falarmos disso claramente. Porque há alguns camaradas que estão a sacrificar-se muito, mas com a ideia de que amanhã vão gozar, com bom automóvel, criados, várias mulheres etc. Esses estão enganados. Não são do nosso partido e vão ver isso de certeza.

O nosso partido está aberto aos melhores filhos da nossa terra. Hoje, todos nós somos "partido", pouco a pouco o núcleo de gente que é partido define-se. Quem é partido de fato, está ou entra naquele núcleo; quem não é partido, sai. Porque só podemos realizar de verdade o que queremos na nossa terra se formos um grupo de homens e mulheres fortes, capazes de não enganar os seus camaradas e de não mentir, capazes de olhar para os camaradas, olhos nos olhos, e capazes de crer que a juventude é que será dona da nossa terra amanhã, na Guiné e Cabo Verde.

Portanto, temos que cumprir o nosso dever o melhor possível, dar todas as possibilidades para avançarem. Quem tem ambições de chefia no nosso partido, mais dia, menos dia, sai. Quem não aprendeu a respeitar o seu companheiro, ser humano, homem ou mulher, como deve ser, mais dia, menos dia, sai. Quem pensa que amanhã a nossa política vai estar ao serviço de uma ou outra nação estrangeira, sai, porque nós não vamos ter disso. Lutamos pela independência.

Portanto, vocês veem que vai ser cada dia mais difícil ser-se membro do nosso partido. E esta vanguarda que nós criamos, esse instrumento que fizemos para construir a independência da nossa terra, como um homem constrói uma casa, tem que ser cada dia mais fino, mais afiado, mais perfeito, *e o nosso povo tem que fazê-lo cada dia mais bonito.*

É fundamental que os camaradas todos estudem o programa do partido, sobretudo aqueles mais novos, que entendam bem, para se prepararem para ser de fato do partido. E mais, para se engajarem cedo no partido, porque nós vamos exigir cada dia mais a cada responsável o seu engajamento total no partido. Não engajamento para a sua cabeça, não engajamento com Amílcar

Cabral, ou com João ou N'Bana ou Bacar, ou outro qualquer que seja o seu chefe. Com o partido, com as ideias do partido, com as forças vivas do partido, que são as ideias do partido. Tem que dar provas de que tem na sua cabeça as ideias do partido, ideias que o partido pôs como devendo ser de cada um. Quem não fizer isso está mal. Mas mais: mais tarde, antes de alguém ser membro do partido tem que ser primeiro candidato ao partido. Primeiro tem que dar provas de que merece de fato entrar no nosso partido, para depois entrar. Tem que ser assim, porque nós queremos de fato servir o povo da nossa terra. Não queremos enganar-nos.

É fácil pôr toda a gente num partido: uma criança nasce e logo põe-se o seu nome no partido. Para que serve isso? Então o que é o partido? Num clube de futebol é preciso pagar cota, ir ao campo dar palmas e gritos. Como é que vamos permitir que toda a gente entre no partido, meninos, homens, mulheres? Não. Na luta de libertação é bom, é preciso: toda a gente, vamos embora para a frente. Mas no meio de tudo isso vamos sabendo cada dia mais, quem é que é partido de fato. Temos que ser capazes de entrar numa sala como esta e dizer: Este sim, este é partido, e aquele e o outro, mas aquele ali, esse ainda não é partido.

Tem que ser assim; só assim é que podemos servir o nosso povo. Se confundirmos toda a gente, estamos mal. E quem for de fato elemento do partido, esse prova que quer melhorar-se cada dia mais, porque quem parar, morre. Muitos camaradas ainda não entenderam isso, vários aproveitam-se do partido. Para eles, ser do partido, ser dirigente do partido é levar boa vida, para gozar, e querem aproveitar depressa porque não acreditam no partido, não acreditam no futuro. Hoje mesmo é que querem gozar depressa roupa bonita, dinheiro no bolso, mandar com todo o abuso, fazer dos camaradas seus criados, além de outros abusos. Isso é candidatura para sair do partido, e há muitos que se não saem hoje saem amanhã, por mais trabalho que tenham feito, por mais ajuda que tenham dado. Ou arrebentam com o partido ou saem.

A melhor maneira é corrigirem-se, corrigirem-se depressa, porem-se na linha como deve ser; e nós temos feito todo o esforço para pôr os camaradas na linha para não terem de sair do partido amanhã.

Alguns já ficaram pelo caminho porque foi impossível corrigirem-se e, como a nossa condição é muito triste, se alguém não se emenda, vira contra, vira traidor. Temos que combater isso passo a passo, com todo o cuidado necessário, para darmos a cada um a maior oportunidade possível de ser do partido, mas também não podemos permitir que nos enganem, que finjam que são do partido, quando não são nada do partido.

Qualquer camarada que tenha dentro da sua cabeça a ideia de que a sua "raça" é que deve mandar na nossa terra, que se prepare porque haverá guerra com ele. Mas há ainda camaradas no partido que ainda são incapazes de matar totalmente aquela ideia de "raça" que têm na cabeça. Porque são ambiciosos, só porque são ambiciosos, querem ser eles os mandões máximos de tudo. Gente como essa não é do partido. No nosso partido manda quem tem valor, quem mais pode mandar, quem deu provas concretas de que sabe mandar, e o nosso objetivo é só um: servir o povo.

Hoje é do partido toda aquela gente da nossa terra que está disposta a acabar com o colonialismo português e disposta a seguir as palavras de ordem do partido, a respeitar e a cumprir as ordens da direção do nosso partido. Esses são do partido. Mas amanhã serão do partido só aqueles que têm uma conduta moral exemplar, como homens dignos ou mulheres dignas da nossa terra. Que trabalha e tem trabalho mesmo, porque os vadios não podem ser do nosso partido, de maneira nenhuma. E que põem como sangue da sua vida, alma da sua alma, cumprir o programa do nosso partido na nossa terra, combatendo seja quem for. Que programa do nosso partido? Aquele que vocês conhecem, mas aquele que vão conhecendo cada dia mais. Esses é que serão amanhã do nosso partido e, no meio desses, os donos de fato do partido, são aqueles que serão capazes de transformar o partido, cada dia, numa organização melhor, mais ainda ao serviço do nosso povo.

Mas o que é o povo?

Muitos camaradas dizem: oh, o meu povo! Muitos camaradas, quando cometem erros ou estão atrapalhados com as coisas do partido, começam logo a falar do povo. Isso vai acabar aos poucos, mas temos que saber duma maneira bem clara o que é o povo.

A definição de povo depende do momento histórico que se vive na terra.

População é toda a gente, mas o povo já tem que ser considerado com relação à própria história. Mas é preciso definir bem o que é o povo, em cada momento da vida de uma população. Hoje, na Guiné e em Cabo Verde, povo da Guiné ou povo de Cabo Verde, para nós, é aquela gente que quer correr com os colonialistas portugueses da nossa terra. Isso é que é povo, o resto não é da nossa terra nem que tenha nascido nela. Não é povo da nossa terra, é população, mas não é povo. Hoje é isso que define povo da nossa terra. Povo da nossa terra é todo aquele que nasceu na nossa terra, ou na Guiné ou em Cabo Verde, que quer aquela coisa que corresponde à necessidade fundamental da história da nossa terra, que é o seguinte: acabar com a dominação estrangeira na nossa terra. Aqueles que estão prontos a trabalhar duro nisso, a pegar teso, são todos do nosso partido. Portanto, a maior parte do nosso povo é o nosso partido. E quem mais representa o nosso povo é a direção do nosso partido. Que ninguém pense que lá porque nasceu no Pico da Antônia ou no fundo do Oio, é mais povo do que a direção do nosso partido. O primeiro pedaço do povo da nossa terra, genuíno, verdadeiro, é a direção do nosso partido, que defende os interesses do nosso povo e que foi capaz de criar todo este movimento para defender os interesses do nosso povo.

Vou tentar esclarecer ainda mais este problema:

Toda a gente da população da nossa terra que quer, neste momento, que os colonialistas portugueses saiam da nossa terra, para tomarmos a nossa liberdade e a nossa independência, esses são o nosso povo. Mas entre essa gente há alguns que pegaram no trabalho a sério, que lutam com armas nas mãos, ou no trabalho político ou na instrução ou em qualquer outro ramo, e que estão debaixo da direção do nosso partido: esses são o nosso partido. Se quiserem, a vanguarda do nosso povo é o nosso partido e o elemento principal do nosso povo, hoje em dia, é a direção do nosso partido. Portanto, aqueles que têm amor pelo nosso povo têm amor pela direção do nosso partido. Quem ainda não entendeu isso, não entendeu nada.

Isso é nesta fase, neste momento. Mas daqui a algum tempo, quando tomarmos a nossa independência, por exemplo, quem quiser que a nossa terra seja independente, mas não quer que as mulheres sejam livres, e quiser continuar a explorar as mulheres da nossa terra, esse hoje é povo, mas amanhã já não será. Se nós queremos que todas as crianças da nossa terra sejam respeitadas e algum de entre nós não quiser isso, esse já será população, não será povo.

O nosso objetivo é fazer o progresso e a felicidade do nosso povo, mas nós não podemos fazê-lo contra o nosso povo. Ora, se alguns da nossa terra não querem isso, ou eles não são povo, e então nós podemos fazer tudo contra eles e talvez mesmo os ponhamos na cadeia, ou então eles são muitos e representam o povo e, nessa altura, nós paramos; não podemos fazer nada, porque não se pode fazer a felicidade e o progresso de alguém contra a sua vontade.

Temos que entender bem, portanto, que em cada fase da história duma nação, duma terra, duma população, duma sociedade, o povo define-se consoante a linha mestra da história dessa sociedade, consoante os interesses máximos da maioria dessa sociedade.

O termo democracia foi criado na Grécia, em Atenas (Demo + cracia = governo do povo). Mas quem foi que o criou? Em Antenas havia nobres, senhores (donos da terra) e depois os escravos, que trabalhavam para todos os outros. A democracia para eles era só para os de cima, eles é que eram o povo, os outros eram escravos. Até hoje é a mesma coisa em muitos lados. Quem tem a força na mão, o poder, faz a democracia para ele. Nós, na nossa terra, queremos que a maioria tenha o poder nas mãos. Mas nós queremos o poder nas mãos do nosso povo. Aquele que segue o caminho reto, que quer cada dia mais progresso e felicidade na nossa terra, progresso não só para os fulas, não só para mandingas, não só para filhos de cabo-verdianos, não só para balantas, progresso para todos, tanto na Guiné como em Cabo Verde – esse faz parte do nosso povo.

Partidos e movimentos

Continuando ainda a falar do instrumento que o nosso povo criou para desenvolver a ação de alguns dos seus filhos para a luta pela libertação e o progresso na nossa terra, quero insistir no fato de que, desde o começo do nosso trabalho, tivemos sempre o sentimento e a certeza de que para libertar a nossa terra não era preciso criar muitos movimentos. Pelo contrário, era preciso fazer grande força para termos uma só organização de luta com ação na Guiné e em Cabo Verde. Essa foi a linha que traçamos a partir da análise da nossa situação concreta, da nossa realidade, e a linha que defendemos duramente, por meio de vários anos, apesar de em certos momentos termos tido necessidade de recuar para termos a certeza se tínhamos ou não razão.

Ontem conversamos sobre as contradições da nossa sociedade e vimos que, no plano social propriamente dito, quer dizer, das camadas da sociedade, das classes, se quiserem, as contradições não são muito grandes, sobretudo na Guiné, sendo um bocadinho mais acentuadas em Cabo Verde, onde havia alguma gente com terra, com propriedade, e alguns donos de comércio e de pequenas indústrias. Mas chamei a atenção dos camaradas para o fato de que isso é pouco, não chega para formar uma classe propriamente dita, do ponto de vista quantitativo, quer dizer, numérico. Mas nós sentimos bem que, como influência de tempos passados e como resultado da divisão que o inimigo criou no nosso seio, havia contradições entre grupos étnicos, entre aquilo que nós chamamos "raças" na Guiné. E, claro, em Cabo Verde, entre, sobretudo, por um lado camponeses sem terra e, por outro, aqueles que têm meios seguros para viver, incluindo os donos da terra.

A maior asneira que se podia fazer na nossa terra seria criar na Guiné partidos ou movimentos na base de etnias, o que era um meio bastante bom, não só para o inimigo nos dividir ainda mais durante a luta, mas também para garantir a sua vitória; a destruição da nossa independência, depois da luta, como os camaradas têm visto em alguns países africanos. Em Cabo Verde, seria absurdo pensar em criar um partido de gente que tem alguma coisa e um partido de gente que não tem nada, para lutar contra o colonialismo português.

Na luta contra o colonialismo é fundamental, é importante, é decisivo, juntar toda a gente que quer a independência, que quer lutar contra o colonialismo. Por isso mesmo, o nosso partido, em 1959, quando surgiram em Bissau alguns pequenos grupos de nacionalistas, que não eram controlados por nós, os nossos camaradas, sobretudo o nosso camarada Aristides Pereira, Fortes, Luís e outros, fizeram o máximo para que aqueles pequenos grupos se integrassem no nosso partido para evitarmos que a nossa força ficasse dispersa.

Vocês todos sabem que o partido foi criado em 1956 e nessa altura já estávamos em 1959. Mais tarde surgiram pessoas da nossa terra a falar em frente, mesmo o partido chegou a falar de frente, e alguns camaradas podem perguntar porque é que nós não fizemos uma frente na nossa terra. Exatamente porque uma frente quer dizer união de várias organizações. Na nossa terra nós não conhecíamos mais nenhuma organização. Quando o nosso partido entrou em contato com o exterior do país, a partir de 1960, sentiu que havia gente da nossa terra fora, quer da Guiné, quer de Cabo Verde, que tinha criado os chamados movimentos fora da terra. O nosso partido teve que fazer uma concessão, teve que dar um passo atrás na sua ideia de só um partido e nada de frente, para ver se juntava aquela gente, para lutar pela independência da Guiné e Cabo Verde. Por isso mesmo é que, por um lado, fizemos uma chamada Frente com o Movimento de Libertação da Guiné e Cabo Verde que estava em Conacri mas que os nossos próprios camaradas criaram já ligados ao PAIGC, e como Movimento de Libertação da Guiné e Cabo Verde que estava em Ziguinchor.

Poderei contar aos camaradas, mais tarde, a história das coisas que se passaram em Conacri, mas a verdade é que, com grande barulho, com problemas levantados pelos nossos irmãos da Guiné e Cabo Verde no Senegal resolvemos lançar um apelo para a unidade de todos os Movimentos de Libertação da Guiné e Cabo Verde. O PAIGC chamou todos aqueles que diziam que eram movimentos para nos unirmos. Fizemos uma conferência em Dakar com o então Movimento de Libertação da Guiné e

Cabo Verde, que estava em Dakar e que englobava tanto guineenses como cabo-verdianos, no qual estavam fulanos que vocês conhecem; não vale a pena torná-los importantes citando os seus nomes aqui. Para essa conferência também foi esse movimento de Ziguinchor e o Movimento de Libertação da Guiné e Cabo Verde que estava em Conacri, assim como o PAIGC representado por alguns dos seus membros. Tudo isso foi fundamentalmente uma concessão da nossa parte, uma tática, para vermos o que aquela gente queria de fato, qual era a sua intenção, até que ponto estavam engajados na luta a sério e se de fato queriam lutar ou se queriam apenas arranjar lugares. Praticamente, nós é que fizemos a conferência toda. Levamos documentos bem preparados, e eles, encarregados de preparar a conferência, nem sequer tinham ainda feito o programa. A conferência foi feita de fato, com a assistência das autoridades senegalesas, com a assistência do camarada Marcelino dos Santos, representando a CONCP e de outras entidades.

O ponto de vista do nosso partido foi defendido com força pelos seus representantes, apoiado pelos movimentos de libertação da Guiné e Cabo Verde de Conacri e Ziguinchor. Claro que o objetivo dos de Dakar não era fazer a unidade, era o de acabar com o PAIGC; essa é que era a sua ideia e, quando viram que não era possível, aceitaram todas as resoluções apresentadas na Conferência. Mas logo a seguir começaram a sabotar. Claro que depois foram desmascarados como gente que não queria unidade, e que não queria unidade porque não queria lutar, que fingia falar em unidade mas procurava apenas uma posição para poder fazer manobras para ganhar lugares e liquidar o nosso partido.

Portanto, os camaradas veem que o partido, embora tenha estabelecido como princípio da sua vida uma só organização, uma só bandeira e nada de confusões no estabelecimento desse movimento de libertação, foi capaz de fazer concessões, de recuar, para dar a toda a gente a possibilidade de manifestar claramente se queria ou não queria de fato lutar pela nossa independência. Quando o partido chegou à conclusão de que afinal essa gente só dizia mentiras, só queria desonestidade e só andava à busca de lugares, só procurava criar confusão, servindo, assim, os colonialistas portugueses, o partido resolveu o seguinte: nós não queremos mais unidade com ninguém, quem quiser unidade com o PAIGC, que venha dentro da terra fazer a unidade com o PAIGC. Foi essa a nossa posição e nós resistimos a todas as pressões que foram feitas sobre nós, porque tínhamos a certeza de estarmos no caminho certo e seguro.

Negação do oportunismo

Outra coisa que queremos pôr claro na questão do nosso partido, da nossa organização, é o seguinte: desde o primeiro dia (já falamos disso aos camaradas na questão dos princípios) nós negamos o oportunismo. Podíamos, por exemplo, tentar juntar ao nosso partido certos homens com influência grande na Guiné, chamá-los para o partido para nos podermos servir da sua influência, como alguns grandes de Bissau, ou alguns régulos – lembro-me de que vários régulos eram membros do partido –, mas nunca lhes dissemos que eles é que vinham mandar.

Houve régulos do chão dos Manjacos, por exemplo, ou do chão dos Mancanhas, que foram chamar outros, por causa da bandeira do partido, houve chefes na área de Mansoa e outras áreas que foram presos por causa da bandeira do partido mas nunca lhe dissemos que, como eram chefes da nossa população, também eram chefes do partido. Negamos isso duma vez, porque não queríamos enganar ninguém. Numa organização nova, criada para libertar a nossa terra, são e serão dirigentes aqueles que estão em condições para isso, não porque ontem eram chefes. Sentia-se, por exemplo, e sente-se cada dia em várias áreas de África, quanto representa de atraso para o futuro, de dificuldades para amanhã, fazer oportunismo pondo os chefes tradicionais na direção duma organização de libertação nacional.

Unidade e luta[1]

Vamos continuar o nosso trabalho e vamos tentar conversar um bocado com os camaradas sobre alguns princípios do nosso partido e da nossa luta.

Os camaradas que tiveram conhecimento de um documento que foi publicado com o nome de "Palavras de ordem gerais do nosso partido", feito em 1965, devem se lembrar que na parte final desse documento há um capítulo que é "Aplicar na prática os princípios do partido". Claro que nestas palavras de ordem falou-se de alguns princípios bastante gerais, e hoje nós podemos conversar sobre mais princípios ainda além desses. Claro que todos sabem isso, mas às vezes não sabem que isso é que é o fundamental, as bases, princípio da nossa luta. A nossa luta tomada no seu aspecto fundamentalmente político, no seu aspecto principal que é o aspecto político. Claro que, para definirmos, por exemplo, a estratégia e até as táticas que adaptamos na nossa luta armada de libertação, outros princípios foram enunciados, embora esses

1 Discurso proferido em crioulo, durante o seminário de quadros, realizado de 19 a 24 de novembro de 1969. Extraído de: Andrade, Mário (coord.). *Obras escolhidas de Amílcar Cabral.* Unidade e luta. Volume 1. A Arma da teoria. Praia: Fundação Amílcar Cabral, 2013.

princípios de luta armada não sejam mais do que a passagem dos nossos princípios gerais para o campo da luta armada.

Um primeiro princípio do nosso partido e da nossa luta, que todos nós conhecemos bem, é: "Unidade e Luta", que é mesmo a divisa, se quiserem, o lema do nosso partido. Unidade e Luta Claro que para estudar bem o que é que quer dizer este princípio bastante simples, é preciso sabermos bem o que é unidade e o que é luta. E é preciso colocarmos, realizarmos o problema da unidade, e o problema da luta num dado lugar, quer dizer, do ponto de vista geográfico, e considerando a sociedade – vida social, econômica etc. – do ambiente em que queremos aplicar este princípio de unidade e luta.

O que é Unidade? Claro que podemos tomar unidade num sentido que se pode chamar estática, parado, que não é mais que uma questão de número, por exemplo, se considerarmos o conjunto de garrafas que há no mundo, uma garrafa é uma unidade. Se considerarmos o conjunto de homens que está nesta sala, o camarada Daniel Barreto é uma unidade. E por aí afora. Essa é a unidade que nos interessa considerar no nosso trabalho, da qual falamos nos nossos princípios do partido? É e não é. É, na medida em que nós queremos transformar um conjunto diverso de pessoas num conjunto bem definido, buscando um caminho. E não é, porque aqui não podemos esquecer que dentro desse conjunto há elementos diversos. Ao contrário, o sentido de unidade que vemos no nosso princípio é o seguinte: quaisquer que sejam as diferenças que existem, é preciso ser um só, um conjunto, para realizar um dado objetivo. Quer dizer, no nosso princípio, unidade é no sentido dinâmico, quer dizer de movimento.

Consideremos, por exemplo, um time de futebol. Um time de futebol é formado por vários indivíduos, 11 pessoas. Cada pessoa com o seu trabalho concreto para fazer quando o time de futebol joga. Pessoas diferentes umas das outras: temperamentos diferentes, muitas vezes instrução diferente, alguns não sabem ler nem escrever, outros são doutores ou engenheiros, religião diferente, um pode ser muçulmano, outro católico etc. Mesmo de política diferente, um pode ser de um partido, outro de um outro. Um pode ser da situação, como por exemplo em Portugal, outro pode ser da oposição. Quer dizer, pessoas diferentes umas das outras, considerando-se cada uma diferente da outra, mas do mesmo time de futebol. E se esse time de futebol, no momento em que está a jogar, não conseguir realizar a unidade de todos os elementos, não conseguirá ser um time de futebol. Cada um pode conservar a sua personalidade, as suas ideias, a sua religião, os seus problemas pessoais, um pouco da sua maneira de jogar mesmo, mas eles têm que obedecer todos a uma coisa: têm que agir em conjunto, para meter gols contra qualquer adversário com quem estiver a jogar, quer dizer, à roda deste objetivo concreto, meter o máximo de gols contra o adversário. Têm que formar uma unidade. Se não o fizerem, não é o time de futebol, não é nada. Isto é para verem um exemplo claro de unidade.

Vocês veem uma pessoa a vir, por exemplo, com um balaio na cabeça; essa pessoa costuma vender frutas. Vocês não sabem que frutas estão dentro do balaio, mas dizem: ela vem com um balaio de frutas. Podem ser mangas, bananas, papaias, goiabas etc. dentro do balaio. Mas na nossa ideia, ela vem com um conjunto que representa uma unidade, um balaio na cabeça, um balaio de frutas. Mas vocês sabem que isso é uma unidade, tanto do ponto de vista de número – um balaio de frutas – como no objetivo de o vender, tudo é a mesma coisa, embora haja várias coisas dentro dele: frutas diversas, mangas, bananas, papaias etc. Mas a questão fundamental, que é vir com frutas para vender, faz de tudo uma coisa só.

Isto é para dar aos camaradas uma ideia do que é unidade e para dizer aos camaradas que o fundamento principal da unidade é que para ter unidade é preciso ter coisas diferentes. Se não forem diferentes, não é preciso fazer unidade. Não há problema de unidade. Ora, para nós o que é unidade? Qual é o objetivo em torno do qual devíamos fazer unidade na nossa terra? Claro que não somos um time de futebol, nem um balaio de frutas. Nós somos um povo, ou pessoas de um povo, que a certa altura da história desse povo tomaram um certo rumo no seu caminho, criaram certos problemas no seu espírito e na sua vida, orientaram a sua ação num certo rumo, puseram certas perguntas e buscaram respostas para essas perguntas. Pode ter começado por uma pessoa só, por duas, três, seis. A certa altura apareceu este problema no nosso seio – unidade. E o partido foi tão advertido, quer dizer, entendeu isso tão bem, que no seu próprio lema, como princípio principal, como base de tudo – Unidade e Luta.

Agora surge uma pergunta: essa unidade que surgiu como uma necessidade, era porque as nossas ideias eram diferentes do ponto de vista político? Não, nós não costumávamos fazer política na nossa terra, nem havia nenhum partido na nossa terra. Mas, mais ainda, é que debaixo da dominação estrangeira – como é o caso da nossa terra e de outras terras ainda – uma sociedade que não está muito desenvolvida, como é o caso da Guiné e Cabo Verde, em que a diferença entre as situações das pessoas não é muito grande, embora, como vimos, haja algumas diferenças, é muito difícil os objetivos políticos serem muito diferentes uns dos outros. Quer dizer, o nosso problema de unidade não era no sentido de reunir várias cabeças diferentes, pessoas diferentes, do ponto de vista de objetivos políticos, de programas políticos, não. Primeiro porque, na própria estrutura da nossa sociedade, na própria realidade da nossa terra, as diferenças não são tão grandes, para provocarem tantas diferenças de objetivos políticos. Mas, segundo e principal, porque com a dominação estrangeira na nossa terra, com a proibição total que sempre houve, em toda a nossa vida, de fazer qualquer partido político na nossa terra, não havia partidos diferentes para terem de se unir, não havia rumos políticos diferentes para seguirem o mesmo caminho, para se juntarem para fazer a unidade.

Então qual era o problema de unidade na nossa terra? Fundamentalmente, o problema de unidade era este e simples: em primeiro lugar, como toda a gente sabe, a união faz a força. A partir do momento em que surgiu na cabeça de alguns filhos da nossa terra a ideia de fazer os estrangeiros saírem da nossa terra como dominadores, de acabar com a dominação colonialista na nossa terra, pôs-se um problema de força, uma força necessária para ser oposta à força do colonialista.

Portanto, quanto mais gente se unir, quanto mais unidos estivermos, nós correspondemos àquilo que todo o mundo sabe e que é: a união faz a força. Se eu tirar um pau de fósforos e o quiser quebrar, quebro-o rapidamente; se juntar dois, já não é tão fácil, três, quatro, cinco, seis, chegará um dado momento em que não poderei quebrar, é escusado. Mas além disso, para além desse caso, simples, natural, de que a união faz a força (e temos que ver que nem sempre a união faz a força: há certos tipos de união que fazem é fraqueza – e essa é que é a maravilha do mundo, é que todas as coisas têm dois aspectos – um positivo e outro negativo), aqueles que tiveram a ideia de unidade, porque a união faz a força, puseram o problema de unidade no seu espírito e na realidade da nossa luta, porque eles sabiam que no nosso meio havia muita divisão.

Tanto na Guiné como em Cabo Verde há divisão, quer dizer, divisão, em crioulo, quer dizer contradição. No meio da nossa sociedade, por exemplo, qualquer pessoa que pensa a sério na nossa luta sabe que se todos fossem muçulmanos, ou todos fossem católicos, ou animistas, quer dizer, acreditar em "iran",[2] era mais simples. Pelo menos nenhuma força contrária aos interesses do nosso povo poderia tentar dividir-nos por causa da religião. Mas mais ainda, vejamos Cabo Verde. Em Cabo Verde, onde não há muitos problemas de religião, a não ser algumas pequenas questões entre protestantes e católicos na sua boa-vida da cidade, há outros problemas que dividem as pessoas, como por exemplo: algumas famílias têm terra, outras não têm. Se toda a gente tivesse terras ou se ninguém tivesse terras, era mais simples. O inimigo, por exemplo, força contrária a nós, da qual queremos libertar a nossa terra, pode pôr do seu lado aqueles que têm terra, contra nós, na ideia de que nós queremos tirar-lhes a terra. Assim como na Guiné ele pode pôr os régulos contra nós, na ideia de que lhes queremos tirar o mando. Se não houvesse régulos era mais simples. Quer dizer que o problema da unidade surge na nossa terra, repito bem, não por causa da necessidade de juntar pessoas com pensamentos políticos diferentes, mas sim por causa da necessidade de juntar pessoas com situação econômica diferente, embora essa diferença não seja tão grande como noutras terras – com situação social diferente, com culturas diferentes, incluindo a religião, quer dizer, pusemos o problema de unidade na nossa terra, tanto na Guiné como em Cabo Verde, no sentido de tirar ao inimigo a possibilidade de explorar as contradições que pode haver entre a nossa gente para enfraquecer a nossa força, que temos que opor contra a força do inimigo.

Portanto, vemos que a unidade é qualquer coisa que temos de fazer, para podermos fazer outra coisa. Quer dizer, para lavarmos,

[2] Termo para designar uma divindade protetora e castigadora de certas etnias, que encarna o espírito do passado. (N.E.)

se não formos doidos, por exemplo, ou abrindo a torneira, ou lavando-se no rio, não vamos entrar na água sem nos despirmos, temos que tirar a roupa primeiro. É um ato que fazemos, um preparativo que fazemos para podermos tomar banho, suponhamos. Mas, melhor, se quisermos fazer uma reunião nesta sala, com pessoas sentadas etc., temos que convocar as pessoas, pôr mesas na sala, arranjar lápis, canetas etc. Quer dizer, temos que arranjar meios para podermos fazer uma reunião como deve ser. A unidade também é um meio, um meio, não é um fim. Nós podemos ter lutado um bocado pela unidade, mas se nós fazemos unidade, isso não quer dizer que a luta acaba. Há muita gente que nesta luta das colônias contra o colonialismo, até hoje, ainda estão a lutar pela unidade. Porque como não são capazes de fazer a luta, pensam que a unidade é que é a luta. A unidade é um meio para lutar e, como todos os meios, tem uma certa quantidade que chega. Não é preciso, para lutar num país, unir toda a gente. Temos a certeza de que toda a gente está unida? Não, basta realizar um certo grau de unidade. Se chegarmos lá, então podemos lutar. Porque então as ideias que estão na cabeça dessas pessoas avançam, desenvolvem-se e servem cada dia mais para realizar o objetivo que temos em vista. Portanto, os camaradas já viram, mais ou menos, qual é a ideia fundamental que está neste nosso princípio: Unidade.

E o que é Luta? Luta é uma condição normal de todos os seres do mundo. Todos estão na luta, todos lutam. Por exemplo, vocês estão sentados em cadeiras, eu estou sentado nesta cadeira, isto é um exemplo: o meu corpo está todo a fazer uma força sobre o soalho, por meio do banco que está em cima dele, mas se o soalho não tivesse força suficiente para me aguentar, eu ia para baixo, furava o soalho, e se debaixo do soalho não houvesse uma força, continuava a furar, e por aí afora. Portanto há aqui uma luta silenciosa entre a força que eu exerço sobre o soalho e a força do solo que me mantém em cima, que não me deixa passar. Mas vocês todos sabem que a terra está sempre em movimento, talvez alguns ainda não acreditem, mas sabem, a terra faz um movimento de rotação. Se vocês puserem um prato a girar, em movimento de rotação e se puserem uma moeda por cima dele, verão que o prato expulsa a moeda. Quem usar uma funda para espantar os corvos ou os pardais, como se faz na Guiné ou em Cabo Verde, com uma pedra, sabe que, quando puser a pedra na funda e der voltas e voltas, não é preciso arremessar, basta alargar uma ponta da funda e a pedra sai com uma força enorme. O que é preciso é ter boa pontaria para se poder fazer o que se quiser, para saber o momento em que se deve largar a pedra. Quer dizer: tudo aquilo que gira, na área em que gira desenvolve uma força, a que arremessa as coisas para fora. Portanto, nós todos que estamos sobre a terra, que gira, estamos sempre a ser repelidos por uma força que nos empurra para fora da terra, que se chama força centrífuga – que nos empurra do centro para fora. Mas há também uma outra força que atrai as pessoas para terra, que é a força da gravidade, quer dizer: a terra, como força magnética que é, atrai todos os corpos que estão perto dela, conforme a distância e a massa de cada corpo. Mas nós estamos sobre a terra e não vamos por aí afora, porque a força da gravidade é muito mais que a força centrífuga que nos atira para fora. O problema de mandar corpos para a lua etc., o problema fundamental para os cientistas, é o seguinte: vencendo a força da gravidade, conseguem sair da terra. E hoje sabemos que, para que um corpo possa ser lançado fora da terra, vencendo a força da gravidade, ele tem que andar 11 quilômetros por segundo. Se andar numa velocidade tal, que atinja 11 quilômetros por segundo, já venceu a gravidade. Portanto, toda a força que atua sobre qualquer coisa só pode existir se há uma força contrária. Tu que tens a mão no rosto, a tua mão não move o rosto porque o rosto também resiste. Tu não sentes, mas ele empurra também. Porque só o peso é uma forma de empurrar etc.

No nosso caso concreto, a luta é o seguinte: os colonialistas portugueses ocuparam a nossa terra, como estrangeiros e, como ocupantes, exerceram uma força sobre a nossa sociedade, sobre o nosso povo. Força que fez com que eles tomassem o nosso destino nas suas mãos, fez com que parassem a nossa história para ficarmos ligados à história de Portugal, como se fôssemos a carroça do seu comboio. E criaram uma série de condições dentro da nossa terra: econômicas, sociais, culturais etc. Para isso eles tiveram que vencer uma força. Durante quase 50 anos fizeram uma guerra colonial contra o nosso povo; guerra contra manjacos, contra papéis, contra fulas, contra mandingas, beafadas, balantas, contra felupes, contra quase todas as etnias da nossa terra, na Guiné. Em Cabo Verde, os colonialistas portugueses, que encontraram as ilhas desertas, na altura em que apareceu a grande exploração de homens africanos, como escravos no mundo, dada a situação importante de Cabo Verde, em pleno Atlântico, resolveram fazer do arquipélago um armazém de escravos. Gente levada de África, nomeadamente da Guiné, foi colocada em Cabo Verde como escravo. Mas, pouco a pouco, aumentaram de número, as leis no mundo mudaram e eles tiveram que deixar de fazer negócio de escravos. Passaram então a exercer sobre essa gente uma pressão parecida com a pressão que exercem na Guiné, quer dizer, uma força colonial. Sempre houve resistência a essa força colonial. Se a força colonial age duma forma, sempre houve uma força nossa, que age contra, muitas vezes tem outras formas: resistência passiva, mentiras, tirar o chapéu, sim senhor, utilizar todas as artimanhas possíveis e imaginárias, para enganar os tugas. Porque não podíamos enfrentá-lo cara a cara, tínhamos que o enganar, mas com as energias gastas debaixo dessa força: miséria, sofrimento, morte, doenças, desgraças, além de outras consequências de caráter social, como atraso em relação a outros povos no mundo. A nossa luta hoje é o seguinte: é que surgiu, com a criação do nosso partido, uma força nova que se opôs à força colonialista. O problema é de saber, na prática, se essa força unida do nosso povo pode vencer a força colonialista: isso é que é a nossa luta. Isso é o que nós chamamos luta.

Agora, tomadas em conjunto, unidade e luta querem dizer que para lutar é preciso unidade, mas para ter unidade também é preciso lutar. E isso significa que, mesmo entre nós, nós lutamos; talvez os camaradas não tenham compreendido bem. O significado da nossa luta não é só em relação ao colonialismo, é também em relação a nós mesmos. Unidade e luta. Unidade para lutarmos contra o colonialista e luta para realizarmos a nossa unidade, para construirmos a nossa terra como deve ser.

O resto é a aplicação deste princípio básico nosso. Quem não o entender, ele tem que entender, porque senão ainda não entendeu nada da nossa luta. E nós temos que realizar este princípio, em três planos fundamentais: na Guiné, em Cabo Verde e na Guiné e Cabo Verde. Quem estudou o programa do partido sabe que é assim mesmo.

Desta conversa vocês já concluíram qual foi a contradição que tivemos e que temos permanentemente que vencer, para podermos garantir a unidade necessária para a luta na Guiné. Pelos exemplos que vos dei na Guiné, vocês sentiram mais ou menos quais foram e quais são as contradições que temos que vencer em Cabo Verde, para garantirmos a unidade necessária para realizarmos a luta em Cabo Verde. Os camaradas sabem que os tugas nos dividiram muito, nós mesmos nos dividimos, como consequência da evolução da nossa vida.

Na Guiné, por exemplo: por um lado há gente da cidade, por outro, gente do mato, pelo menos. Na cidade há brancos e pretos.

Entre os africanos há altos empregados e empregados médios, que têm a certeza de que no fim do mês têm o seu dinheiro certo. Têm aquela ideia de comprar o seu carrinho, como eu, por exemplo, que tinha o meu próprio carro. Com geleira, boa raça de mulher, filhos que vão ao liceu de certeza e que mesmo, se estudarem muito, vão para Lisboa. Depois há aqueles empregadinhos, mais ou menos, que fazem o seu sábado, com o seu tinto e o seu bacalhau, que podem comprar o seu rádio transmissor, as suas coisas. Depois há os trabalhadores de cais, reparadores de carros, podemos meter aí os motoristas e outros que vivem um bocado melhor. Trabalhadores assalariados em geral. E depois há aquela gente que não tem nada que fazer, que vive de expedientes cada dia, por todo o lado, que nem mesmo sabem que fazer para arranjarem maneira de viver. Quer gente de vida fácil, como as prostitutas, quer pedintes, trapaceiros, ladrões etc., gente que não tem nada que fazer. Isto é que é a sociedade das cidades.

Mas se vocês repararem bem, podem ver que esses descendentes de guineenses ou de caboverdianos que estão bem na vida, o seu interesse é um só, o seu interesse é comum: todos agarrados aos tugas, fingindo ser portugueses o máximo que podem, até proíbem os filhos de falarem outra língua em casa que não seja o português, vocês sabem bem. E se virmos outro grupo, o seu interesse é também mais ou menos o mesmo. Os Zé Marias, os João Vaz, e outros também, claro, que eram empregados. Alguns de vocês, por exemplo, que eram empregados, mas que são nacionalistas, não é verdade? Mas os interesses eram mais ou menos os mesmos, vivem sempre na mesma esfera, no mesmo grupo social.

Assim como os trabalhadores do cais, de barcos, carregadores etc., já é outro grupo. Vocês podem encontrar-se, conversar etc., mas que não vão sentar-se juntos com eles à mesa para comer. Assim como no grupo dos tugas, por exemplo, as famílias do governador, do diretor do banco, do diretor da Fazenda etc., não vemos aí nunca a mulher do tuga operário ou de qualquer um que é batedor de chapas. Só se ele tiver alguma filha muito linda, que toda a gente admira, e que de vez em quando vai dançar com a gente da alta. Mas a mãe que não sabe ler nem escrever não vai. Acompanha a filha à porta e sai. Vocês lembram-se de casos desses em Bissau.

A sociedade, em Cabo Verde, é parecida; o mesmo gênero de sociedade na cidade. Somente em Cabo Verde esse grupo de africanos que tem alguns meios, era há tempos muito maior que na Guiné. Tanto funcionários como proprietários, donos da terra. Embora esteja a terra no mato, eles vivem na cidade. E na cidade a posição é, mais ou menos, esta: funcionários ou empregados já com certo nível, pequenos funcionários e empregados, trabalhadores que podem ser postos fora qualquer dia e aqueles que não têm nada que fazer. Esta é que é a sociedade da cidade, tanto na Guiné como em Cabo Verde. Na Guiné ou em Cabo Verde, o número de brancos foi sempre pequeno. Na Guiné nunca passaram de três mil, e em Cabo Verde parece mesmo que nunca chegaram a mil. Brancos civis fazendo uma vida normal, como funcionários, técnicos, comerciantes, empregados etc.

É claro que esta sociedade na cidade, temos que vê-la em relação à luta para fazermos a unidade. Porque nós, contra os colonialistas portugueses, queremos até mesmo gente desse grupo de brancos, para lutarem ao nosso lado, se eles quiserem. Porque entre os brancos, pode haver uns que são a favor do colonialismo e outros que são anticolonialistas. Se esses se juntarem a nós, é bom, é mais força contra os colonialistas. Aliás, vocês sabem que exploramos isso bastante. O camarada Luiz Cabral, por exemplo, se conseguiu fugir, foram os brancos que o tiraram de Bissau, para passar em Ensalma, para seguir para a fronteira. Dois brancos, todos vocês sabem. Uma pessoa que teve influência no trabalho do nosso partido em Bissau, foi uma portuguesa. Só quem não está no partido é que não sabe isso. O Osvaldo, a primeira pessoa que lhe ensinou coisas para a luta, foi ela, não fui eu. Eu não conhecia o Osvaldo.

Quer dizer, para lutar contra o inimigo colonialista, todas as forças que possamos juntar, que venham, que venham. Mas não é às cegas, temos que saber qual é a posição de cada um em relação aos colonialistas. Então, nas cidades verifica-se o seguinte: brancos, muito poucos fizeram alguma coisa contra os colonialistas. Primeiro, porque eles são a *classe colonial*, os que representam mais o colonialismo na nossa terra; segundo, porque vários não estão para isso, porque têm a sua vida, querem ir-se embora quando ganharem muito dinheiro, não estão para maçadas; e, terceiro, porque os brancos, os tugas que vivem na nossa terra, não têm em geral formação política bastante para tomar uma atitude concreta, aberta, contra um regime qualquer, estejam onde estiverem.

E nós, africanos? Entre os grupos a que podemos chamar *pequeno-burgueses*, gente com uma vida certa, seja descendente de guineenses ou de cabo-verdianos, aparecem sempre três grupos de pessoas. Um grupo pequenino, mas forte, que é a favor dos colonialistas, que nem mesmo querem ouvir falar disso, da luta contra os tugas. Daquelas pessoas que foram a minha casa em Pessubé, como gente grande, bem empregada, comendo bem, bebendo bem, que vai a férias etc., sentaram-se e disseram: "Bom, queremos conversar contigo. Tu, filho do fulano de tal, nós conhecemos-te bem, estás-te a meter em problemas, estás a estragar a tua carreira de engenheiro, nós queremos aconselhar-te, porque nós não temos nada que fazer contra os tugas, nós todos somos portugueses". Para esses não há remédio. Uma grande maioria de pequeno-burgueses, que está indecisa, que estava indecisa e que certamente ainda está hoje, porque eles pensam: "O Cabral vem com as suas coisas, com a sua gente, de fato seria bom que corrêssemos com os tugas, mas...". Quem mais sofre com os tugas são essa gente da cidade, todos os dias os tugas estão em cima deles, a aborrecê-los, nas cidades, quer dizer, Mansoa, Bissau, Bissorã, Praia, S. Vicente. Os brancos que vêm como aspirantes ou escriturários. Se há concursos, os brancos passam logo à frente. Por exemplo, o pai do Cruz Pinto, tanta gente que lhe passou adiante, mas ele estava lá, assim como os pais de outros que estão aqui. É gente que sofre diretamente com o colonialismo todos os dias. Enquanto, por exemplo, o homem que vive no mato, lá no fundo do Oio, ou no Foreá, por vezes morre sem ter visto um branco. Lembro-me, por exemplo, que, quando um agrônomo português foi comigo visitar certas áreas no Oio, as crianças chegavam perto dele e esfregavam-lhe o braço para ver porque é que ele era assim, branco. Alguns lhe perguntaram mesmo – mas por que é que você é assim? Nunca tinham visto um branco. Enquanto que quem vive na cidade vê brancos todos os dias. Continuando, esse é um grupo de gente, grande grupo de pequeno-burgueses que têm o seu vencimento no fim do mês, e que o seu desejo de fato é que os tugas se vão embora, mas têm medo, porque não sabem se na realidade nós podemos ganhar. O Cabral veio com a sua gente, as suas ideias, mas se nós perdemos? Perdemos a nossa geleira, o nosso dinheiro no fim do mês, o nosso rádio, o nosso sonho de ir a Portugal passar as férias. Férias em Portugal para virem depois gabar-se (roncar) etc. Tudo isso fá-los ficar na indecisão na balança. Mas há um grupo pequeno que desde o começo se levantou com a ideia de lutar, que é contra o colonialismo português, que está pronto a morrer, se for preciso, contra o colonialismo português. E é nesse mesmo grupo que surgiram pessoas que pegaram no partido. Porque, se vocês repararem bem, a maior parte das pessoas que criaram o partido nem pagaram imposto, nem levaram porrada, nem mesmo tiveram falta de emprego, pelo contrário, tinham uma vida razoável. Essa é a situação da nossa pequena-burguesia diante da luta, quer na Guiné, quer em Cabo Verde.

E os nossos trabalhadores assalariados? A maioria é favorável à luta, pelo menos no começo. A maioria, carpinteiros, pedreiros, sobretudo marinheiros, mecânicos, motoristas mesmo, que sentiam a exploração no duro, que ganhavam um salário miserável. É que quando um homem que trabalha como pedreiro ganha dez, e um branco ganha 80, senão 800, ele sente uma exploração grande pela sua condição de vida. Mas nesse grupo também há gente que não quer lutar, que é favorável ao colonialismo.

E nesse grupo de gente que não tem nada que fazer, que não tem trabalho, em geral não encontramos gente para a luta. Em geral é gente que serve de agentes da Pide,[3] muitos deles. Enquanto que outros são razoáveis.

No caso da Guiné, concretamente, é preciso reparar que há um certo grupo de gente que está entre a pequena-burguesia e os trabalhadores assalariados, não sei bem que nome dar-lhes. Muitos rapazes que não têm emprego certo, sabendo ler e escrever, trabalhando aqui e ali, vivendo muitas vezes à custa do tio que está na cidade – e nós temos muito disso na nossa terra –, mas que tinham um contato permanente com o colonialismo: jogadores de bola, um tanto entusiasmados com o tuga, mas sentiam também um pouco humilhados, pois apesar de serem bons jogadores não

3 Polícia Internacional e de defesa do Estado (Pide) foi a polícia política, entre os nãos de 1945-1969, da ditadura salazarista em Portugal, cujo objetivo central era a repressão a quaisquer movimentos que fossem contra o regime, tanto em Portugal quanto nas colônias. (N. E.)

podiam entrar nos bailes da Udib.[4] Essa gente veio para a luta muito rapidamente. E desempenharam um papel importante nesta luta, porque, por um lado, são da cidade, e por outro lado estão muito ligados ao mato. Não tinham nada a perder a não ser o seu jogo de futebol ou um empregozinho (alfaiate, carpinteiro), mas que praticamente não queriam aquele emprego porque sabiam bem que isso não valia muito, para poderem viver (roncar) junto do tuga. Porque eles querem roncar ao lado do tuga e querem a África também. Gente que aprendeu na cidade como é bom ter coisas boas, mas que por causa da humilhação que sofre, sente que o tuga está a mais. E o partido ajudou-os a aumentar a sua consciência dessa situação.

E no mato? No mato é conforme: se for na nossa sociedade balanta, não há problema. A sociedade balanta é uma sociedade chamada horizontal, quer dizer, não tem classes, por cima uma das outras. Os balantas não têm chefes grandes, os tugas é que lhes arranjaram chefes. No balanta, cada família, cada morança, tem a sua autonomia e, se há algum problema, é o conselho dos velhos que o resolve, mas não há um Estado, não há nenhuma autoridade que manda em toda a gente. Se havia, no nosso tempo, porque vocês são jovens, é porque o tuga o pôs lá. Há mandingas chefes de balantas, antigos cipaios que põem como chefes. Mas eles não podem resistir, o que hão de fazer, aceitam-nas, estão se marimbando[5] para o chefe. Cada um manda na sua casa, e entendem-se bem, juntam-se para lavrar etc., e não há muita conversa. E até acontece no grupo balanta de haver duas moranças perto uma da outra e elas não se dão entre elas. Ou por causa da terra ou qualquer outra questão do passado. Não querem nada

[4] União Desportiva Internacional de Bissau, que era na época um clube da elite colonial. (N. E.)

[5] Se marimbar: não ligar, não dar a mínima importância. (N. E.)

uma com a outra. Mas isso são costumes antigos que era preciso explicar, donde veem, se tivéssemos tempo. Coisas passadas, de sangue, de casamento, de crenças etc. A sociedade balanta é assim: quanto mais terra tu lavras, mais rico tu és, mas a riqueza não é para guardar, é para gastar, porque um não pode ser muito mais que o outro. Esse é que é o princípio da sociedade balanta, como doutras sociedades da nossa terra. Enquanto os fulas, os manjacos etc., têm chefes, mas chefe não porque o tuga o pôs lá, é a própria evolução da sua história. Claro que temos que dizer aos camaradas que, na Guiné, os fulas e os mandingas, pelo menos, são gente que veio de fora. A maioria dos fulas e dos mandingas da nossa terra, era gente antiga da terra, que se tornou fula ou mandinga. É bom saberem bem isso, para poderem compreender certas coisas. Porque se compararmos as regras da vida dos fulas da nossa terra com as dos fulas de verdade noutras áreas de África, há já um bocado de diferença, mesmo no Futa Djalon já é diferente. Na nossa terra muitos se tornaram fulas: os mandingas antigos viraram fulas. Os mandingas mesmo que vieram, conquistaram até a região de Mansoa e *mandinguisaram* as pessoas, transformaram-nas em mandingas. Os balantas recusaram-se e muita gente diz que a própria palavra balanta significa aqueles que recusam. O balanta é aquele que não se convence, que nega. Mas não recusou tanto porque existe balanta-mané ou mansoanca. Sempre apareceram alguns que aceitaram e foram aumentando aos poucos, aceitar ser muçulmanos.

Balantas, pepel, mancanhas etc., era tudo gente do interior de África que os mandingas empurraram para junto do mar. Os sussus da República da Guiné, por exemplo, vêm do Futa-Djalon, os mandingas e os fulas é que os tiraram de lá. Os mandingas tiraram e depois vieram os fulas que tiraram também mandingas. Como dissemos, a sociedade de fulas, por exemplo, a sociedade manjaca, já é uma sociedade que tem gente (classes) de baixo para cima. Na balanta não, quem levantar muito a cabeça já não presta, já quer virar branco etc. Por exemplo, se por acaso lavrar muito arroz, é preciso fazer uma grande festa, para gastar. Enquanto que os fulas e os manjacos têm outras regras, uns mais do que os outros. Quer dizer, as sociedades manjaca e fula são chamadas verticais. Em cima há o chefe, a seguir os religiosos, a gente grande da religião que com os chefes forma uma classe, a seguir vêm os outros de profissões diversas (sapateiros, ferreiros, ourives) que em qualquer sociedade não têm direitos iguais aos de cima. No costume antigo, quem é ourives tem mesmo vergonha. Quanto mais se for "Djidiu".[6] Portanto, uma série de profissões, em escala, mas uma abaixo de outra. O ferreiro não é a mesma coisa que o sapateiro e o sapateiro não é a mesma coisa que o ourives etc., cada um tem a sua profissão, claro. Depois então vem a grande massa da gente que lavra o chão. Lavra o chão para os chefes, como é costume. Esta é a sociedade fula e a sociedade manjaca. Com todas as teorias necessárias, teorias como: um dado chefe está ligado com Deus. No manjaco, por exemplo, se alguém é lavrador, ele não pode lavrar o chão sem ordem do chefe, porque o chefe é que tem a palavra de Deus para lhe dar. Cada um é livre de acreditar no que quiser. Mas todo um ciclo criado para quê? Para os que estão por cima garantirem a certeza de que os que estão por baixo não se levantam contra eles. Mas na nossa terra aconteceu várias vezes entre os fulas, por exemplo, que gentes de baixo levantaram-se e lutaram contra os de cima. Houve revoltas de camponeses em grande, várias vezes. Temos, por exemplo, o caso de Mussa Molo, que deitou abaixo e tomou conta do lugar. Mas acabou de tomar conta do lugar, adaptou a mesma lei antiga, porque essa é que era boa, tudo continuou na mesma, porque assim é que está bem. E

6 Termo para designar os contadores de história. (N. E.)

esqueceu-se logo donde tinha saído. Isso é o que muita gente quer infelizmente.

Nesta sociedade do mato, grande número de balantas pegou na luta e não é por acaso, não é porque os balantas são melhores que os outros. É por causa do tipo de sociedade que eles têm, sociedade horizontal (rasa), mas de homens livres, que querem ser livres, que não têm nenhuma opressão em cima, a não ser a opressão dos tugas. O balanta é ele e o tuga por cima dele, porque o chefe que lá está, o Mamadu, ele sabe que não é nada seu chefe, foi o tuga que o pôs lá. Portanto, mais interesse ele tem em acabar com isso para ficar com a sua liberdade absoluta. E é por isso também que quando qualquer elemento do partido comete um erro com os balantas, eles não gostam e zangam-se depressa, mais depressa do que qualquer outro grupo.

Entre fulas e manjacos não é assim. A grande massa que sofre de fato é a de baixo, os trabalhadores da terra (camponeses). Mas entre eles e os tugas há muita gente. Já se habituou a sofrer, a sofrer com a sua própria gente, sob a opressão da sua própria gente. E que quem lavra a terra tem que trabalhar para todos os chefes, muitos chefes, além de chefes de posto. Então verificou-se o seguinte: quando compreenderam de fato, grande parte dos camponeses pegou na luta, salvo um grupo ou outro no qual não trabalhamos bem. Nos que estão acima deles (os profissionais), alguns pegaram e outros não, mas muito interesseiros, trabalham muito para eles mesmo (artesãos) e entre os religiosos e os chefes, raros foram os que pegaram no partido, porque têm medo de perder os seus privilégios a favor da luta. Nessas sociedades de classes, há um grupo que desempenha um papel especial: os que levam mercadorias dum lado para outro, para vender ou para trocar (dentro ou fora da terra). Trocam mercadorias, emprestam dinheiro aos chefes etc. São os “Djilas”. É um grupo especial no quadro da nossa sociedade.

Essas são as sociedades divididas em classes: classe dirigente, classe de artesãos, classe de camponeses. Era preciso fazer unidade, o máximo possível, das forças de diferentes classes, de diferentes elementos da sociedade para fazermos a luta na nossa terra. Não é preciso unir toda a gente, como já disse, mas é preciso ter um certo grau de unidade. Mas isso vê-se numa sociedade apenas do ponto de vista da sua estrutura social, no seu sentido comum, vulgar.

Porque na nossa sociedade há vários grupos étnicos, quer dizer, grupos com culturas e costumes diferentes e que, segundo a sua própria convicção, vieram de grupos diferentes, de origens diferentes: fulas, mandingas, papéis, balantas, manjacos, mancanha etc., incluindo também descendentes de cabo-verdianos na Guiné.

Em Cabo Verde, no campo, no mato, é complicado. Porque há proprietários de terra (há grandes e pequenos proprietários), há rendeiros (ligados em geral aos grandes proprietários), parceiros, lavram a terra que não lhes pertence, para depois repartir com o dono o resultado da colheita. Os rendeiros lavram a terra, mas têm que pagar a renda para o dono da terra. E há alguns trabalhadores agrícolas, mas são poucos, não chegam para formar uma classe. Trabalham nas propriedades de outros. Felizmente em certo ponto, e infelizmente noutro, porque houve muita desgraça, os grandes proprietários perderam muito das suas terras, com as crises que houve em Cabo Verde por falta de chuvas, mas principalmente pela má administração portuguesa. Tiveram que hipotecar, quer dizer entregar ao Banco para o Banco lhes dar dinheiro, mas depois eles não podem pagar e perdem a terra. Então o Banco e a Caixa Econômica é que são os maiores grandes proprietários na nossa terra hoje. Pequenos proprietários ainda há alguns hoje. Os rendeiros, portanto, arrendam a terra ao Banco ou à Caixa Econômica, ou a um ou outro proprietário que ainda existe. Quer dizer, este grupo é um grupo de gente que não tem terra. Enquanto na Guiné não podemos dizer a ninguém: vamos lutar para ter terra, em Cabo Verde já é possível dizer a esta gente, vamos lutar porque quem lutar na nossa terra, poderá ter a sua própria terra para cultivar. Esta é que é a diferença fundamental entre o mato na Guiné e o mato em Cabo Verde. Todo este grupo, se trabalharmos bem, será favorável à luta. Os grandes proprietários serão contra a luta, de certeza. Os pequenos proprietários, uns serão a favor e outros contra, porque são comparáveis à gente da pequena burguesia. Uns a favor, outros contra e outros indecisos. Uns contra porque pensam que queremos tomar a terra e vamos acabar com a propriedade, ele é contra, porque ele está à espera. Uns a favor porque pensam que nós tomamos a terra, vai haver liberdade e podem fazer a sua terra pequenina uma terra grande. Outros na dúvida porque não sabem bem o que queremos, podem ganhar qualquer coisa, podem perder, ainda estão mais ou menos bem com o tuga, hesitantes.

Mas outras contradições há, por exemplo na Guiné – há grupos étnicos, as chamadas tribos, que nós chamamos raças. Sabemos quantas contradições houve entre eles, em tempos passados, um passado por vezes não muito longe. Nos anos 1930, em Bissau, na área de Bissalanca, no Chão-dos-Manjacos. E sabemos que, por exemplo, no Oio, em 1954, eu mesmo assisti, contradição grande entre Balantas e Oincas. Tudo por causa de ideias antigas que ainda existem na cabeça das pessoas, mas interesses práticos, concretos, ou porque roubaram as vacas, ou porque levaram as badjudas, ou porque lavraram a terra que não lhes pertencia etc. E que os tugas podem explorar e exploram para provocar conflitos entre a nossa gente. Estas são algumas das contradições que queríamos explicar aos camaradas.

Tanto na Guiné como em Cabo Verde, o nosso objetivo foi eliminar as contradições da melhor maneira, levantar toda a gente para pegarmos num objetivo comum: correr com os colonialistas tugas.

E no quadro da Guiné e Cabo Verde, considerados conjuntamente? Há alguma contradição? Cada um pode pensar bem e ver. A contradição que havia, que pode parecer que havia, era o seguinte: muitos funcionários e empregados coloniais na Guiné são cabo-verdianos, vários chefes de posto são cabo-verdianos, e dado que, em Cabo Verde a instrução foi mais desenvolvida, mais possibilidades existem para os cabo-verdianos conseguirem emprego do que para os próprios filhos da Guiné. Isso pode parecer que eles (cabo-verdianos) é que estão a tomar nas suas mãos os interesses do povo da Guiné. Eles é que ganham. Mas se virmos bem, também há filhos da Guiné que estão nas mesmas condições dos cabo-verdianos, e que nunca houve contradição entre essa gente que está nas cidades e a nossa gente do mato. Na cidade é que há contradição. Contradição entre quem? Entre descendentes da Guiné que queriam ter vida que tinham os cabo-verdianos (como chefe de posto, que são agentes do colonialismo), contra o nosso povo. Enquanto que, em Cabo Verde, o povo é também explorado, como é explorado na Guiné. E nalguns aspectos muito mais durante, com fome e com exportação de homens como trabalhadores contratados para S. Tomé e para Angola, como animais, praticamente. Então a contradição que podia existir entre guineenses e cabo-verdianos é a contradição à busca de emprego, de bons lugares. Por exemplo, um indivíduo que tem 2º grau ou 3º ano do liceu na Guiné vê um cabo-verdiano que vem e toma um lugar de chefe de posto, que come galinha, cabrito, a quem tiram o chapéu etc., e ele não conseguiu isso ainda. Nasce uma certa coisa nele. Mas se estudarmos bem o problema, vemos que a tendência geral dessa pequena burguesia guineense é a de viver bem com a pequena burguesia cabo-verdiana. A tendência geral é a de se entenderem; ao lado dos tugas. E nunca vimos, no mato, por exemplo, qualquer contradição entre cabo-verdianos e guineenses. Nada que possa ter qualquer parecença com a contradição profunda que vimos entre certas raças da Guiné mesmo. Quase todos os camaradas podem ver isso bem.

Portanto, para nós, PAIGC, para o objetivo da nossa luta, de unidade da Guiné e Cabo Verde, não encontramos tantas dificuldades, do ponto de vista de análise como no caso da unidade na Guiné e unidade em Cabo Verde. Se tomamos só a Guiné, vemos muitas contradições dentro dela. Em Cabo Verde, tomando só Cabo Verde, há muitas contradições. Mas tomando no conjunto, as contradições diminuem. A contradição limita-se a existir apenas entre a pequena burguesia, lá é que havia algumas contradições. E é dessa pequena burguesia que surgem os grupos oportunistas que têm combatido o PAIGC. Grupos de oportunistas que no primeiro movimento que fizeram já eram ministros disto e daquilo, sentido de carreira, lugar, mais nada.

É evidente que para nós o problema da unidade da Guiné e Cabo Verde não se põe por uma questão de capricho nosso, não é porque Cabral é filho de cabo-verdiano, nascido em Bafatá, que tem amor grande pelo povo da Guiné, mas também grande amor pelo povo de Cabo Verde. Não é nada por isso, embora seja verdade. Eu vi gente morrer de fome em Cabo Verde e vi gente morrer de açoites na Guiné (com bofetadas, pontapés, trabalho forçado), entendem? Essa é que é a razão da minha revolta. Mas a razão fundamental da luta pela unidade da Guiné e Cabo Verde é a própria natureza da Guiné e Cabo Verde que nos leva a isso. São os próprios interesses da Guiné e Cabo Verde que nos levam a isso. Qualquer pessoa que não seja ignorante e que estuda os problemas a sério, que conhece a história a sério, que conhece tanto relativamente às raças da nossa terra, tanto na Guiné como em Cabo Verde, como à história colonial, essa pessoa, se tem de fato interesse em que o nosso povo avance para a frente, tem que ser a favor da unidade da Guiné e Cabo Verde. Mas mais, dentro das possibilidades da luta concreta para a nossa terra, na Guiné e em Cabo Verde, qualquer pessoa que quer lutar a sério, como o PAIGC conseguiu lutar e está a lutar, para realizar uma coisa, na análise, estudando o problema a fundo, que é o seguinte: não era possível a luta na Guiné, se não fosse junto, unido – PAIGC – não era possível a luta em Cabo Verde, se não fosse junto, unido – PAIGC. Vocês sabem, camaradas, qual é a prova concreta disso? Por exemplo: não há movimento nenhum que tenha dito "para nós só filhos da Guiné", e que tenha avançado. Vocês conhecem alguém? Não há movimento em Cabo Verde, só de filhos de Cabo Verde, que tenha avançado, não há nenhum. Isso quer dizer que a nossa análise foi certa, justa, sobretudo se tivermos em vista as perspectivas como entidade econômica e política viável em África, capaz de fato de realizar uma vida nova. Claro que todos aqueles que lutam pela unidade africana entendem que nós somos o único exemplo, com a Tanzânia que resultou da União da Tanganica com Zanzibar, que luta de fato pela unidade africana. Mas não existe um problema verdadeiro de lutar pela unidade da Guiné e Cabo Verde, porque, por natureza, por história, por geografia, por tendência econômica, por tudo, até por sangue, a Guiné e Cabo Verde são um só. Só quem for ignorante é que não sabe isso.

O tuga sabia disso muito bem. Carreira, com todos os seus abusos na Guiné, sabia-o bem. Mas eles fingem não saber para nos dividirem. A sua esperança era: *se Cabo Verde pega na luta, mobilizar os guineenses para combater os cabo-verdianos que não prestam e que estavam na Guiné como chefes de posto. Se os filhos da Guiné pegarem na luta, mobilizar os cabo-verdianos, tanto na Guiné como em Cabo Verde, para combater duro contra os filhos da Guiné, para não deixarem levantar, para não deixarem ser livres.* Ora, o nosso partido passou-lhe aquela grande rasteira (boló). A maior rasteira da vida dos tugas é essa: na primeira fornada de gente que foi para a cadeia, havia guineenses e cabo-verdianos juntos. O tuga espantou-se (mâria). E se repararem bem, vejam: há muita gente em Bissau que podia falar na Rádio, não nos parece estranho? Podiam falar na Rádio descompor-nos etc., podiam fazer bons artigos na Rádio dos tugas, mas nenhum faz isso. A Rádio é só Alfa Umarú, Malan Ndjai e não sei quem mais, ou então algum bandido que fugiu, da República da Guiné ou do Senegal, e foi falar em Francês em Bissau. Vocês já viram isso bem? Como é que não há nenhum patrício nosso, seja da Guiné ou de Cabo Verde, que foi à escola, que sabe bastante para falar na Rádio e que o faça na nossa Guiné? Não há porque há muito tempo que o partido passou a rasteira. O tuga perdeu a confiança nessa gente, duma vez, e essa gente também perdeu a confiança e não se mete nisso, porque não sabe, não sabe o que pode acontecer. Mas os tugas, não há muito tempo, em português, depois de algum tempo, de começar a luta armada, em português e mesmo em crioulo, já afirmavam: "Filhos da Guiné e Cabo Verde vocês são um só, debaixo da bandeira de Portugal". Vocês nunca ouviram? Mas, enquanto isso, em mandinga, dizem que os cabo-verdianos não prestam. Para verem se conseguem manter ainda uma certa divisão. Hoje estão já a acabar com isso, aos poucos. De vez em quando põem um a dizer: "eu sou filho da Guiné, completo, não sou filho de estrangeiro como alguns que nasceram aqui". Para verem se mantêm uma certa ideia de divisão.

Assim como no começo da luta diziam: "fulas, vocês, com vocês é que vamos ganhar esta guerra, porque vocês é que são os melhores filhos da Guiné" etc. Quando falam em Manjaco, dizem o mesmo. Dizem que os papéis é que fazem mal aos fulas, que os fulas é que fazem mal aos papéis, para dividir. Mas já viram que isso não dá nada. No nosso partido ninguém dividiu, pelo contrário, cada dia nos unimos mais. Aqui não há papel, nem fula, nem mandinga, nem filhos de cabo-verdianos, nada disso. O que há é PAIGC e vamos para diante. Os tugas estão desesperados. Então são eles mesmo, por exemplo, que hoje nas suas revistas, como esta, que se chama *Ultramar*, têm grandes artigos, estudando a questão da Guiné e Cabo Verde, e escrevem: "A Guiné e as Ilhas de Cabo Verde – a sua unidade histórica e populacional". E sabem quem fez este artigo? Carreira. Porque ele conhece de fato muitos problemas de história. E neste artigo ele reuniu todos os documentos que há nos arquivos dos tugas e estudou para onde é que os filhos da Guiné foram, quando foram enviados para Cabo Verde. Para S. Tiago? Balantas, mandingas, beafadas etc. Para S. Vicente? Foram fulas etc. Com relatórios sobre a chegada destes etc. No princípio eram contra, mas eles sabiam que nós somos a mesma gente, na Guiné e Cabo Verde.

Quer dizer, tanto do conhecimento da história, da realidade da nossa vida do passado, como do conhecimento dos interesses do nosso povo e da África, tanto na questão de estratégia de luta (porque qualquer pessoa que pensa na luta a sério sabe que não há independência da Guiné sem a independência de Cabo Verde nem há independência da República da Guiné, nem do Senegal nem da Mauritânia, se eles querem ser países a sério, sem Cabo Verde ser independente, ouvem bem? Não há. Só quem não entende nada de estratégia é que pode pensar que esta África pode ser independente, com Cabo Verde ocupado pelos colonialistas. É impossível. Assim como, vice-versa, não pode haver independência de Cabo Verde a sério, sem a independência da Guiné, e sem a África ser independente a sério), qualquer um que põe o interesse do seu povo acima dos seus próprios interesses – a análise séria dos problemas acima de quaisquer manias ou ambições – só pode chegar a uma conclusão, que é a seguinte: a coisa melhor que o PAIGC fez, que o grupo daqueles que criaram o PAIGC fez, foi estabelecer como base fundamental – Unidade e Luta – Unidade da Guiné, Unidade em Cabo Verde e Unidade da Guiné e Cabo Verde.

Quem ainda não vir isso, verá mais tarde. Mas muitos africanos já começaram a vê-lo. Muitas forças amigas nossas começaram a ver, mas também os nossos inimigos já começaram a vê-lo. A preocupação dos imperialistas hoje, é a seguinte: "Cabral aceita ou não a independência da Guiné, sem Cabo Verde?". Essa é que é a grande preocupação. "O PAIGC aceita ou não a independência da Guiné sem Cabo Verde?". Isto é que o imperialista quer saber e perguntaram-no mesmo. Eu disse-lhe: "Ponha os tugas a perguntar, você não é tuga". Porque eles sabem muito bem qual é a importância que têm o nosso conjunto. Um dia um dirigente africano disse-nos: vocês são inteligentes (djiro). Perguntamos-lhe o porquê, e ele disse: "Eu conheço a vossa gente na Guiné e a vossa gente em Cabo Verde. Se vocês conseguirem de fato o que estão a fazer, apesar de uma terra pequenina, vocês hão de ser um país forte dentro da África". "Vamos a ver", respondemos.

Vamos pois para a frente, reforçados pela certeza da nossa razão: a criação do PAIGC, nas bases que acabo de expor, foi a maior realização do nosso povo, para a conquista da liberdade e a construção do seu progresso e felicidade na Guiné e Cabo Verde.

Para resolver os problemas o que é preciso é pensar[1]

Para tudo, o que é preciso é pensar, todos e cada um, para que os problemas sejam devidamente resolvidos. Os responsáveis devem estudar bem as questões, refletir sobre os problemas para não adotarmos soluções que irão criar novos problemas. Não devemos proceder como se fôssemos administradores. Fundamentalmente nós somos políticos, camaradas.

Passamos a fazer algumas considerações sobre o debate.

Sobre a importância da Reconstrução Nacional, o seu papel na nossa luta, a sua razão de ser e os seus objetivos, parece-me que hoje ninguém tem dúvidas.

Devemos notar que, se a nível nacional podemos falar à vontade da Reconstrução Nacional, já a nível de região e de zona, no conjunto das regiões libertadas, constatamos que os camaradas responsáveis pela Reconstrução Nacional têm tido uma função mais social e cultural do que dedicada aos problemas da economia, da agricultura, do artesanato e de outras atividades.

Temos de encontrar com rapidez a maneira de melhor orientar a organização da economia propriamente dita dentro das áreas

1 Excertos da tradução do crioulo, editada e condensada, de uma intervenção na reunião do CSL, agosto de 1971. Extraído de: Fonseca, Luíz e Pires, Olívio (org.) A luta criou raízes. Intervenções, entrevistas, reflexões e artigos. Praia: Fundação Amílcar Cabral, 2018.

libertadas, sendo certo que, para já, a produção agrícola, base fundamental da nossa economia, continua ligada à direção política.

Lembramos que a nossa orientação econômica atual visa, fundamentalmente, aumentar a produção e diversificar a agricultura, cultivando também, além do arroz, feijão, mancarra, batata, mandioca, hortaliças etc. Há algo feito nesse sentido, mas não o suficiente. Trata-se de uma questão de importância política. Tal como os camaradas têm procurado fazer no Sul, devemos utilizar o melhor possível as granjas que ficaram abandonadas, mesmo se tivermos de pagar aos que irão trabalhar nelas.

Temos de nos esforçar mais para criarmos campos coletivos nas tabancas e procurar avançar, passo a passo, com a ideia da coletividade, aproveitando as nossas tradições, os nossos costumes. Além de intensificar a cooperação das famílias para lavrar um determinado terreno de cada morança, devemos começar com os campos coletivos nas tabancas, o que aliás se fez muito bem no início, mas hoje praticamente já não existe.

Isso será, amanhã, uma experiência valiosa para nós. Pouco a pouco, temos de começar com coragem, juntando os melhores militantes camponeses e procurar convencê-los a plantar banana, cola e outros produtos. Isso é muito importante, como experiência para amanhã. Os nossos irmãos da República da Guiné criaram muitas cooperativas, mas não conseguiram nada porque não tinham experiência, não tiveram esta possibilidade que agora temos. Infelizmente, os camaradas, mesmo alguns dirigentes, não têm dado grande importância a essa questão, nem pensado nela devidamente para fazer marchar as coisas.

Todos os camaradas reafirmaram aqui, de forma categórica, a importância do ensino e dos professores. Esperamos que isso corresponda a uma elevada consciência dos camaradas, sobretudo em relação ao apoio e prestígio que devemos dar aos nossos professores, pois, na prática, nem em toda a parte lhes tem sido dada a importância de que são merecedores. Reiteramos que a direção do partido está disposta a apoiar os professores em tudo, como qualquer combatente nosso, devendo os camaradas organizar devidamente o seu abastecimento.

Quanto ao número e qualidade das escolas, como aliás dos hospitais e postos sanitários, temos de ser realistas. Os camaradas dizem que temos de aumentar o número de professores e o seu nível. Muito bem, mas onde é que os vamos buscar de um dia para outro? Nós vivemos é na nossa terra! De maneira alguma devemos esquecer porque é que estamos a fazer uma obra nem as condições em que ela está a ser feita. Mesmo deixando de fora muitos alunos durante algum tempo, é preferível termos poucas escolas a funcionar em condições do que ter muitas com professores com a segunda classe a ensinar a quarta.

Claro que houve grande entusiasmo com as escolas. No começo não havia ainda nenhuma orientação para as nossas escolas, mas incentivamos a sua abertura. Abrimo-las por todo o lado, os alunos chegavam de todos os sítios. Mas pouco a pouco a força das circunstâncias levou-nos a orientar as coisas de modo mais realista, porque é impossível fazermos mais do que aquilo que podemos. Qualquer um, dos que estão aqui sentados, pode carregar um saco de 20, 40 ou 50 quilos, mas se lhe dermos um saco de 100 quilos não consegue.

Ou seja, não podemos perder o sentido da realidade. No âmbito da reconstrução nacional, no que diz respeito a escolas, hospitais etc., devemos agir de acordo com as realidades da nossa terra, preparando-nos para avançar dia após dia. E devemos ter presente que estamos ainda em guerra. Assim é que muitos professores foram colocados nas Forças Armadas para serem atiradores de morteiro e realizarem outras tarefas. Mas isso era indispensável.

Não podemos agir como se a nossa terra já estivesse completamente independente. Um país como a República da Guiné, independente há mais de dez anos, tem trabalhado intensamente promovendo a educação, mas vejam o nível que existe.

Andemos ao ritmo dos nossos próprios passos. Nunca procuremos fazer coisas que, em cada momento, não possamos levar para a frente.

Entretanto já não se coloca, por exemplo, o problema de material escolar. Temos livros da primeira e segunda classes em grande quantidade e os da terceira e quarta classes estão a ser feitos. Deixamos que os professores tenham iniciativas para, até estarem prontos, compensarem a sua falta.

Outro assunto relevante, levantado aqui, é a função múltipla que pode ter um professor. Um professor é um educador e como educador é um político. Isso é mais importante do que o número de escolas. Se os poucos professores que temos, nas poucas escolas que existem, exercerem devidamente a sua função de educadores, de políticos, a nossa luta pode avançar muito mais do que se tivermos 300, 500 escolas, em que os professores não saibam o que estão a fazer, não se apliquem profissionalmente, nem deem atenção ao trabalho político do partido.

Um camarada pediu que o centro de aperfeiçoamento de professores seja instalado no interior. Não concordamos com isso pois o interior não tem condições para, por exemplo, garantir aos professores o nível da Escola Piloto.

É possível realizar um seminário no interior, mas imaginem os problemas logísticos e outros que teríamos de enfrentar para fazer funcionar um centro com dezenas de professores num sítio qualquer, durante um ano.

Para isso temos a República da Guiné e o Senegal. Juntamos lá a nossa gente e fazemos a formação. Isso em nada diminui o seu valor. E não me venham dizer que no interior do país o trabalho é mais bem feito, pois isso é mentira. Há também algumas coisas muito mal feitas no interior do país.

Outro aspecto de interesse, que foi levantado, é a atitude dos pais em relação às escolas. Em toda a parte, camaradas, sobretudo nos países onde os camponeses são a maioria, há grande resistência em relação às escolas.

Podemos lamentar, mas não nos devemos desanimar por haver na nossa terra gente que não quer escolas. Em muitos lugares de Portugal, por exemplo na Beira, no Alentejo, mas sobretudo no norte, quando foram criadas as primeiras escolas nas aldeias, a população levantou-se e queimou-as. Mas isso aconteceu em França e noutros países do mundo. Os camponeses queimaram-nas porque os filhos iam ter de sair de casa para ir à escola, deixando-os sem os braços para guardar a casa, pastorear o gado, ajudar na lavoura, ir buscar água etc.

Portanto isso é algo normal, não temos de nos desanimar. Temos é de ser capazes de compreender o fenômeno da melhor forma possível e criar uma solução aceitável, sem agravar muito o conflito entre as escolas (ou seja, o partido) e a população.

Por isso, desde o começo anunciamos nas palavras de ordem que íamos criar escolas e inscrever as crianças, mas com um horário de funcionamento que lhes permitisse auxiliar os pais. Isso foi dito explicitamente, para os pais não pensarem que estávamos a tirar-lhes os filhos.

Também é muito natural que haja resistência no sentido de as mulheres não frequentarem a escola. Ainda hoje na União Soviética – em Azerbaijão, Tadjiquistão etc., sobretudo nos meios muçulmanos –, os pais resistem em deixar os filhos ir à escola e, no que se refere às raparigas, há uma profunda resistência. Para nós, e sobretudo os muçulmanos, a preocupação de evitar que as raparigas frequentem a escola, é para garantir os benefícios do dote quando elas se casam. Temos de compreender isso primeiro, para depois trabalhar no sentido de exigirmos que as raparigas frequentem a escola. Só compreendendo isso muito bem, e entendendo que não somos os únicos a enfrentar esse problema, conseguiremos encontrar as melhores soluções e veremos que não há razões para desanimar.

Outro assunto discutido foi a função dos internatos e da Escola Piloto e os meios para o seu funcionamento.

Estamos dispostos a conseguir o máximo para o trabalho dos internatos. Mas temos de ser realistas, o internato abre-se lá onde seja possível garantir a alimentação dos internos. Se isso não é possível, o melhor é não o criar. Não podemos abrir um grande internato e depois levar as mãos à cabeça porque não há comida para as crianças.

O objetivo do internato é elevar o nível de trabalho da nossa gente, não para o baixar, ou transformá-lo num asilo. Não podemos encher o internato de meninos. No internato tem de haver todo um sistema de classes, de trabalho, uma função, um objetivo concreto. Podemos estudar a hipótese de criar uma espécie de escola-asilo para servir as crianças que não têm para onde ir, mas não podemos enviá-las para os internatos, que têm objetivos específicos a atingir.

Outro assunto que interessa debater é o tipo de educação a desenvolver, assunto em que os camaradas insistem muito pouco. Nós devemos educar a nossa gente. Ninguém mais do que a direção do partido, do que eu mesmo, deseja que o nosso povo, as nossas crianças saibam ler e escrever bem, para que todos tenham bases. O nosso objetivo é que, dentro de alguns anos, possamos garantir um mínimo de educação secundária completa. Mas, para começar, o mínimo será a instrução primária, depois serão nove anos de escolaridade e alguns anos mais tarde o mínimo será de 11, tanto no campo como na cidade. Isso vai levar tempo, mas tenho esperança de que haverá de surgir quem, amanhã, o irá conseguir na nossa terra. É esse o nosso objetivo no partido.

Mas isso é para amanhã, hoje não é possível. Hoje a nossa primeira educação é política, não podemos esquecer isso. Desde pequeninos, devemos preparar as crianças, no sentido da luta, do PAIGC. Ensinar com base na luta, com base na força do nosso partido, dos seus objetivos, dos seus valores, na ideia de que o nosso partido é o guia, a luz e tudo para elas, ao mesmo tempo que lhes ensinamos a ler, escrever, contar etc., e a avançar passo a passo. O nosso tipo de educação deve, em cada fase da luta, ser condicionado pela vida e a história que vivemos no momento.

Neste quadro, a criação duma organização de pioneiros é muito importante. E devemos, também, ser capazes de, brevemente, criar uma outra organização de jovens que ainda não podem participar em certas atividades do partido. Teríamos de baixar o limite de idade dos pioneiros para 13 ou 14 anos, passando para uma outra organização os jovens com idade compreendida entre os 14 e os 17 anos. Para isso podemos até basear-nos nas classes de idade da nossa gente, como as mandjuandades[2] etc. Devemos saber aproveitar os próprios costumes da nossa terra, para avançarmos no caminho do progresso.

Outro assunto diz respeito à preparação de quadros. Custe o que custar, temos de preparar quadros, mesmo que alguns fujam, como disse o camarada Luiz. Temos de aproveitar o mais depressa possível os quadros que regressam, tanto nas escolas – é uma ideia muito boa – como em funções políticas, militares, econômicas etc. Quanto aos que fugirem, podem estar certos de que na nossa

[2] Associação feminina para solidariedade, ajuda mútua e diversão. (N.E.)

terra livre e independente, estejam onde estiverem, serão julgados e condenados. É menos grave um soldado desertar e juntar-se ao inimigo do que um camarada que formamos como médico, engenheiro, técnico ou enfermeiro fugir e não se juntar a nós. Mas não vamos parar de formar quadros, pelo contrário, vamos formá-los cada vez mais a nível secundário, médio e superior.

Outro assunto abordado foi a alfabetização de adultos. Nós lançamos a palavra de ordem de que quem sabe mais ensina a quem sabe menos. Se a respeitarmos não haverá problema de escolarização de adultos. Nesta fase da luta não podemos pretender ter escolas só para crianças e escolas específicas para adultos. Em Conacri ou em Boké é possível, é só uma questão de organização do trabalho. No interior do país devemos ser capazes de organizar, nas Forças Armadas, em todos os locais onde nos encontrarmos (hospitais, tabancas etc.) a maneira de ensinar a nossa gente. Quem souber mais pode dedicar tantas horas por dia para ensinar outros camaradas. Assim fazendo, estaremos a alfabetizar, a escolarizar os adultos.

Não podemos, por ora, lançar uma campanha de alfabetização de adultos como se fez em Cuba, porque estamos em guerra. Só poderemos fazer a alfabetização de adultos, em grande escala, quando libertarmos completamente a nossa terra. Então iremos todos alfabetizar juntos, eu mesmo participarei. Entretanto, cada um que saiba mais, e quiser verdadeiramente ajudar, que ensine aos que sabem menos. Se assim fizermos, podemos avançar muito.

Toda a gente está de acordo que a saúde é a nossa maior riqueza. Como costumamos dizer, salvar uma vida é salvar um combatente, mesmo que não tenha armas na mão.

Condições materiais para o nosso trabalho da saúde existem hoje a nível razoável. Não nos faltam medicamentos ou roupa para os enfermeiros, nem sapatos, nem mesmo leite para os nossos hospitais. Temos inclusive alguns suplementos vitaminados, que recebemos há pouco tempo. Coloca-se apenas a questão de organizar devidamente o seu escoamento para chegarem ao destino certo. Há muitos lençóis em Conacri, mantas, cobertas, podemos usar tudo isso. Basta organizar de maneira que os nossos hospitais os possam receber.

Vários camaradas levantam o problema de os hospitais não poderem funcionar por falta de material. Mas há uma coisa para a qual quero chamar a sua atenção: manda-se, por exemplo, para um hospital, 50 lençóis, 80 colheres, facas etc. Seis meses depois, o hospital volta a requisitar as mesmas coisas, como se estivesse a abrir de novo. Não será possível continuar assim, camaradas. Nas nossas condições, podemos compreender situações em que as coisas desaparecem. Mas temos de parar com isso, senão o partido não consegue aguentar. Os camaradas responsáveis têm de fazer o esforço necessário para conservar as coisas do partido. Não é só deixar acabar e requisitar de novo.

Mas, nesta questão dos hospitais, devemos também ser realistas. Lá onde temos de andar com os hospitais ao ombro todos os dias não abrimos hospitais. E não podemos pretender que os nossos hospitais sejam iguais aos dos países independentes. O mesmo se pode dizer em relação ao número e à qualidade dos médicos.

Nós começamos este trabalho com o apoio de médicos cubanos. Mas Cuba é também um país com grandes dificuldades e não tem muitos médicos. Além disso, nem todos os médicos são revolucionários e, como vimos na prática, nem todos são suficientemente saudáveis para aguentar as condições da nossa terra. Muitos deles adoecem.

Mas os nossos médicos começaram a chegar. Veio um grupo de médicos e verificamos que se um ou outro tinha uma boa base antes de começar o seu curso, outros camaradas foram com poucas bases e regressaram com muitas falhas de conhecimentos. Pusemo-los a trabalhar aqui, praticaram um bocado, mas parece-nos que é bom que esses camaradas se esforcem mais para superarem a suas falhas.

Camaradas, temos de colocar claramente a questão de enfermeiros e enfermeiras. Devemos, de fato, fazer tudo para melhorar o nível dos enfermeiros, recrutar outros etc. Mas devemos, entretanto, admitir que as nossas enfermeiras têm tido grandes limitações, pois cada enfermeira que tem um filho é um elemento que praticamente perdemos.

Assim não pode ser. Ou arranjamos maneira de levar as nossas enfermeiras a trabalhar depois de terem filhos, ou paramos de recrutar enfermeiras para a nossa luta. Eu tinha enormes esperanças, mas hoje reconheço que sofri uma grande desilusão, embora tenha respeito e consideração por aquelas que tendo tido filhos, ou não, têm feito devidamente o seu trabalho. Este é um problema, aliás muito discutido, que temos de analisar bastante bem. Mas infelizmente as nossas camaradas mulheres têm tido, em geral, uma grande dificuldade em resolver o problema de se casarem, terem filhos e continuarem normalmente o seu trabalho para o partido.

Mas isso não se passa só conosco. Na União Soviética, por exemplo, no entusiasmo da revolução, as mulheres ocuparam quase todos os postos de medicina. Quase 75% dos médicos são mulheres. Mas, a partir do momento em que se casam, têm de combinar o trabalho com os afazeres domésticos e isso prejudica imenso a pesquisa médica. A medicina soviética ficou atrasada em relação à América, onde as médicas são contadas pelos dedos, e isso levou os soviéticos a adotar medidas restritivas na admissão de mulheres na carreira médica. Portanto, o mal não é só nosso.

Mas temos de ser capazes de compreender essa realidade e, também, de lutar para melhorar isso. E a melhor maneira de elevar o nível do trabalho das nossas mulheres é exigir que tenham a devida consideração e respeito por si mesmas.

Quanto à função dos hospitais, o camarada Pires lembrou, ontem, o seu caráter militar. Está nas palavras de ordem. Os nossos hospitais são militares, seja os do mato, seja o Hospital Solidariedade. Qualquer hospital nosso é um hospital militar, e se é um hospital militar, tudo, incluindo o pessoal, deve ser militar. Assim sendo, o seu pessoal pode ser transferido para qualquer outro lado.

Temos de ser realistas na questão da assistência à população, mas de fato as brigadas sanitárias são um recurso importantíssimo. Tudo quanto possamos fazer para resolver o trabalho das brigadas sanitárias possibilita-nos criar uma base consistente para, amanhã, prestarmos uma assistência eficaz à nossa população. Nas condições da nossa terra, não poderemos ter a pretensão de abrir hospitais em todos os centros urbanos e também no mato. Não vai ser possível. Teremos de criar um sistema ambulante de assistência sanitária, com possibilidade de inclusivamente fazer operações. Essa experiência de brigadas sanitárias, sobretudo no que diz respeito à saúde e higiene, é de uma grande importância. Mas os camaradas não lhe têm dado a importância que merece.

Também é verdade que muitos responsáveis da saúde nos setores não estão preparados para essas funções. Temos de fazer um esforço para aí colocar camaradas com um nível mais elevado, que tenham um mínimo de preparação, mesmo não sendo enfermeiros.

Todos falaram da grande importância dos Armazéns do Povo. A minha opinião sincera é de que eles não têm funcionado bem.

Temos feito vários esforços, mas do meu ponto de vista não temos avançado suficientemente com este fator político decisivo para a nossa vida e a nossa luta. Podemos fazer muito mais, sobretudo nestes últimos tempos em que dispomos de meios em grande quantidade.

Mas, mesmo com poucos meios, devemos melhorar o nosso trabalho com os Armazéns do Povo, na certeza de que são uma pedra de toque para o nosso caminho de hoje e de amanhã.

É verdade que não podemos competir com os colonialistas. Por exemplo, os camaradas dizem: a nossa gente não quer este tipo de tabaco. Mas nós não temos outro, o que é que havemos de fazer? É necessário um trabalho insistente de persuasão junto da população por parte tanto dos Armazéns do Povo como dos políticos.

Não podemos concorrer com os tugas, mas temos de nos lembrar que os Armazéns do Povo são para nós um fator de primeira importância. E, por isso mesmo, devemos esforçar-nos para lhes dar maior eficiência. O partido tem contribuído com muitos milhares de contos. Não é para ganhar nada, senão servir a luta. Mas queremos que os que estão mais perto da fronteira forneçam algum arroz para os que estão fora, para não termos de o comprar na República da Guiné. O arroz armazenado nos Armazéns do Povo é para a nossa gente no interior do país. Não é admissível que os armazéns estejam cheios de arroz a estragar-se e os combatentes tenham falta dele. Mas, também, os combatentes não podem gastá-lo sem conta nem medida. O que se encontra nos Armazéns do Povo é fundamentalmente para os nossos combatentes, mas temos de poupar. Devemos usar, mas não abusar.

Os Armazéns do Povo são também um fator de segurança. Parece-me que a decisão que tomamos, de ter um responsável dos Armazéns do Povo para cada Frente, pode melhorar muito esse trabalho. Esse responsável dos Armazéns do Povo deve ficar ligado à Comissão Permanente do Comitê Nacional, embora não faça parte dele, e como a sua única função é controlar os Armazéns, pode e deve controlá-los bem. Mas de maneira nenhuma os comissários políticos ou os responsáveis de Segurança podem tomar conta dos Armazéns do Povo. Devem seguir o trabalho, no sentido de verificar se ele está ou não a ser bem feito, mas não têm qualquer autoridade para inspecionar as contas ou passar requisições. Os Armazéns do Povo devem ser controlados seja pelo camarada designado para esse efeito, assim como pelo próprio povo, ou qualquer funcionário autorizado do partido. Os Armazéns do Povo são, ao fim e ao cabo, um instrumento da luta armada porque são eles que garantem a alimentação para os nossos combatentes.

Um problema muito grave aqui discutido é a questão da circulação do dinheiro português nas nossas áreas libertadas. Considero ter sido um ato de ignorância, por parte dos camaradas, terem permitido aceitar esse dinheiro nos Armazéns do Povo, mas é algo muito grave. Isso pode pôr em causa toda a vossa carreira de responsáveis do partido.

A única hipótese que posso admitir é os camaradas terem visto uma facilidade de, com esse dinheiro, adquirir produtos no Senegal. Mas isso é inadmissível porque não é possível controlar quem vai adquirir os produtos com o dinheiro, criando-se assim oportunidades para que este seja desviado. Aceitar o dinheiro português equivale a arruinar as nossas regiões libertadas, porque os produtos e artigos dos Armazéns do Povo serão completamente limpos de um dia para o outro. O tuga pode mandar 100, 200 contos por meio dos seus agentes, que não conhecemos, para comprar os artigos e quando chegar a altura de servir a população já não temos nada.

Mas esse dinheiro que entra pode abrir as portas à corrupção e à traição. Temos de evitar proporcionar oportunidades nesse campo. Na vida econômica dum país a corrupção com dinheiro é a coisa mais perigosa que pode existir.

Portanto, este assunto não será mais objeto de nenhuma discussão.

Isso é para parar imediatamente, mesmo que a luta tivesse de acabar.

Digo a todos os camaradas que não tomem decisões dessas. Mesmo que seja um alfinete que é preciso tirar dum lugar para pôr noutro, consultem primeiro os principais dirigentes.

Frequentemente, em pequenas coisas, os camaradas não são capazes de tomar uma decisão. Certo dia um responsável local enviou o seguinte telegrama: Camarada Nino, os tugas rebentaram a canoa no rio Buba, que é que fazemos? Eu estava presente, resolvi responder assim: "Camaradas, façam outra canoa!"

Em pequenas questões de natureza militar ou política, os camaradas não tomam decisões sem consultar os dirigentes. Como é que, para um problema importantíssimo como esse, se toma uma decisão sem consultar ninguém? Nem quero pensar que é por ser dinheiro.

Chamo a atenção para um fato bem conhecido: temos demasiada tendência para facilitar quando se trata de dinheiro. Mas o dinheiro pode desgraçar-nos completamente. Seja quando os camaradas o recebem das mãos do inimigo ou dos djilas,[3] seja quando tomam dinheiro para gerir, há que ter muito cuidado com ele. O dinheiro pode ser um fator de destruição da nossa gente.

Todo o dinheiro confiscado, nas fronteiras do Senegal e da Guiné ou no interior do país, deve ser imediatamente entregue ao partido. Qualquer responsável, seja ele quem for, comandante ou membro da nossa direção superior, que consiga dinheiro ou valores na luta, deve entregar tudo à direção do partido. No caso de mantas, cobertas, capas, comida, ou outros produtos, há muito existem instruções para que sejam distribuídos pelos

[3] Comerciante ambulante. (N.E.)

camaradas. Mas tratando-se de dinheiro, ou outros valores, eles devem ser entregues à direção do partido. E que ninguém venha com a justificação que tinha tantos contos e mandou uma parte para tal área, mais tanto para outra área etc., que não aceito isso. Primeiramente, porque ninguém deu instruções nesse sentido e quem o pode fazer é o camarada Aristides. Em segundo lugar, porque não há como provar que foi de fato o que se passou.

O dinheiro é uma grande tentação. Evitemos dinheiro nas nossas mãos. E quando ele nos é confiado devemos agir com rigor, como gente verdadeiramente séria, senão é o dinheiro que nos desgraça. Vejam o que se passou na República da Guiné. A tentação do dinheiro é um perigo muito grande. Podemos começar com tostões, patacão, com peso, mas acabamos com 10 mil dólares. Muito cuidado, camaradas, porque não há ninguém no mundo que não tenha necessidade de dinheiro. É esse o mal.

Repito aqui o que já foi dito e redito, mas em que insisto: no nosso partido o encarregado dos assuntos que dizem respeito ao dinheiro é o camarada Aristides Pereira. Qualquer dirigente que queira saber como estão as nossas finanças, fale com ele, ou então leia o seu relatório. Não há outros responsáveis de finanças senão os que foram designados como tal. Não queremos nenhum camarada do partido com dinheiro nas mãos, quanto mais dinheiro que vem dos colonialistas.

Façamos a guerra, façamos o nosso trabalho político, na saúde, no ensino. E se tivermos problemas de recursos, coloquemo-los ao partido. Mas não tentemos resolver problemas procurando arranjar dinheiro, nem peçamos a ninguém que o faça por nós. Esta é uma questão demasiado importante e chamo a atenção dos camaradas para isso, porque estou disposto a agir severamente contra qualquer camarada do partido que use o dinheiro indevidamente.

Relativamente às Forças Armadas Locais (FAL), temos de lhes dar a máxima atenção. Já falei com os camaradas sobre este assunto, mas há alguns que ainda não entenderam bem o que elas são, embora isso esteja devidamente definido.

Assim, quero chamar a atenção dos camaradas para o seguinte: as nossas Forças Armadas Nacionais, o Exército Popular, são uma instituição importantíssima. Mas não são mais importantes do que as Forças Armadas Locais. Com elas estamos a estabelecer uma enorme força na nossa terra que nada poderá destruir, ao mesmo tempo que consolidamos um fator de primeira importância da nossa revolução que é ter o povo organizado e armado nas suas tabancas para defender as suas próprias conquistas. Isso é mais importante do que muitas outras coisas porque são uma garantia para a defesa da nossa revolução no futuro. Por isso mesmo as FAL merecem da direção do partido a maior atenção e apoio para continuarem a desenvolver-se, pelo que decidimos colocar à frente das FAL, nas regiões, comandantes que sejam membros da direção do partido, tanto do Comitê Executivo da Luta como do Conselho Superior da Luta.

As FAL são um organismo tanto político como militar, que está fundamentalmente ligado à organização do partido nas áreas libertadas. Não podemos fazer das FAL mais um exército à parte. As FAL são Forças Armadas, mas ligadas à organização do partido nas áreas libertadas. Por isso, o comandante-geral das FAL nas regiões libertadas será o dirigente da Segurança da Comissão Permanente do Comitê Nacional, assistido por todos os dirigentes militares que estão na área, particularmente o responsável das Forças Armadas, que está ativamente ligado ao Comitê Nacional. Portanto, o comandante das FAL é um camarada com grande experiência militar na nossa luta, como é o caso do camarada Braima Camará.

No âmbito das zonas, haverá um comandante das FAL e o seu comissário político passará a ser o elemento de Segurança. Isso para que as FAL tenham a sua necessária estrutura militar, mas mantendo o caráter fundamentalmente político ligado à nossa atuação nas áreas libertadas.

Os camaradas destacados para as FAL devem entender a sua nomeação como uma prova de confiança e expressão da certeza de que são capazes de fazer avançar devidamente o nosso trabalho.

Camaradas,

Temos de pôr termo ao hábito de trazer para o Comitê Superior de Luta (CSL) problemas que nos cabe resolver no dia a dia, e de propor coisas que nos compete fazer. Façamo-las e, depois disso, deixemos saber que foram feitas. Mas prestemos também atenção para não tomarmos decisões sobre assuntos que ultrapassam a nossa competência, para que depois não fiquemos mal, como se passou com a questão do dinheiro dos portugueses.

Para tudo, o que é preciso é pensar, todos e cada um, para que os problemas sejam devidamente resolvidos. Os responsáveis devem estudar bem as questões, refletir sobre os problemas para não adotarmos soluções que irão criar novos problemas. Não devemos proceder como se fossemos administradores. Fundamentalmente nós somos políticos, camaradas.

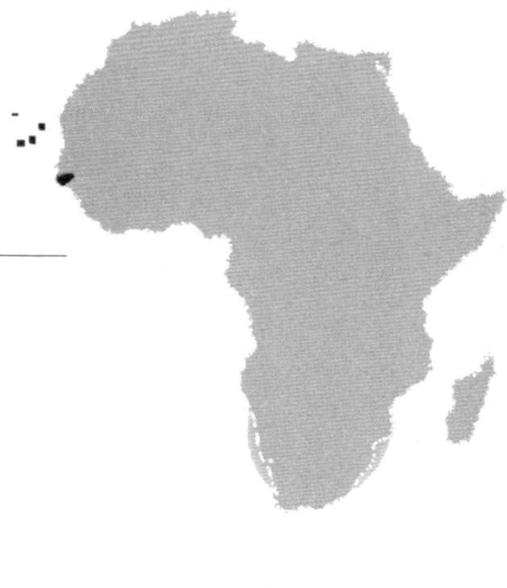

Cultura e libertação nacional

Libertação nacional e cultura[1]

Estamos muito felizes por poder participar nesta cerimônia realizada em homenagem ao nosso companheiro de luta e digno filho de África, o saudoso dr. Eduardo Mondlane, antigo presidente da Frelimo, covardemente assassinado pelos colonialistas portugueses e pelos seus aliados em 3 de fevereiro de 1969, em Dar-Es-Salaam.

Queremos agradecer à Universidade de Syracuse e, particularmente, ao Programa de Estudos sobre a África de Leste, dirigido pelo erudito professor Marshall Segall, esta iniciativa. É uma prova não apenas do respeito e da admiração que sentem em relação à inesquecível personalidade do dr. Eduardo Mondlane, mas também da solidariedade para com a luta heroica do povo moçambicano e de todos os povos de África pela libertação nacional e o progresso.

Ao aceitar o vosso convite – que consideramos dirigido ao nosso povo e aos nossos combatentes –, quisemos uma vez mais

1 Conferência pronunciada no primeiro Memorial dedicado ao dr. Eduardo Mondlane. Universidade de Syracuse (Estados Unidos da América – Programa de Estudos da África do Leste) em 20 de fevereiro de 1970. Texto extraído de: Andrade, Mário (coord.). *Obras escolhidas de Amílcar Cabral.* Unidade e luta. Volume 1. A Arma da teoria. Praia: Fundação Amílcar Cabral, 2013.

demonstrar a nossa amizade militante e a nossa solidariedade ao povo de Moçambique e ao seu bem-amado chefe, o dr. Eduardo Mondlane, ao qual estivemos ligados por laços fundamentais na luta comum contra o mais retrógrado dos colonialismos, o colonialismo português. A nossa amizade e a nossa solidariedade são tanto mais sinceras quanto nem sempre estivemos de acordo com o nosso camarada Eduardo Mondlane, cuja morte foi, aliás, uma perda também para o nosso povo.

Outros oradores já traçaram o retrato e fizeram o elogio bem merecido do dr. Eduardo Mondlane. Queríamos apenas reafirmar a nossa admiração pela figura de africano patriota e de eminente homem de cultura que ele foi. Queríamos igualmente afirmar que o grande mérito de Eduardo Mondlane não foi a sua decisão de lutar pelo seu povo, mas sim de ter sabido integrar-se na realidade do seu país, identificar-se com o seu povo e aculturar-se pela luta que dirigiu com coragem, inteligência e determinação.

Eduardo Chivambo Mondlane, homem africano originário de um meio rural, filho de camponeses e de um chefe tribal, criança educada por missionários, aluno negro das escolas brancas do Moçambique colonial, estudante universitário na racista África do Sul, auxiliado na juventude por uma fundação americana, bolsista de uma Universidade dos Estados Unidos, doutor pela Northwestern University, alto funcionário das Nações Unidas, professor na Universidade de Syracuse, presidente da Frente de Libertação de Moçambique, caído como combatente pela liberdade do seu povo.

A vida de Eduardo Mondlane é, com efeito, particularmente rica de experiências. Se considerarmos o breve período durante o qual trabalhou como operário estagiário numa exploração agrícola, verificamos que o seu ciclo de vida engloba praticamente todas as categorias da sociedade africana colonial: do campesinato à "pequena burguesia" assimilada e, no plano cultural, do universo rural a uma cultura universal, aberta para o mundo, para os seus problemas, para as suas contradições e perspectivas de evolução.

O importante é que, depois desse longo trajeto, Eduardo Mondlane foi capaz de realizar o regresso à aldeia, na personalidade de um combatente pela libertação e pelo progresso do seu povo, enriquecido pelas experiências quantas vezes perturbadoras do mundo de hoje. Deu assim um exemplo fecundo: enfrentando todas as dificuldades, fugindo às tentações, libertando-se dos compromissos de alienação cultural (e, portanto, política), soube reencontrar as suas próprias raízes, identificar-se com o seu povo e dedicar-se à causa da libertação nacional e social. Eis o que os imperialistas não lhe perdoaram.

Em vez de nos limitarmos a problemas mais ou menos importantes da luta comum contra os colonialistas portugueses, centraremos a nossa conferência num problema essencial: as relações de dependência e de reciprocidade entre a luta de libertação nacional e a cultura.

Se conseguirmos convencer os combatentes da libertação africana e todos os que se interessam pela liberdade e pelo progresso dos povos africanos da importância decisiva deste problema no processo da luta, teremos rendido uma significativa homenagem a Eduardo Mondlane.

Um cruel dilema para o colonialismo: liquidar ou assimilar?

Quando Goebbels, o cérebro da propaganda nazi, ouvia falar de cultura, empunhava a pistola. Isso demonstra que os nazis – que foram e são a expressão mais trágica do imperialismo e da sede de domínio –, mesmo sendo todos tarados[2] como Hitler, tinham uma clara noção do valor da cultura como fator de resistência ao domínio estrangeiro.

A história ensina-nos que, em determinadas circunstâncias, é fácil ao estrangeiro impor o seu domínio a um povo. Mas ensina-nos igualmente que, sejam quais forem os aspectos materiais desse domínio, ele só se pode manter com uma repressão permanente e organizada da vida cultural desse mesmo povo, não podendo garantir definitivamente a sua implantação a não ser pela liquidação física de parte significativa da população dominada.

Com efeito, pegar em armas para dominar um povo é, acima de tudo, pegar em armas para destruir ou, pelo menos, para neutralizar e paralisar a sua vida cultural. É que, enquanto existir uma parte desse povo que possa ter uma vida cultural, o domínio estrangeiro não poderá estar seguro da sua perpetuação. Num determinado momento, que depende dos fatores internos e externos que determinam a evolução da sociedade em questão, a resistência cultural (indestrutível) poderá assumir formas novas (políticas, econômicas, armadas) para contestar com vigor o domínio estrangeiro.

O ideal, para esse domínio, imperialista ou não, seria uma destas alternativas:

- ou liquidar praticamente toda a população do país dominado, eliminando assim as possibilidades de uma resistência cultural;
- ou conseguir impor-se sem afetar a cultura do povo dominado, isto é, harmonizar o domínio econômico e político desse povo com a sua personalidade cultural.

---

2 No sentido de mentalmente desequilibrado, como é mais usual no português de Portugal. (N.E.)

A primeira hipótese implica o genocídio da população indígena e cria um vácuo que rouba ao domínio estrangeiro conteúdo e objeto: o povo dominado. A segunda hipótese não foi até hoje confirmada pela história. A grande experiência da humanidade permite admitir que não tem viabilidade prática: não é possível harmonizar o domínio econômico e político de um povo, seja qual for o grau do seu desenvolvimento.

Para fugir a esta alternativa – que poderia ser chamada o *dilema da resistência cultural* –, o domínio colonial imperialista tentou criar teorias que, de fato, não passam de grosseiras formulações do racismo e se traduzem, na prática, por um permanente estado de sítio para as populações nativas, baseado numa ditadura (ou democracia) racista.

É, por exemplo, o caso da pretensa teoria da *assimilação* progressiva das populações nativas, que não passa de uma tentativa, mais ou menos violenta, de negar a cultura do povo em questão. O nítido fracasso desta "teoria", posta em prática por algumas potências coloniais, entre as quais Portugal, é a prova mais evidente da sua inviabilidade, senão mesmo do seu caráter desumano. No caso português, em que Salazar afirma que a África não existe, atinge mesmo o mais elevado grau de absurdo.

É igualmente o caso da pretensa teoria do *apartheid,* criada, aplicada e desenvolvida com base no domínio econômico e político do povo da África Austral por uma minoria racista, com todos os crimes de lesa-humanidade que isso comporta. A prática do *apartheid* traduz-se por uma exploração desenfreada da força de trabalho das massas africanas, encarceradas e reprimidas no mais cínico e mais vasto campo de concentração que a humanidade jamais conheceu.

A libertação nacional, ato de cultura

Estes fatos dão bem a medida do drama do domínio estrangeiro perante a realidade cultural do povo dominado. Demonstram igualmente a íntima ligação, de dependência e reciprocidade, que existe entre o *fato cultural* e o *fato econômico* (e político) no comportamento das sociedades humanas. Com efeito, em cada momento da vida de uma sociedade (aberta ou fechada), a cultura é a resultante mais ou menos consciencializada das atividades econômicas e políticas, a expressão mais ou menos dinâmica do tipo de relações que prevalecem no seio dessa sociedade, por um lado, entre o homem (considerado individual ou coletivamente) e a natureza, e, por outro, entre os indivíduos, os grupos de indivíduos, as camadas sociais ou as classes.

O valor da cultura como elemento de resistência ao domínio estrangeiro reside no fato de ela ser a manifestação vigorosa no plano ideológico ou idealista, da realidade material e histórica da sociedade dominada ou a dominar. Fruto da história de um povo, a cultura determina simultaneamente a história pela influência positiva ou negativa que exerce sobre a evolução das relações entre o homem e o seu meio e entre os homens ou grupos humanos no seio de uma sociedade, assim como entre sociedades diferentes. A ignorância desse fato poderia explicar tanto o fracasso de diversas tentativas de domínio estrangeiro como o de alguns movimentos de libertação nacional.

Vejamos o que é a *libertação nacional.* Consideremos esse fenômeno da história no seu contexto contemporâneo, ou seja, a libertação nacional perante o domínio imperialista. Como é sabido, este é, tanto nas formas como no conteúdo, diferente dos outros tipos de domínio estrangeiro que o precederam (tribal, aristocrato-militar, feudal e capitalista do tempo da livre concorrência).

A característica principal, como em qualquer espécie de domínio imperialista, é a negação do processo histórico do povo dominado por meio da usurpação violenta da liberdade do processo de desenvolvimento das forças produtivas. Ora, numa dada sociedade, o nível de desenvolvimento das forças produtivas e o regime de utilização social dessas forças (regime de propriedade) determinam o modo de produção. Quanto a nós, o modo de produção, cujas contradições se manifestam com maior ou menor intensidade por meio da luta de classes, é o fator principal da história de cada conjunto humano, sendo o nível das forças produtivas a verdadeira e permanente força motriz da história.

O nível das forças produtivas indica, em cada sociedade, em cada conjunto humano considerado como um todo em movimento, o estado em que se encontra essa sociedade e cada um dos seus componentes face à natureza, a sua capacidade de agir ou de reagir conscientemente em relação à natureza. Indica e condiciona o tipo de relações materiais (expressas objetiva ou subjetivamente) existentes entre o homem e o seu meio.

O modo de produção, que representa, em cada fase da história, o resultado da pesquisa incessante de um equilíbrio dinâmico entre o nível das forças produtivas e o regime de utilização social dessas forças, indica o estado em que se encontra uma sociedade e cada um dos seus componentes, perante ela mesma e perante a história. Indica e condiciona, no entanto, o tipo de relações materiais (expressas objetiva ou subjetivamente) existentes entre os diversos elementos ou os diversos conjuntos que formam a sociedade em questão: relações e tipos de relações entre o homem e a natureza, entre o homem e o seu meio; relações e tipos de relações entre os componentes individuais ou coletivos de uma sociedade. Falar disso é falar de história, mas é igualmente falar de cultura.

A cultura, sejam quais forem as características ideológicas ou idealistas das suas manifestações, é assim um elemento essencial da história de um povo. É, talvez, a resultante dessa história como a flor é a resultante de uma planta. Como a história, ou porque é a história, a cultura tem como base material o nível das forças produtivas e o modo de produção. Mergulha as suas raízes no húmus da realidade material do meio em que se desenvolve e reflete a natureza orgânica da sociedade, podendo ser mais ou menos influenciada por fatores externos. Se a história permite conhecer a natureza e a extensão dos desequilíbrios e dos conflitos (econômicos, políticos e sociais) que caracterizam a evolução de uma sociedade, a cultura permite saber quais foram as sínteses dinâmicas, elaboradas e fixadas pela consciência social para a solução desses conflitos, em cada etapa da evolução dessa mesma sociedade, em busca de sobrevivência e progresso.

Como sucede com a flor numa planta, é na cultura que reside a capacidade (ou a responsabilidade) da elaboração e da fecundação do germe que garante a continuidade da história, garantindo, simultaneamente, as perspectivas da evolução e do progresso da sociedade em questão. Compreende-se assim que, sendo o domínio imperialista a negação do processo histórico próprio do povo dominado, seja necessariamente a negação do seu processo cultural. Compreende-se ainda a razão pela qual a prática do domínio imperialista, como qualquer outro domínio estrangeiro exige, como fator de segurança, a opressão cultural e a tentativa de liquidação, direta ou indireta, dos dados essenciais da cultura do povo dominado.

O estudo da história das lutas de libertação demonstra que são em geral precedidas por uma intensificação das manifestações culturais, que se concretizam progressivamente por uma tentativa, vitoriosa ou não, da afirmação da personalidade cultural do povo dominado como ato de negação da cultura do opressor. Sejam quais forem as condições de sujeição de um povo ao domínio estrangeiro e à influência dos fatores econômicos, políticos e sociais na prática desse domínio, é em geral no fato cultural que se situa o germe da contestação, levando à estruturação e ao desenvolvimento do movimento de libertação.

Quanto a nós, o fundamento da libertação nacional reside no direito inalienável que tem qualquer povo, sejam quais forem as fórmulas adotadas ao nível do direito internacional, de ter a sua própria história. O objetivo da libertação nacional é, portanto, a reconquista desse direito, usurpado pelo domínio imperialista, ou seja: a libertação do processo de desenvolvimento das forças produtivas nacionais. Há assim libertação nacional quando, e apenas quando, as forças produtivas nacionais são totalmente libertadas de qualquer espécie de domínio estrangeiro. A libertação das forças produtivas e, consequentemente, a faculdade de determinar livremente o modo de produção mais adequado à evolução do povo libertado abrem necessariamente perspectivas novas ao processo cultural da sociedade em questão, conferindo-lhe toda a sua capacidade de criar o progresso.

Um povo que se liberta do domínio estrangeiro não será culturalmente livre a não ser que, sem complexos e sem subestimar a importância dos contributos positivos da cultura do opressor e de outras culturas, retome os caminhos ascendentes da sua própria cultura, que se alimenta da realidade viva do meio e negue tanto as influências nocivas como qualquer espécie de subordinação a culturas estrangeiras. Vemos assim que, se o domínio imperialista tem como necessidade vital praticar a opressão cultural, a libertação nacional é, necessariamente, um ato de cultura.

O caráter de classe da cultura

Com base no que acaba de ser dito, podemos considerar o movimento de libertação como a expressão política organizada da cultura do povo em luta. A direção desse movimento deve assim ter uma noção clara do valor da cultura no âmbito da luta e conhecer profundamente a cultura do seu povo, seja qual for o nível do seu desenvolvimento econômico.

Atualmente, tornou-se um lugar comum afirmar que cada povo tem a sua cultura. Já lá vai o tempo em que, numa tentativa para perpetuar o domínio dos povos, a cultura era considerada como apanágio de povos ou nações privilegiadas e em que, por ignorância ou má-fé, se confundia cultura e tecnicidade, senão mesmo cultura e cor da pele ou forma dos olhos. O movimento de libertação, representante e defensor da cultura do povo, deve ter consciência do fato de que, sejam quais forem as condições materiais da sociedade que representa, esta é portadora e criadora de cultura, e deve, por outro lado, compreender o caráter de massa, o caráter popular da cultura, que não é, nem poderia ser, apanágio de um ou de alguns setores da sociedade.

Numa análise profunda da estrutura social que qualquer movimento de libertação deve ser capaz de fazer em função dos imperativos da luta, as características culturais de cada categoria têm um lugar de primordial importância. Pois, embora a cultura tenha um caráter de massa, não é contudo uniforme, não se desenvolve igualmente em todos os setores da sociedade. A atitude de cada categoria social perante a luta é ditada pelos seus interesses econômicos, mas também profundamente influenciada pela sua cultura. Podemos mesmo admitir que são as diferenças de níveis de cultura que explicam os diferentes comportamentos dos indivíduos de uma mesma categoria socioeconômica face ao movimento de libertação. E é aí que a cultura atinge todo o seu significado para cada indivíduo: compreensão e integração no seu meio, identificação com os problemas fundamentais e as aspirações da sociedade, aceitação da possibilidade de modificação no sentido do progresso.

Nas condições específicas do nosso país – e diríamos mesmo de África –, a distribuição horizontal e vertical dos níveis de cultura tem uma certa complexidade. Com efeito, das aldeias às cidades, de um grupo étnico a outro, do camponês ao operário ou ao intelectual autóctone mais ou menos assimilado, de uma classe social a outra, e mesmo, como afirmamos, de indivíduo para indivíduo, dentro da mesma categoria social, há variações significativas do nível quantitativo e qualificativo de cultura. Ter esses fatos em consideração é uma questão de primordial importância para o movimento de libertação.

Se, nas sociedades de estrutura horizontal, como a sociedade balanta, por exemplo, a distribuição dos níveis da cultura é mais ou menos uniforme, estando as variações apenas ligadas às características individuais e aos grupos etários, nas sociedades de estrutura vertical, como a dos fulas, por exemplo, há variações importantes desde o cimo à base da pirâmide social. Isso demonstra uma vez mais a íntima ligação entre o fator cultural e o fator econômico e explica também as diferenças do comportamento global ou setorial desses dois grupos étnicos face ao movimento de libertação.

É certo que a multiplicidade das categorias sociais e étnicas cria uma certa complexidade na determinação do papel da cultura no movimento de libertação, mas é indispensável não perder de vista a importância decisiva do caráter de classe da cultura no desenvolvimento do movimento de libertação, mesmo nos casos em que esta categoria está ou parece estar ainda embrionária.

A experiência do domínio colonial demonstra que, na tentativa de perpetuar a exploração, o colonizador não só cria um perfeito sistema de repressão da vida cultural do povo colonizado, como ainda provoca e desenvolve a alienação cultural de parte da população, quer por meio da pretensa assimilação dos indígenas, quer pela criação de um abismo social entre as elites autóctones e as massas populares. Como resultado desse processo de divisão ou de aprofundamento das divisões no seio da sociedade, sucede que parte considerável da população, especialmente a "pequena burguesia" urbana ou campesina, assimila a mentalidade do colonizador e considera-se como culturalmente superior ao povo a que pertence e cujos valores culturais ignora ou despreza. Esta situação, característica da maioria dos intelectuais colonizados, vai cristalizando à medida que aumentam os privilégios sociais do grupo assimilado ou alienado, tendo implicações diretas no comportamento dos indivíduos desse grupo perante o movimento de libertação. Revela-se assim indispensável uma reconversão dos espíritos – das mentalidades – para a sua verdadeira integração no movimento de libertação. Essa reconversão – reafricanização, no nosso caso – pode verificar-se antes da luta, mas só se completa no decurso desta, no contato cotidiano com as massas populares e na comunhão de sacrifícios que a luta exige.

É preciso, no entanto, tomar em consideração o fato que, perante a perspectiva de independência política, a ambição e o oportunismo que afetam em geral o movimento de libertação podem levar à luta indivíduos não reconvertidos. Estes, com base no seu nível de instrução, nos seus conhecimentos científicos ou técnicos, e sem perderem em nada os seus preconceitos culturais de classe, podem atingir os postos mais elevados do movimento de libertação. Isto revela como a vigilância é indispensável, tanto no plano da cultura como no da política. Nas condições concretas e bastante complexas do processo do fenômeno do movimento de libertação, nem tudo o que brilha é ouro: dirigentes políticos – mesmo os mais célebres – podem ser alienados culturais.

Mas o caráter de classe da cultura é ainda mais sensível no comportamento das categorias privilegiadas do meio rural, especialmente no que se refere às etnias que dispõem de uma estrutura social vertical onde, no entanto, as influências da assimilação ou alienação cultural são nulas ou praticamente nulas. É, por exemplo, o caso da classe dirigente fula. Sob o domínio colonial, a autoridade política dessa classe (chefes tradicionais, famílias nobres, dirigentes religiosos) é puramente nominal e as massas populares têm consciência que a verdadeira autoridade reside e age nas administrações coloniais. Contudo, a classe dirigente mantém, no essencial, a sua autoridade cultural sobre as massas populares do grupo, com implicações políticas de grande importância.

Consciente desta realidade, o colonialismo, que reprime ou inibe pela raiz as manifestações culturais significativas da parte das massas populares, apoia e protege, na cúpula, o prestígio e a influência cultural da classe dirigente. Instala chefes que gozem da sua confiança e sejam mais ou menos aceites pelas populações, concede-lhes vários privilégios materiais, incluindo a educação dos filhos mais velhos, cria postos de chefe onde não existiam, estabelece e incrementa relações de cordialidade com os dirigentes religiosos, constrói mesquitas, organiza viagens a Meca etc. E, acima de tudo, garante, por intermédio dos órgãos repressivos da administração colonial, os privilégios econômicos e sociais da classe dirigente em relação às massas populares. Mas nem tudo isto torna impossível que, entre essas classes dirigentes, haja indivíduos ou grupos de indivíduos que adiram ao movimento de libertação, embora menos frequentemente do que no caso da "pequena burguesia" assimilada. Vários chefes tradicionais e religiosos integram-se na luta desde o início ou no seu decurso, dando uma contribuição entusiasta à causa da libertação. Mas ainda neste caso a vigilância é indispensável: mantendo bem firmes os seus preconceitos culturais de classe, os indivíduos desta categoria veem em geral no movimento de libertação o único processo válido para, servindo-se dos sacrifícios das massas populares, conseguirem eliminar a opressão colonial sobre a sua própria classe e restabelecerem assim o seu domínio político e cultural absoluto sobre o povo.

No âmbito geral da contestação do domínio colonial imperialista e nas condições concretas a que nos referimos, verifica-se que, entre os mais fiéis aliados do opressor se encontram alguns altos funcionários e intelectuais de profissão liberal, assimilados, e um elevado número de representantes da classe dirigente dos meios rurais. Se esse fato dá uma medida da influência (negativa ou positiva) da cultura e dos preconceitos culturais no problema da opção política face ao movimento de libertação, revela igualmente os limites dessa influência e a supremacia do fator classe no comportamento das diversas categorias sociais. O alto funcionário ou o intelectual assimilado, caracterizado por uma total alienação cultural, identifica-se, na opção política, com o chefe tradicional ou religioso, que não sofreu qualquer influência cultural significativa estrangeira. É que essas duas categorias colocam acima de todos os dados ou solicitações de natureza cultural – e contra as aspirações do povo – os seus privilégios econômicos e sociais, os seus interesses de classe. Eis uma verdade que o movimento de libertação não pode ignorar, sob pena de trair os objetivos econômicos, políticos, sociais e culturais da luta.

Definir progressivamente uma cultura nacional

Tal como no plano político, e sem minimizar a contribuição positiva que as classes ou camadas privilegiadas podem dar à luta, o movimento de libertação deve, no plano cultural, basear a sua ação na cultura popular, seja qual for a diversidade dos níveis de cultura no país. A contestação cultural do domínio colonial – fase primária do movimento de libertação – só pode ser encarada eficazmente com base na cultura das massas trabalhadoras dos campos e das cidades, incluindo a "pequena burguesia" nacionalista (revolucionária), reafricanizada ou disponível para uma reconversão cultural. Seja qual for a complexidade desse panorama cultural de base, o movimento de libertação deve ser capaz de nele distinguir o essencial do secundário, o positivo do negativo, o progressista do reacionário, para caracterizar a linha mestra da definição progressiva de uma cultura nacional.

Para que a cultura possa desempenhar o papel importante que lhe compete no âmbito do desenvolvimento do movimento de libertação, este deve saber preservar os valores culturais positivos de cada grupo social bem definido, de cada categoria, realizando a confluência desses valores no sentido da luta, dando-lhes uma nova dimensão – a dimensão nacional. Perante esta necessidade, a luta de libertação é, acima de tudo, uma luta tanto pela preservação e sobrevivência dos valores culturais do povo como pela harmonização e desenvolvimento desses valores num quadro nacional.

A unidade política e moral do movimento de libertação e do povo que ele representa e dirige implica a realização da unidade cultural das categorias sociais fundamentais para a luta. Essa unidade traduz-se, por um lado, por uma identificação total do movimento com a realidade do meio e com os problemas e as aspirações fundamentais do povo e, por outro, por uma identificação cultural progressiva das diversas categorias sociais que participam na luta. O processo desta deve harmonizar os interesses divergentes, resolver as contradições e definir os objetivos comuns procurando a liberdade e o progresso. A tomada de consciência desses objetivos por amplas camadas da população, refletida na determinação perante todas as dificuldades e todos os sacrifícios, é uma grande vitória política e moral. Assim, trata-se igualmente de uma realização cultural decisiva para o desenvolvimento ulterior e o êxito do movimento de libertação.

A derrota cultural do colonialismo

Quanto maiores são as diferenças entre a cultura do povo dominado e a do opressor, mais possível se torna essa vitória. A história mostra que é menos difícil dominar do que preservar o domínio sobre um povo de cultura semelhante ou análoga à do conquistador. Talvez se possa mesmo afirmar que a derrota de Napoleão, fossem quais fossem as motivações econômicas e políticas das suas guerras de conquista, foi não ter sabido (ou podido) limitar as suas ambições ao domínio dos povos cuja cultura era mais ou menos semelhante à da França. O mesmo se poderia dizer de outros impérios, antigos, modernos ou contemporâneos.

Um dos erros mais graves cometido pelas potências coloniais em África, senão mesmo o mais grave, terá sido ignorar ou subestimar a força cultural dos povos africanos. Esta atitude é particularmente evidente no que se refere ao domínio cultural português, que se não contentou em negar absolutamente a existência dos valores culturais do africano e a sua condição de ser social, como ainda teimou em proibir-lhe qualquer espécie de atividade política. O povo de Portugal, que não gozou as riquezas usurpadas aos povos africanos pelo colonialismo português, mas que assimilou, na sua maioria, a mentalidade imperialista das classes dirigentes do seu país, paga hoje muito caro, em três guerras coloniais, o erro de subestimar a nossa realidade cultural.

A resistência política e armada dos povos das colônias portuguesas, tal como dos outros países ou regiões de África, foi esmagada pela superioridade técnica do conquistador imperialista, com a cumplicidade ou a traição de algumas classes dirigentes autóctones. As elites fiéis à história e à cultura do povo foram destruídas. Foram massacradas populações inteiras. A era colonial instalou-se com todos os crimes da exploração que a caracterizam. Mas a resistência cultural do povo africano não foi destruída. Reprimida, perseguida, traída por algumas categorias sociais comprometidas com o colonialismo, a cultura africana sobreviveu a todas as tempestades refugiada nas aldeias, nas florestas e no espírito de gerações vítimas do colonialismo.

Como a semente que espera durante muito tempo as condições propícias à germinação para preservar a continuidade da espécie e garantir a sua evolução, a cultura dos povos africanos desabrocha hoje de novo, por meio de todo o continente, nas lutas de libertação nacional. Sejam quais forem as formas dessas lutas, os seus êxitos ou fracassos e a duração da sua evolução, elas marcam o início de uma nova fase da história do continente e são, tanto na forma como no conteúdo, o fato cultural mais importante da vida dos povos africanos. Fruto e prova de vigor cultural, a luta de libertação dos povos de África abre novas perspectivas ao desenvolvimento da cultura, ao serviço do progresso.

Riqueza cultural da África

Passou já o tempo em que era necessário procurar argumentos para provar a maturidade cultural dos povos africanos. A irracionalidade das "teorias" racistas de um Gobineau ou de um Lévy-Bruhl não interessam nem convencem senão os racistas. Apesar do domínio colonial (e talvez por causa desse domínio), a África soube impor o respeito pelos seus valores culturais. Revelou-se mesmo como sendo um dos continentes mais ricos em valores culturais. De Cartago ou Guizé ao Zimbábue, de Meroé a Benin e Ifé, do Saara ou de Tombuctu a Kilwa, por meio da imensidade e da diversidade das condições naturais do continente, a cultura dos povos africanos é um fato inegável: tanto nas obras de arte como nas tradições orais e escritas, nas concepções cosmogônicas como na música e nas danças, nas religiões e crenças, como no equilíbrio dinâmico das estruturas econômicas, políticas e sociais que o homem africano soube criar.

Se o valor universal da cultura africana é, presentemente, um fato incontestável, não devemos no entanto esquecer que o homem africano, cujas mãos, como diz o poeta, "colocaram pedras nos alicerces do mundo", a desenvolveu em condições, senão sempre, pelo menos frequentemente, hostis: dos desertos às florestas equatoriais, dos pântanos do litoral às margens dos grandes rios sujeitos a cheias frequentes, por meio e contra todas as dificuldades, incluindo os flagelos destruidores não só das plantas e dos animais como também do homem. Pode dizer-se, de acordo com Basil Davidson e outros historiadores das sociedades e das culturas africanas, que as realizações ao gênio africano, nos planos econômico, político, social e cultural, face ao caráter pouco hospitaleiro do meio, são uma epopeia comparável aos maiores exemplos históricos da grandeza do homem.

A dinâmica da cultura

Como é óbvio, esta realidade constitui um motivo de orgulho e um elemento estimulante para os que lutam pela liberdade e o progresso dos povos africanos. Mas importa não perder de vista que nenhuma cultura é um todo perfeito e acabado. A cultura, tal como a história, é necessariamente um fenômeno em expansão, em desenvolvimento. Mais importante ainda é ter em consideração o fato que a característica fundamental de uma cultura é a sua íntima ligação, de dependência e reciprocidade, com a realidade econômica e social do meio, com o nível de forças produtivas e o modo de produção da sociedade que a cria.

A cultura, fruto da história, reflete, a cada momento, a realidade material e espiritual da sociedade, do homem-indivíduo e do homem-ser social, face aos conflitos que os opõem à natureza e aos imperativos da vida em comum. Daí que qualquer cultura comporte elementos essenciais e secundários, forças e fraquezas, virtudes e defeitos, aspectos positivos e negativos, fatores de progresso e estagnação ou regressão. Daí igualmente que a cultura – criação da sociedade e síntese dos equilíbrios e soluções que elabora para resolver os conflitos que a caracterizam em cada fase da história – seja uma realidade social independente da vontade dos homens, da cor da pele ou da forma dos olhos.

Numa análise mais profunda da realidade cultural, não se pode pretender que existem culturas continentais ou raciais. E isso porque, como a história, a cultura se desenvolve num processo desigual, ao nível de um continente, de uma "raça" ou mesmo de uma sociedade. As coordenadas da cultura, tal como as de qualquer fenômeno em evolução, variam no espaço e no tempo, quer sejam materiais (físicas) ou humanas (biológicas e sociais). O fato de reconhecer a existência de traços comuns e específicos nas culturas dos povos africanos, independentemente da cor da sua pele, não implica necessariamente que exista uma única cultura no continente: da mesma forma que, do ponto de vista econômico e político, se verifica a existência de várias Áfricas, há também várias culturas africanas.

É fora de dúvida que a subestimação dos valores culturais dos povos africanos, baseada nos sentimentos racistas e na intenção de perpetuar a sua exploração pelo estrangeiro, fez muito mal a África. Mas, face à necessidade vital do progresso, os seguintes fatos ou comportamentos não são menos prejudiciais: os elogios não seletivos; a exaltação sistemática das virtudes sem condenar os defeitos; a cega aceitação dos valores da cultura sem considerar o que ela tem ou pode ter de negativo, de reacionário ou de regressivo; a confusão entre o que é a expressão de uma realidade histórica objetiva e material e o que parece ser uma criação do espírito ou o resultado de uma natureza específica; a ligação absurda das criações artísticas, sejam válidas ou não, a pretensas características de uma raça; finalmente, a apreciação crítica, não científica ou científica, do fenômeno cultural.

Da mesma forma, o que importa não é perder tempo em discussões mais ou menos bizantinas sobre a especificidade ou não especificidade dos valores culturais africanos, mas sim encarar esses valores como uma conquista de uma parte da humanidade para o patrimônio comum a toda a humanidade, realizada numa ou em diversas fases da sua evolução. O que interessa é proceder à análise crítica das culturas africanas face ao movimento de libertação e às exigências do progresso – face a esta nova etapa da história da África. Poderemos assim ter consciência do seu valor no quadro da civilização universal, mas comparar este valor com os das outras culturas, não para determinar a sua superioridade ou inferioridade, mas para determinar, no âmbito geral da luta pelo progresso, qual é a contribuição que deu e deve dar e quais são as contribuições que pode e deve receber.

O movimento de libertação deve, como já dissemos, basear a sua ação no conhecimento profundo da cultura do povo e saber apreciar, pelo seu justo valor, os elementos dessa cultura, assim como os diversos níveis que atinge em cada categoria social. Deve igualmente ser capaz de distinguir, no conjunto dos valores culturais do povo, o essencial e o secundário, o positivo e o negativo, o progressista e o reacionário, as forças e as fraquezas, tudo isso em função das exigências da luta e para poder centrar a sua ação no essencial sem esquecer o secundário, provocar o desenvolvimento dos elementos positivos e progressistas e combater, com diplomacia mas rigorosamente, os elementos negativos e reacionários; e, finalmente, para que possa utilizar eficazmente as forças e eliminar as fraquezas, ou transformá-las em forças.

A cultura nacional, condição do desenvolvimento da luta

Quanto mais tomamos consciência de que a principal finalidade do movimento de libertação ultrapassa a conquista da independência política para se situar no plano superior da libertação total das forças produtivas e da construção do progresso econômico, social e cultural do povo, mais evidente se torna a necessidade de proceder a uma análise seletiva dos valores da cultura no âmbito da luta. Os valores negativos da cultura são, em geral, um obstáculo ao desenvolvimento da luta e à construção desse progresso. Tal necessidade torna-se mais aguda nos casos em que, para enfrentar a violência colonialista, o movimento de libertação tem de mobilizar e organizar o povo, sob a direção de uma organização política sólida e disciplinada, a fim de recorrer à violência libertadora – a luta armada de libertação nacional.

Nesta perspectiva, o movimento de libertação deve ser capaz, para além da análise acima exposta, de efetuar, passo a passo mas solidamente, no decurso da evolução da sua ação política, a confluência dos níveis de cultura das diversas categorias sociais disponíveis para a luta e transformá-los na força cultural nacional que serve de base ao desenvolvimento da luta armada e que é a sua condição. Convém notar que a análise da realidade cultural dá já uma medida das forças e das fraquezas do povo face às exigências da luta e representa, portanto, uma contribuição valiosa para a estratégia e as táticas a seguir, tanto no plano político como militar. Mas só no decurso da luta, desencadeada a partir de uma base satisfatória de unidade política e moral, a complexidade dos problemas culturais surge em toda a sua amplitude. Isso obriga com frequência a adaptações sucessivas da estratégia e das táticas às realidades que só a luta pode revelar. A experiência da luta demonstra como é utópico e absurdo pretender aplicar esquemas utilizados por outros povos durante a sua luta de libertação e soluções por eles encontradas para os problemas que tiveram que enfrentar, sem considerar a realidade local (e, especialmente, a realidade cultural).

Pode dizer-se que, no início da luta, seja qual for o seu grau de preparação, nem a direção do movimento de libertação nem as massas militantes e populares têm uma consciência nítida do peso da influência dos valores culturais na evolução dessa mesma luta: quais as possibilidades que cria, quais os limites que impõe e, principalmente, como e quanto a cultura é, para o povo, uma fonte inesgotável de coragem, de meios materiais e morais, de energia física e psíquica, que lhe permitem aceitar sacrifícios e mesmo fazer "milagres"; e, igualmente, sob alguns aspectos, como pode ser uma fonte de obstáculos e dificuldades, de concepções erradas da realidade de desvios no cumprimento do dever e de limitação do ritmo e da eficácia da luta face às exigências políticas, técnicas e científicas da guerra.

A luta armada, instrumento de unificação e de progresso cultural

A luta armada de libertação, desencadeada como resposta à agressão do opressor colonialista, revela-se como um instrumento doloroso mas eficaz para o desenvolvimento do nível cultural, tanto das camadas dirigentes do movimento de libertação como das diversas categorias sociais que participam na luta.

Os dirigentes do movimento de libertação, originários da "pequena burguesia" (intelectuais, empregados) ou dos meios trabalhadores das cidades (operários, motoristas, assalariados em geral), tendo de viver cotidianamente com as diversas camadas camponesas, no seio das populações rurais, acabam por melhor conhecer o povo, descobrem na própria fonte a riqueza dos seus valores culturais (filosóficos, políticos, artísticos, sociais e morais), adquirem uma consciência mais nítida das realidades econômicas do país, dos problemas, sofrimentos e aspirações das massas populares. Constatam, não sem um certo espanto, a riqueza de espírito, a capacidade de argumentação e de exposição clara das ideias, a facilidade de compreensão e assimilação dos conceitos por parte das populações ainda ontem esquecidas e mesmo desprezadas e consideradas pelo colonizador, e até por alguns nacionais, como seres incapazes. Os dirigentes enriquecem assim a sua cultura – cultivam-se e libertam-se de complexos, reforçando a capacidade de servir o movimento, ao serviço do povo.

Por seu lado, as massas trabalhadoras e, em especial, os camponeses, geralmente analfabetos e que nunca ultrapassaram os limites da aldeia ou da região, perdem, nos contatos com outras categorias, os complexos que os limitavam nas relações com outros grupos étnicos e sociais; compreendem a sua condição de elementos determinantes da luta; quebram as grilhetas do universo da aldeia para se integrarem progressivamente no país e no mundo; adquirem uma infinidade de novos conhecimentos, úteis à sua atividade imediata e futura no âmbito da luta; reforçam a consciência política, assimilando os princípios da revolução nacional e social postulada pela luta. Tornam-se mais aptos assim para desempenhar o papel decisivo de força principal do movimento de libertação.

Como é sabido, a luta armada de libertação exige a mobilização e a organização de uma maioria significativa da população, a unidade política e moral das diversas categorias sociais, o uso eficaz de armas modernas e de outros meios de guerra, a liquidação progressiva dos restos de mentalidade tribal, a recusa das regras e dos tabus sociais e religiosos contrários ao desenvolvimento da luta (gerontocracia, nepotismo, inferioridade social da mulher, ritos e práticas incompatíveis com o caráter racional e nacional da luta etc.) e opera ainda muitas outras modificações profundas na vida das populações. A luta armada de libertação implica, portanto, uma verdadeira marcha forçada no caminho do progresso cultural.

Se aliarmos a estes fatos, inerentes a uma luta armada de libertação, a prática da democracia, da crítica e da autocrítica, a responsabilidade crescente das populações na gestão da sua vida, a alfabetização, a criação de escolas e de assistência sanitária, formação de quadros originários dos meios rurais e operários – assim como outras realizações –, veremos que a luta armada de libertação é não apenas um fato cultural mas também um fator de cultura. Essa é, sem dúvida alguma, para o povo, a primeira compensação aos esforços e sacrifícios que são o preço da guerra. Perante esta perspectiva, compete ao movimento de libertação definir claramente os objetivos da resistência cultural, parte integrante e determinante da luta.

Os objetivos da resistência cultural

De tudo o que acabamos de dizer pode concluir-se que, no quadro da conquista da independência nacional e na perspectiva da construção do progresso econômico e social do povo, esses objetivos podem ser, pelo menos, os seguintes:

- desenvolvimento de uma *cultura popular* e de todos os valores culturais positivos, autóctones;
- desenvolvimento de uma *cultura nacional* baseada na história e nas conquistas da própria luta;
- elevação constante da *consciência política e moral* do povo (de todas as categorias sociais) e do *patriotismo*, espírito de sacrifício e dedicação à causa da independência, da justiça e do progresso;
- desenvolvimento de uma *cultura científica*, técnica e tecnológica, compatível com as exigências do progresso;
- desenvolvimento, com base numa assimilação crítica das conquistas da humanidade nos domínios da arte, da ciência, da literatura etc, de uma *cultura universal* tendente a uma progressiva integração no mundo atual e nas perspectivas da sua evolução;

– elevação constante e generalizada dos sentimentos de humanismo, solidariedade, respeito e dedicação desinteressada à pessoa humana.

A realização destes objetivos é, com efeito, possível, pois a luta armada de libertação, nas condições concretas da vida dos povos africanos, enfrentando o desafio imperialista, é um ato de fecundação da história, a expressão máxima da nossa cultura e da nossa africanidade. Deve traduzir-se, no momento da vitória, por um salto em frente significativo da cultura do povo que se liberta.

Se tal não se verificar, então os esforços e sacrifícios realizados no decurso da luta terão sido vãos. Esta terá falhado em seus objetivos e o povo terá perdido uma oportunidade de progresso no âmbito geral da história.

Ao celebrar com esta cerimônia a memória do dr. Eduardo Mondlane, prestamos homenagem ao homem político, ao combatente da liberdade e, especialmente, ao homem de cultura. Não apenas da cultura adquirida no decurso da sua vida pessoal e nos bancos da universidade, mas principalmente no seio do seu povo, no quadro da luta de libertação do seu povo.

Pode dizer-se que Eduardo Mondlane foi selvaticamente assassinado porque foi capaz de se identificar com a cultura do seu povo, com as suas mais profundas aspirações, por meio e contra todas as tentativas ou tentações de alienação da sua personalidade de africano e de moçambicano. Por ter forjado uma cultura nova na luta, caiu como um combatente. É evidentemente fácil acusar os colonialistas portugueses e os agentes do imperialismo, seus aliados, do crime abominável cometido contra a pessoa de Eduardo Mondlane, contra o povo de Moçambique e contra a África. Foram eles que covardemente o assassinaram. É, no entanto, necessário que todos os homens de cultura, todos os combatentes da liberdade, todos os espíritos sedentos de paz e de progresso – todos os inimigos do colonialismo e do racismo – tenham a coragem de tomar sobre os seus ombros a parte de responsabilidade que lhes compete nessa morte trágica. Se o colonialismo português e os agentes imperialistas podem ainda assassinar impunemente um homem como o dr. Eduardo Mondlane, é porque algo de podre continua a vegetar no seio da humanidade: o domínio imperialista. É porque os homens de boa vontade, defensores da cultura dos povos, ainda não realizaram o seu dever à superfície do planeta.

Quanto a nós, isso dá bem a medida das responsabilidades dos que nos ouvem, neste templo da cultura, em relação ao movimento de libertação dos povos oprimidos.

Resistência cultural[1]

Devemos ter em mente que não basta produzir, desenvolver boa política e fazer a guerra. Se um ser humano, homem ou mulher, faz tudo isso, sem que ele próprio avance como ser inteligente, como primeiro ser na natureza, sem que sinta que cada dia aumentam os seus conhecimentos do meio e do mundo em geral, quer dizer, sem que se desenvolva no plano cultural, tudo aquilo que faz – produzir, fazer boa política, combater –, não dá qualquer resultado.

Na nossa situação concreta, temos de dar grande atenção à resistência cultural. O nosso partido tomou, nesse sentido, medidas importantes, desde o começo, mas sobretudo a partir do Congresso de Cassacá. Aliás, devemos dizer que a própria criação do nosso partido, que planificou e lançou a luta de libertação nacional, é um ato de cultura. Também, é uma prova clara de resistência cultural, porque queremos ser nós mesmos, ou seja, africanos da Guiné e Cabo Verde. A nossa cultura não é a cultura dos portugueses, embora tenha, hoje em dia, alguma influência da cultura portuguesa. Portanto, todos os nossos combatentes, responsáveis e militantes conscientes devem saber que a nossa luta

1 Texto extraído de Fonseca, Luís; Pires, Olívio e Martins, Rolando (orgs.) *Pensar para melhor agir*. Praia: Fundação Amílcar Cabral, 2014.

é também resistência cultural, sendo a luta armada o principal aspecto dessa resistência.

Uma nova cultura para o nosso povo

Devemos trabalhar muito para liquidar a cultura dos colonialistas na nossa cabeça, camaradas. É que, queiramos ou não, na cidade e no mato, o colonialismo meteu-nos muitas coisas na cabeça. O nosso trabalho deve ser tirar da cabeça aquilo que não presta e deixar aquilo que é bom, porque o colonialismo não tem só coisas que não prestam. Devemos ser capazes de combater a cultura colonialista, mas deixar na nossa cabeça os aspectos da cultura humana, científica, que os portugueses trouxeram para a nossa terra.

Sou africano e, como outros africanos, poderia convencer-me de que seria preciso satisfazer a vontade do "Iran" para que certas coisas acontecessem na minha vida. Essa crença ainda existe em África e, se virmos bem, talvez haja gente na nossa terra que acredita nela. Lembro-me de um camarada chamado Alfucene que mandamos para a luta no Gabu. Um dia, procurou-me para dizer que o "Iran" do Gabu não queria que lá lutássemos, a não ser que o filho dele fosse sacrificado. Eu interpretei isso da seguinte maneira: ele era originário do Gabu, estava à procura de uma maneira de ser chefe, então, quis mostrar que, como o "Iran se interessava pelo seu filho, ele é quem devia ser chefe. Eu disse-lhe: "Camarada, se é assim que vamos lutar no Gabu, então, procuremos esse 'Iran' para o matar, porque ele é dos tugas, não da nossa terra".

Neste momento em que falo, em algumas terras da África há crianças que são mortas para satisfazer a vontade do "Iran". Eu nunca tive isso na minha cabeça. Cresci em África, mas aprendi o seguinte: o mais maravilhoso e o mais delicado que há no mundo são as crianças. Às crianças devemos dar o melhor que temos. Devemos educá-las para se levantarem com o espírito aberto, entenderem as coisas, serem boas, evitarem toda a espécie de maldade. Portanto, nunca devemos fazer-lhes mal algum, quanto mais matá-las.

Mas também, como africano, tive muitos contatos com os portugueses, e podia ser que eu tivesse metido na cabeça que sou filho de gente civilizada, sou civilizado, fui à escola, nunca vivi no mato, o mato é sujo e eu tinha uma casa razoável, embora a minha mãe fosse pobre. Poderia pensar que não tinha nada com a gente do mato, que os do mato são irmãos afastados e eu era superior a eles. Essa é a mentalidade colonialista, temos de a combater. Portanto, dei-vos exemplos concretos do que devemos conservar do contato com outras realidades e do que devemos eliminar da nossa própria realidade. Os camaradas devem ter compreendido já que a nossa resistência cultural consiste no seguinte: enquanto liquidamos a cultura colonialista e os aspectos negativos da nossa própria cultura, temos de criar uma cultura nova, baseada nas nossas tradições, mas respeitando tudo quanto já se tem conquistado no mundo para servir o homem.

Há muita gente que pensa que, para a África resistir culturalmente, tem de fazer sempre as mesmas coisas que fazia há quinhentos ou mil anos. A nossa opinião concreta é que a África tem, de fato, a sua cultura. Alguns aspectos dessa cultura são eternos, podem transformar-se, mas nunca hão-de desaparecer, como os tipos de dança com o ritmo próprio de África. Mas ninguém pense que o tambor é só da África, que certas maneiras de vestir, as saias de palha, de tolhas de palmeiras etc. são só da África, que comer com a mão é só da África. Todos os povos do mundo passaram por isso, e ainda há povos, por exemplo, no Brasil, na Indonésia, na Polinésia e no Extremo Asiático, que nesse aspecto estão piores do que nós.

Muitos pensam que, para resistirmos culturalmente em África, temos de defender as coisas negativas da nossa cultura. Não é essa a nossa opinião. É que a cultura também é o produto do nível econômico em que um povo está. A nossa opinião é que comer com a mão, cantar certos tipos de cantigas e dançar de determinadas maneiras dependem da vida que o povo leva, do ponto de vista de produzir riqueza, de produzir bens.

É por isso que as cantigas dos balantas são diferentes das cantigas dos mandingas, por exemplo. As cantigas dos balantas, analisadas a fundo, são cantigas do homem da planície. Quando comparamos as cantigas balantas com as de Portugal, vemos que são parecidas com os lentos coros alentejanos. Pensamos que certos tipos de vida econômica e meios geográficos dão determinados tipos de canções e de danças. Assim, as pessoas que vivem na montanha têm certos gêneros de canções, quem vive sempre com o gado tem o seu tipo de dança, quem vive na floresta sem gado já tem um tipo diferente e o tipo de dança de quem vive no deserto é ainda outro, seja na África, na Ásia ou na América.

Conforme o nosso desenvolvimento econômico, assim é o nosso tipo de relações com a natureza. Quem acredita que a vaca é Deus, quando dança, exalta a vaca como Deus, mas quem acredita que Deus está escondido na floresta, a sua dança manifesta respeito pela floresta, e as suas canções têm uma música e palavras especiais relativas a isso. O mesmo acontece em qualquer parte do mundo onde existe essa situação econômica concreta, logo, idêntico tipo de relações com a natureza. As canções e danças dos que ainda têm medo dos relâmpagos, das cheias dos rios e das trovoadas, com uma ou outra diferença, são parecidas. Se compararmos as nossas danças com as danças ultramodernas das cidades da Europa, vemos que não são nada parecidas, mas, se as compararmos com as danças do folclore de certos povos da Europa

Oriental, ou, mais ainda, da Ásia, encontramos algumas muito parecidas com as nossas.

Do nosso ponto de vista, na nossa cultura devemos fazer resistência para conservar aquilo que, de fato, é útil e construtivo, mas na certeza de que, à medida que avançamos, a nossa roupa, maneira de comer, de dançar e de cantar, mais ainda, a nossa maneira de pensar, as nossas relações com a natureza e com os outros, tudo tem de mudar aos poucos.

Nós, africanos, estamos numa situação em que precisamos da segurança chamada orgânica, porque ainda não dominamos a natureza. A segurança orgânica é tanto maior quanto maior for o número de pessoas que estão perto de nós. Se alguém estiver só no mato, fica com medo, mas se estiver com várias pessoas, já se sente mais confiante. Mas a necessidade de segurança é tão grande que se começa a desconfiar daqueles que estão à nossa volta, mesmo duma pessoa em quem se tinha confiança. Ontem, confiava-se nela, mas, hoje, quando ela vem e dá a sua mão, desconfia-se dessa mão. Há até aqueles que, logo a seguir, vão lavar as mãos com receio de alguma coisa má. Desconfia-se até dos olhos, e há gente no nosso meio que se aproveita disso para nos "arregalar" os olhos. Lembro-me do nosso camarada Luciano, forte, valente, brigão, que foi chefe do nosso lar, no tempo de preparação dos camaradas. Havia um pobre coitado em Conacri que tinha a mania de que era "mouro" e andava com os oportunistas daquele tempo. A verdade é que não era boa peça, e o Luciano, que tinha muito medo dele, só queria bater-lhe. Um dia, ele foi para os lados do nosso lar, e o Luciano avançou para ele, descompondo-o. O tipo puxou do seu chifre, apontou-o para o Luciano e deu um forte grito. Com medo do chifre, o Luciano voltou logo para trás.

Camaradas, nós rimo-nos disso agora, mas muitos dos camaradas aqui sentados ainda têm medo do chifre. Mas o chifre não faz mal, é apenas uma coisa com grande quantidade de cálcio que cresce na cabeça de certos animais. Hoje, ainda há muito medo e muitas crendices na Guiné e também em Cabo Verde, no mato. Mas tenho a certeza de que, amanhã, os filhos do nosso povo, na Guiné e em Cabo Verde, perderão o medo e essas crendices. Só vos peço que peguem com firmeza na luta e trabalhem muito, porque os filhos dos vossos filhos já não vão acreditar nessas coisas, se cumprirmos o nosso dever em relação ao nosso povo.

Os pais dos pais dos suecos também acreditavam em chifres. Nos tempos antigos, a maneira de enterrar os reis na Suécia era igual à maneira de enterrar os nossos reis: depositavam na cova todos os seus objetos pessoais, quando não matavam a mulher para que ficasse com ele na mesma cova.

Ninguém pense que nós, os africanos, é que sabemos muito e, por termos "mezinhos",[2] nós é que podemos fazer a guerra. Os vikings, que são os antepassados dos suecos, não iam para a guerra sem "mezinhos". Além dos vikings, os brancos, povo da França antiga que combateu o imperador romano César, os antigos Ingleses, os índios da América, todos se fartaram de usar "mezinhos". Na China, Mao Zedong fez tudo para acabar com os "mezinhos" e, até hoje, ainda não desapareceram, nem acabou a feitiçaria, pois há grupos étnicos na China que têm feitiços, também existentes no Vietnã. Um dos grandes chefes vietnamitas disse que tiveram de aceitar os "mezinhos" da sua gente para poder levá-la para a luta.

Em todo o mundo, já houve pessoas que usaram "lopé" (tanga), e muitas ainda o usam, por todo o lado. Havia em Roma panos iguais ou parecidos aos bubus, panos à moda dos ganeses. Vejam nos filmes sobre os romanos que estes usavam panos, que

[2] Amuleto, pequeno objeto com poder mágico. (N. E.)

se chamavam togas, mas eram como quaisquer outros panos. Os romanos traziam sandálias e panos, nada mais. Hoje, há pessoas que andam com panos como se só a África é que os tivesse e soubesse o que são. O uso do pano é o reflexo de um estado de desenvolvimento econômico, nada mais. O pano é nosso, mas não é só nosso. Dia virá em que os filhos dos filhos dos vossos filhos hão de esquecer tudo isso. É pena que não possamos viver o bastante para constatar que assim é. Nós, hoje, quando conhecemos usos e costumes dos vikings, pensamos que eram doidos, porque não compreendemos que viviam de acordo com o seu tempo. Não davam um passo sem consultar o feiticeiro antes. O rei andava sempre com o feiticeiro ao lado. Os romanos, nos tempos antigos, antes de irem para o combate, abriam a barriga de uma galinha para ver se a ocasião era boa ou não para fazer guerra. Havia até sacerdotes, os áugures, que os chefes consultavam para saber se deviam ou não iniciar a guerra.

Na Grécia Antiga, o centro da civilização do mundo na Antiguidade, viviam na montanha as pitonisas, sacerdotisas que eram consultadas para se saber o destino das guerras, o futuro das pessoas etc., e o povo levava-lhes oferendas. Eram como o nosso "Iran" de Cobiana, camaradas. Mas, na Grécia, isso foi há três mil anos. No Egito antigo, todos os faraós tinham os seus feiticeiros e um dos seus muitos deuses era um boi, o boi Ápis. Na Índia, ainda hoje, não matam nem comem vacas porque pensam que a vaca é Deus, e há gente que morre de fome junto da sua vaca. Levam a vaca ao rio, e toda a gente entra na água com a vaca para se lavar na "água de Deus".

Temos de entender tudo isso bem, para fazer a nossa resistência cultural na base em que deve ser feita. Devemos limpar da nossa terra toda a influência nociva da cultura colonial, camaradas. E o primeiro ato de cultura que devemos fazer na nossa terra é unir o nosso povo, lutando e desenvolvendo em cada um de nós o patriotismo, o amor à nossa terra. Essa é a primeira parte da cultura que devemos criar na nossa terra, mostrando o valor que tem o fato de resistirmos ao inimigo. Se juntarmos as nossas forças, não permitiremos que os filhos da nossa terra sejam pisados e humilhados e mostraremos claramente que têm direitos iguais aos de qualquer outro povo na sua própria terra. Será um grande avanço da nossa cultura se conseguirmos fazer isso, e vamos conseguir em pouco tempo, por meio da própria guerra.

Além disso, camaradas, devemos elevar no espírito de cada um, sobretudo de cada combatente, o valor do heroísmo e a coragem para cumprir rigorosamente as diretivas do partido. Se for preciso matar o inimigo, matá-lo mesmo é cultura, camaradas. Quando um homem é capaz de fazer isso, é culto de fato. E na medida em que homens como os que aqui estão, diante de um dado fato, são capazes de se unirem como um só homem, eles são muito cultos.

Vejam este exemplo: a nossa população mandinga tem muitas rixas no seu seio, porque uns têm a mania de que são mais do que os outros, e até se diz que os mandingas quando afirmam uma coisa estão a pensar precisamente o contrário. Por isso, parece uma população dividida. Mas, diante de um ato cultural como rezar, parecem um homem só. Se dissermos a um balanta ou a um manjaco que o Bobó é um bom rapaz, ele diz logo que essa pessoa é amiga do Bobó e repete a mesma coisa a outros. Uns acreditam, outros não. Mas, se dissermos que o "Iran" de Cobiana afirmou tal coisa, mesmo que estejam na União Soviética, mandingas, mancanhas, papéis, balantas etc., todos acreditam. Vocês veem, portanto, que, diante de uma situação cultural, um povo é capaz de se unir, mesmo sendo um povo tão dividido como era o nosso.

Por isso, quando dizemos que somos capazes de nos unirmos para resistir ao nosso inimigo, estamos a aumentar a nossa cultura.

Temos de ser capazes, como partido, como organização política, de levantar cada dia mais no espírito da nossa gente, na Guiné e em Cabo Verde, esta ideia concreta: só é filho do nosso povo quem é patriota e, nesta fase da nossa luta, quem tem amor ao nosso partido. Isso é cultura na nossa terra, hoje em dia. Também é cultura entender bem o que o nosso partido quer, o que estamos a fazer, o que é a nossa luta e para onde vamos, enfim, compreender a situação concreta da nossa terra para a transformarmos no sentido do progresso.

É um ato de cultura incutir no espírito de cada um a certeza da nossa vitória e a coragem para nunca desistir ou desesperar perante qualquer derrota, porque não há luta que não tenha derrotas. Ao mesmo tempo que fortalecemos a nossa confiança na vitória, devemos fazer tudo para desesperar o inimigo e os seus agentes, convencendo-os de que vão perder, de certeza.

Com base no amor pela nossa terra, pelo nosso povo e pelo nosso partido, devemos desenvolver as nossas danças, cantigas e músicas, fazer teatro, acrobacias, imitações etc. Devemos desenvolver tudo isso, ao serviço da nossa luta, ao serviço da nossa causa, com um conteúdo novo, quer dizer, com fatos e palavras novas.

Temos o exemplo das cantigas dos balantas, biafadas, mandingas, mancanhas, papéis e das mornas e coladeiras que já se fizeram sobre a nossa luta, erguendo bem alto o nosso partido e o nome dos nossos corajosos combatentes, cantando as nossas armas, as batalhas e os ataques contra os aviões inimigos, exaltando o caminho longo do nosso povo nesta luta.

Ao mesmo tempo, devemos estimular o interesse da nossa gente em relação à literatura, à ciência etc., porque sabemos que não são os analfabetos que podem desenvolver uma terra. Para isso, é preciso gente que lê e escreve, e todos os que sabem ler e escrever devem ensinar àqueles que não sabem. Há muito tempo que o nosso partido lançou esta palavra de ordem e começou a criar escolas, a melhorar a preparação dos professores, a formar quadros para podermos avançar no caminho dos conhecimentos científicos.

Temos de pôr a nossa cultura nova ao serviço da resistência e do cumprimento do programa do partido. Devemos desenvolver a cultura com base na realidade nacional, mas sem ignorar ou menosprezar a cultura dos outros, antes, com inteligência, aproveitar da cultura dos outros tudo quanto seja bom para nós, tudo quanto possa ser adaptado às nossas condições de vida.

A nossa cultura deve desenvolver-se numa base científica, sem crendices. Amanhã, deve evitar que qualquer um de nós pense que o relâmpago é sinal de que Deus se enraiveceu e a trovoada é a voz do céu ou do "Iran" furioso. Toda a gente tem de saber que a trovoada e o relâmpago são provocados por duas nuvens que se chocam, uma carregada de eletricidade positiva e outra de eletricidade negativa, e produzem uma faísca, que é o relâmpago, e um barulho, que é a trovoada. Tanto é assim que se pode calcular onde uma nuvem choca com a outra, porque a luz anda muito mais depressa que o som. Um exemplo: vê-se o relâmpago e 5 segundos depois ouve-se a trovoada; como a velocidade do som é de 340 metros por segundo, multiplicando esse número por cinco, obtém-se 1.700 metros; assim, sabemos que esta é a distância entre o local onde estamos e onde as nuvens se chocaram, provocando a trovoada e o relâmpago. Quanto ao raio, não é mais do que uma faísca elétrica que, por condições especiais, cai na terra e que pode vir com força suficiente para destruir ou com pouca força, passando e desaparecendo. Pode mesmo passar num corpo humano e desaparecer no chão, porque a terra está carregada de eletricidade contrária e atrai a faísca.

Camaradas, temos de basear a nossa cultura na ciência, retirar da nossa cultura tudo quanto é anticientífico, não hoje ainda, mas amanhã. Se trabalharmos bem hoje, temos a certeza de que amanhã isso será possível.

A nossa cultura tem de ser popular, uma cultura de massas, ou seja, à qual toda a gente tem direito, e que respeite os valores culturais do nosso povo que merecem ser respeitados. Portanto, a nossa cultura não pode ser apenas para uma elite, para as pessoas que sabem muito. Todos os filhos da nossa terra, na Guiné e em Cabo Verde, têm direito a avançar culturalmente, a participar nos nossos atos culturais e a criar cultura.

Devemos ter bem em mente a situação na cidade e no campo, comparativamente. Enquanto nas nossas cidades se foram desenvolvendo costumes estrangeiros, uns bons e outros maus, com tendência para se aproveitarem mais os maus, como alcoolismo, prostituição, banditismo, aldrabice, roubos etc., no nosso mato a vida é mais pura, embora lá também haja gente que rouba. Mas existe uma diferença grande entre um ladrão em Bissau e um ladrão balanta que rouba em qualquer lado. O ladrão balanta, em geral, rouba sem intenção de ficar com aquilo que rouba. Muitas vezes, rouba uma coisa, passa-a a outro e nunca mais a vê, porque o roubo nos costumes balantas é um exercício para mostrar capacidade física e inteligência. Por isso mesmo, um jovem balanta, quando chega o momento de festejar a sua passagem a adulto, pode contar os roubos que fez, para mostrar o seu valor e a sua capacidade, e os "homens grandes" elogiam-no. O roubo na cidade é diferente, tem outros fins. O ladrão da cidade rouba para dar de comer à sua gente, ou então, para se enriquecer. Devemos evitar que todas as impurezas das cidades venham para o mato e procurar trazer para as cidades o que de bom possa existir no mato. Claro que no mato também há coisas más, como fazer sacrifícios, bater nas crianças etc., mas menos do que nas cidades. É medonha a maneira como se bate nas crianças na nossa terra. Temos de combater isso e trabalhar para fazer progredir o nosso campo cada dia mais, tanto no plano cultural como noutros planos.

Procurar a perfeição

Desde agora, temos de desenvolver em todo o nosso povo, combatentes, militantes e população em geral, a consciência de que, quando um ser humano está a fazer um trabalho, deve fazê-lo bem, o mais depressa possível e da maneira mais simples. Devemos incutir e desenvolver no nosso espírito o sentido da perfeição, que não temos ainda. Vejam que não há um camarada que seja capaz de se levantar para arranjar aquela cortina. Um prego que se põe na parede e fica torto não é problema para nós. Temos de combater essa atitude. Se fazemos uma emboscada, deve ser da melhor forma possível. Os camaradas que já estiveram no estrangeiro em preparação sabem como se faz uma emboscada: onde e como colocar as armas e os homens, em que ponto atacar o inimigo etc. Quando fazem tudo bem, os resultados são extraordinários, mas os camaradas, em geral, não fazem tudo como deve ser.

Se, numa reunião numa tabanca, um camarada vai falar, não toma apontamentos antes, limitando-se a inventar. Claro que pode valer-se de conversa, mas não pode deixar de estudar um bocado para lembrar as coisas. Antes da reunião, deve sentar-se, pensar nos problemas que há nessa tabanca e tomar as notas necessárias. Se é um comissário político, o partido tem confiança nele, ele é o partido nesse momento, não pode conversar só por conversar. Não vale a pena preparar sempre um discurso inteiro para a nossa gente no mato, mas é preciso estudar e tomar notas de todos os problemas que vão ser discutidos. Isso é muito importante. Há reuniões de responsáveis em que ninguém sabe o que vai lá fazer.

Ou então, vários responsáveis reúnem-se no Norte ou no Sul da nossa terra para decidir o quê? As palavras de ordem do partido. Há camaradas que mandam relatórios de reuniões e, quando se lê o que decidiram, vê-se que são coisas que estão nas palavras de ordem do partido, que eles não leram. Ainda por cima, decidiram muito menos e pior do que já estava. Quando se faz uma reunião de responsáveis deve ser, por exemplo, para verificar em que medida já se cumpriram as palavras de ordem do partido, ou para tratar um problema qualquer do comitê inter-regional.

Perfeição é muito importante no nosso trabalho, mas também na nossa maneira de vestir e na higiene. Um povo que está a lutar pela sua independência, pela sua dignidade, desde hoje, tem de andar com os pés limpos, vestir roupa limpa e pentear o cabelo. Para a nossa dignidade, para abrir novos caminhos na vida, tem uma grande importância a maneira como nos comportamos.

Nós somos contra tudo o que é sujo, contra a porcaria. Admira-me, por exemplo, como para alguns camaradas deitarem-se na cama ou no chão é a mesma coisa, e tanto faz o quarto estar cheio de lixo ou estar limpo. Alguns responsáveis, embora sejam capazes de dar a vida pela nossa terra, são incapazes de limpar a sujeira ou de fazer um jardinzinho no quintal, quando têm tempo para isso.

Felizmente, nem todos são assim. Há camaradas nossos que fizeram a sua base bonita, bem arranjada. Mesmo sendo contra as bases, nunca eu lhes disse nada, porque vi a vontade e o esforço deles para as arranjarem. Quando um homem ou uma mulher querem dar a sua vida por uma causa, têm de estar limpos, num ambiente limpo, e fazer com que todos aqueles que os rodeiam sejam asseados. Só assim é que o espírito pode tornar-se cada dia mais limpo.

Devemos ter a noção do tempo na nossa cultura, na nossa ação. O nosso povo conhece muito bem o que é o tempo. Sabe que, se não lavrar até uma determinada altura e não semear tantos dias depois das primeiras chuvas, está mal. Sabe quando o arroz de viveiro tem de passar para a bolanha, quanto tempo depois de abrir a bolanha e de cortar o tarrafe pode começar a plantar etc. etc.

Pelo contrário, muitos dos nossos camaradas não têm a menor noção do tempo. Se precisam levantar-se às cinco da manhã, levantam-se às nove, se é preciso fazer uma emboscada a partir das quatro da tarde, aparecem só no dia seguinte e verificam que os tugas já passaram. Quantas vezes os nossos comandantes têm falhado ataques ou emboscadas só por causa de atrasos. Alguns atrasos são justificáveis, porque as nossas condições são difíceis, mas outros são apenas por falta de interesse, de consciência, de ordem, de decisão.

Às vezes, dá-se a um camarada uma missão para levar uma carta a tal sítio rapidamente. Pelo caminho, se encontra um divertimento qualquer, para logo três ou quatro dias. Não pode ser. Assim, não se ganha uma guerra, nem se constrói uma terra.

Os camaradas comissários políticos, de segurança etc. devem estar a horas em cada sítio. Que ninguém me venha dizer que não tem relógio e, por isso, não pôde estar a tempo. Podem decidir levantar-se com o primeiro cantar do galo, encontrar-se quando o sol estiver alto, partir quando o sol estiver a pino. A sombra de urna pessoa pode servir de relógio, porque de manhã a sombra está de um lado, à tarde do outro e ao meio-dia desaparece porque o Sol está a pino, por cima de nós. O nosso povo viveu durante séculos sem relógio, mas fez aquilo que pôde nas condições econômicas em que se encontrava. Não foi o relógio que fez os europeus avançar, mas o trabalho a horas, e avançaram tanto que criaram o relógio moderno.

Temos de trabalhar muito, camaradas, para aproveitar o tempo, procurar ser práticos no nosso trabalho e incutir no espírito dos nossos camaradas a ideia do prático. Precisamos de deixar de complicar as coisas, eliminando da nossa mente a interpretação mágica da realidade. É que, ainda, na nossa maneira de pensar, se nos sentamos, discutimos muito bem um assunto e chegamos a acordo, pensamos que a coisa já está feita. Mas acaba a discussão, cada um sai satisfeito da vida, mas não trata de fazer o trabalho porque na sua cabeça já está feito.

Estamos ainda convencidos de que os "mouros" ou feiticeiros são capazes de nos apontar o dedo e nos fazer cair. Mais tarde ou mais cedo, havemos de ver que é mentira. Assim, também, pensamos numa emboscada, ficamos muito satisfeitos, mas não tomamos nenhuma medida prática para tudo correr bem, sem falhas, porque na nossa cabeça, na nossa interpretação mágica da realidade, acreditamos que tudo está bem.

Façamos todos como alguns camaradas fazem: discutir, mas pôr em prática como deve ser, sem falhas. A nossa desgraça é começar e não acabar. Começamos uma obra com todo o entusiasmo, mas, passado algum tempo, paramos e esquecemo-nos dela. Vejam, na África independente, quanta coisa inacabada existe. Nós planificamos várias coisas, dentro da nossa luta, nos planos político e militar, na instrução, na saúde etc., que não fizemos. Começamos, mas à primeira dificuldade já não avançamos. Temos de combater isso com muita força. Antes de começarmos a fazer uma coisa, devemos estudá-la bem, para saber se vale ou não a pena, porque começar e não acabar é uma perda de energias e um esbanjamento.

Portanto, camaradas, é muito importante, fundamental mesmo, procurar a perfeição, aproveitar bem o tempo, ter o sentido prático nas nossas realizações, executar até ao fim cada trabalho que temos que fazer. São novos elementos para a nossa cultura. Mesmo se precisarmos de uma semana inteira ou de todo um mês, para fazer uma emboscada num ponto da estrada, devemos fazê-la até ao fim, no tempo necessário. Se sabemos que o inimigo vai passar lá, devemos organizar as nossas tropas de maneira que um grupo esteja sempre rondando na estrada. Não se pode organizar uma grande emboscada, esperar algumas horas, uns dizendo que o inimigo vem, outros que não, e acabar por se ir embora. Depois, o inimigo passa e vai abastecer o seu quartel. A hora do ataque tem de ser a que foi marcada, depois de se estar certo de que é a melhor hora para se atacar o inimigo, aproveitando ao máximo o conhecimento que dele se tem.

Devemos ser capazes de fazer grande propaganda da nossa resistência, por todos os meios de que dispomos, porque isso também é um ato de cultura. Uma das maiores vitórias do nosso partido é a nossa informação, tanto para dentro como para fora da nossa terra, por meio da Rádio Libertação e da nossa imprensa. Todos sabemos a força e o valor que tem a emissora do nosso partido, que nós devemos ser capazes de melhorar, cada vez mais, porque é um meio essencial para a divulgação da nossa resistência.

No quadro da nossa ação, devemos levantar bem alto a bandeira contra o analfabetismo na nossa terra. Estamos contentes porque, nesta luta, muitos camaradas já melhoraram os seus conhecimentos, muitos homens grandes e ainda mais rapazes aprenderam a ler e a escrever. Hoje é raro aparecer um bigrupo[3] que não tenha alguém que saiba ler e escrever, enquanto, antes, havia muitos bigrupos em que quase ninguém sabia. Vamos reforçar todos os dias a aprendizagem.

Mas muitos camaradas que têm algum grau de instrução, até doutores, podem passar dias e dias com outros camaradas, sem

[3] Termo para designar uma unidade militar constituída por dois subgrupos capazes de operar de forma conjunta ou independente. (N. E.)

fazerem nada, descansando, contando "passadas" ou passeando, e nenhum se lembra de dizer "Camaradas, vocês não sabem nada, venham cá que eu vou ensinar-vos" ou "Vocês ainda sabem pouco, venham que eu vos ajudo a aprender mais".

Devemos trabalhar muito para construirmos uma vida nova na nossa terra, camaradas. Por exemplo, o partido já começou a espalhar na nossa gente a ideia da higiene. O nosso povo é limpo, mas nem toda a nossa gente o é. Temos de mostrar ao nosso povo que o prolongamento da sua vida também depende muito da limpeza da sua casa. Devemos explicar-lhe as normas de higiene, um aspecto fundamental da nossa resistência cultural. Começamos com as nossas brigadas de saúde, mas estas têm feito pouco trabalho em relação àquilo que é preciso fazer. Os comissários políticos, os comandantes das Forças Armadas, os responsáveis e militantes do partido devem ser agentes de higiene na nossa terra. Em qualquer lugar aonde chegarem, têm de exigir limpeza e, como bons responsáveis, devem ser os primeiros a pegar na vassoura para limpar, mostrando que estão a lutar pela nossa terra, mas não são capazes de viver no meio de sujidade.

Podemos dizer que a luta, na Guiné e em Cabo Verde, é para não termos mais nenhum desgraçado, mas também para acabarmos com a sujeira e a promiscuidade no nosso meio. Quando fizermos isso, já teremos avançado muito na nossa luta. Chegamos a dizer aos camaradas que convencessem a nossa gente a fazer latrinas. Não quer dizer que as latrinas é que mostram o progresso, mas, à medida que se fizerem latrinas, deve-se ir avançando noutros campos, para evitar doenças para o nosso povo. Nós que estamos dispostos a lutar para o progresso e a felicidade do nosso povo, temos de ser capazes de limpar, porque mais vale limpar do que morrer.

Nas nossas escolas, temos de excluir tudo quanto traduza a mentalidade colonialista. Já começamos a fazê-lo, editando novos livros, que falam da nossa terra, do nosso partido, da nossa luta, do presente e do futuro do nosso povo e dos seus direitos. Há camaradas que pensam que, para se ensinar bem às nossas crianças, não se deve falar do nosso partido. Isso não é pedagogia nenhuma. Para nós, pedagogia é a que ensina às crianças a nossa luta, os direitos do nosso povo, o Hino e o valor do nosso partido. Além do A, B, C, "O Gato e a Raposa", "O Lobo e o Chibinho" etc., o partido tem de estar presente.

No meu tempo da escola, os livros adotados contavam muitos milagres, como o nascimento de Jesus Cristo, tendo a mãe (Virgem Maria) continuado virgem, a ascensão de Cristo e o milagre das rosas. Se naquele tempo se ensinavam milagres às crianças, por que razão não podemos ensinar esse milagre maior na nossa terra: homens e mulheres que se reuniram para mobilizar o povo para a luta, para acabar com o sofrimento, a miséria, a desgraça, as bofetadas, os pontapés, o trabalho forçado etc.?

Devemos fazer de cada responsável e de cada militante com alguns conhecimentos um professor, não deixando o trabalho de ensinar só aos professores nas escolas. Qualquer camarada, seja comandante, membro da direcção do partido, comissário político, elemento da segurança ou enfermeiro, tem a obrigação de sempre ensinar, esclarecer, explicar, ajudar. Cada conversa de um camarada, seja qual for o seu nível, deve ser aproveitada como uma lição. Assim, poderemos ganhar tempo e avançar. Mas, se nos sentarmos apenas para contar "passadas" de Pelon, Mansoa ou doutro lado, sem que pensemos em aprender, perdemos tempo e não avançamos, camaradas.

Evitemos o complexo de superioridade da parte daqueles que sabem alguma coisa e o complexo de inferioridade da parte daqueles que nada sabem. Uma pessoa com capacidade de ensinar não deve afastar-se de ninguém, ao contrário, deve mergulhar no seio do nosso povo. Até agora, nos camaradas que vão estudar e voltam formados tem havido duas tendências: uns confundem-se tanto com a nossa gente que só fazem os erros próprios da nossa gente; outros, porque regressam com um curso, querem logo ser dirigentes. São dois extremos que não queremos. O que pretendemos é que aqueles que foram estudar e adquiriram mais conhecimentos respeitem os nossos dirigentes, porque estes é que são, de fato, os dirigentes, mesmo se não foram à escola. O que deve fazer quem sabe mais, porque estudou mais do que os outros, é estar com os dirigentes para ajudar a melhorar o nível das coisas.

A importância da língua portuguesa

Combatamos tudo quanto seja oportunismo, mesmo na cultura. Por exemplo, há camaradas que pensam que, para ensinar na nossa terra, é fundamental ensinar em crioulo já. Outros pensam que é melhor ensinar em fula, em mandinga ou em balanta. Isso é muito agradável de ouvir, mas ainda não é possível. Como vamos escrever nessas línguas, agora? Quem conhece as suas fonéticas? Ainda não se sabe, por isso, é preciso estudá-las primeiro, mesmo o crioulo. Por exemplo, eu escrevo "n'ca na bai", outro pode escrever "n'ka na bai". Não pode ser assim. Para ensinar numa língua escrita, é preciso ter uma maneira certa de escrevê-la, para que todos a escrevam da mesma maneira.

Mas muitos camaradas, com sentido oportunista, querem ir para a frente com o crioulo. Nós vamos fazer isso, mas depois de estudarmos bem o crioulo. Agora, a nossa língua escrita é o português. Por isso, vale a pena falar-se aqui tanto o português como o crioulo. Não somos mais filhos da nossa terra pelo fato de falarmos crioulo. Mais filho da nossa terra é quem cumpre as leis e decisões do partido, para servir bem o nosso povo. Ninguém deve ter complexo porque não sabe balanta, mandinga, papel, fula ou mancanha. Se souber, melhor, se não sabe, faz como puder para que os outros o entendam. Mas, se está a trabalhar bem no partido, vai para a frente. Quem sabe mais manjaco do que o traidor Joaquim Batican, mais fula do que o traidor Sene Sane, mais "dotorindades" dos fulas do que o traidor Tchemo Rachid, mais balanta do que o traidor Fuab? Temos de ter a coragem de contar aos camaradas as coisas com clareza. Cultivemos os nossos valores, sim senhor, mas sem oportunismo.

Tenhamos um sentido real da nossa cultura. A língua portuguesa é uma das melhores coisas que os portugueses nos deixaram, porque a língua não é senão um instrumento para os homens se relacionarem uns com os outros, um meio para exprimirem as realidades da vida e do mundo. Assim como o homem inventou o rádio para falar à distância, o homem, desenvolvendo-se ao longo do tempo, começou a falar pela necessidade de comunicar. E como a língua depende do ambiente em que se vive, cada povo criou a sua própria língua.

Se repararmos, a língua da gente que vive perto do mar tem muitas palavras relacionadas com o mar, enquanto a gente que vive no mato tem na sua língua muitas palavras relacionadas com as florestas, mas, por exemplo, não sabe dizer bote. Na língua de certos povos da Europa, as coisas do mar e da navegação dizem-se como em português, porque os portugueses viviam junto do mar. Tudo isso tem a sua razão de ser.

A língua é um instrumento que os homens criaram por meio do trabalho, da luta, para se comunicarem uns com os outros. E isso deu-lhes uma grande força nova porque ninguém mais ficou fechado consigo mesmo. Homens, sociedades, povos, países e continentes passaram a comunicar uns com os outros. Que maravilha! A língua foi o primeiro meio de comunicação natural. Mas o mundo avançou muito, e nós não avançamos tanto. A nossa língua ficou ao nível daquele mundo a que chegamos e em que vivemos, enquanto a língua dos portugueses avançou bastante mais do que a nossa, podendo exprimir verdades concretas relativas, por exemplo, à ciência. Nós dizemos: "A Lua é um satélite natural da Terra". Digam "satélite" em balanta ou em mancanha. Isso só é possível falando muito, enquanto em português trata-se apenas de uma palavra que outros povos podem entender. Eu digo, por exemplo: "A intensidade de uma força é igual à massa vezes aceleração da gravidade." Como é que vamos dizer isso? Como se diz "aceleração da gravidade" na nossa língua? Em crioulo não existe, temos de dizer em português. Mas para avançarmos a sério, todo o filho da nossa terra, daqui a alguns anos, tem de saber o que é aceleração da gravidade.

Vemos assim que não podemos dizer muitas coisas na nossa língua, mas há pessoas que querem que ponhamos de lado a língua portuguesa, porque somos africanos e não queremos línguas estrangeiras. Esses querem é fazer avançar a sua cabeça, não o seu povo. Nós, partido, se queremos levar para a frente o nosso povo, para escrevermos, para avançarmos nas ciências, a nossa língua escrita tem de ser o português, ainda durante muito tempo. A única coisa que podemos agradecer aos portugueses é o fato de nos terem deixado a sua língua, depois de terem roubado tanto na nossa terra. Um dia, tendo estudado profundamente o crioulo e tendo definido todas as boas regras para a sua escrita, poderemos, então, passar a escrever o crioulo.

Nós não proibimos ninguém de escrever o crioulo. Por exemplo, se alguém quiser escrever uma carta em crioulo, é capaz de escrevê-la. Mas a resposta em crioulo a essa carta será escrita de uma maneira diferente, embora possa ser compreendida. Também é possível escrever a língua balanta. Eu sei escrevê-la à minha maneira, outra pessoa escreverá de uma maneira diferente.

Portanto, para escrevermos nessas e nas outras nossas línguas, devemos primeiro arranjar regras. Se quisermos tirar o máximo proveito da experiência de outros povos e não só da nossa própria experiência, temos de utilizar as expressões das respectivas línguas. Ora, se temos uma língua que pode exprimir todas essas expressões, usemo-la, não faz mal nenhum.

Para nós, tanto faz usar o português, o russo, o francês ou o inglês etc., desde que nos sirva, como tanto nos faz usar o trator russo, inglês, americano etc., quando formos independentes, desde que nos sirva para lavrar a terra. Mas, sendo a língua um instrumento, se temos já uma língua, o português, que serve e todos entendem, então não vale a pena pôr toda a gente a aprender o russo ou outra língua qualquer, tanto mais que o crioulo é parecido com o português. Se nas nossas escolas ensinarmos aos nossos alunos como é que o crioulo vem do português e de línguas africanas, aprenderão o português muito mais depressa.

Temos de acabar com toda a indiferença da nossa gente em matéria de cultura, sempre com firmeza nas nossas decisões e determinação de fazer as coisas. Evitemos considerar que tudo o que vem do estrangeiro é sempre bom e deve ser aceito imediatamente, ou então, tudo o que é estrangeiro não vale nada e deve ser recusado. Isso não é cultura, é uma mania, um complexo de inferioridade ou estupidez. Diante das coisas do estrangeiro, há que aceitar o que é bom e recusar o que não presta, sendo capazes de fazer uma crítica correta. A nossa luta, se repararem bem, tem sido a aplicação constante do princípio de assimilação crítica, quer dizer, daquilo que é dos outros distinguirmos o que pode servir para a nossa terra e o que não pode servir, para acumular experiência e criar.

A cultura, fonte inesgotável de valentia, energia física e moral do povo[1]

É evidente que uma multiplicidade de categorias sociais e, em particular, de etnias, torna mais complexa a definição do papel da cultura no movimento de libertação. Mas esta complexidade não pode e não deve diminuir a importância decisiva, no desenvolvimento deste movimento, do caráter de classe da cultura nas categorias urbanas e sociedades rurais hierarquizadas, o que deve ser tido em consideração, mesmo quando a luta de classes ainda se encontra em estado embrionário. Mostra a experiência que, perante a necessidade de uma opção política, exigida pela contestação da dominação estrangeira, as categorias privilegiadas, na sua maioria, colocam os seus interesses imediatos de classe acima dos interesses de grupo ou da sociedade, contra as aspirações das massas populares.

[...] Ao longo da luta de libertação surgem numerosos problemas bastante complexos e pouco estudados. O importante é enfrentá-los e resolvê-los, partindo do princípio que a luta de libertação só sairá vitoriosa se conduzida com base no conhecimen-

1 Excertos do discurso proferido na reunião do Conselho Científico do Instituto da África da Academia das Ciências da URSS, por ocasião da atribuição do diploma "Honoris Causa", 23 de dezembro de 1972. Fonseca, Luíz e Pires, Olívio (org.) A luta criou raízes. Intervenções, entrevistas, reflexões e artigos. Praia: Fundação Amílcar Cabral,2018.

to da realidade concreta do país onde se desenrola. E um elemento essencial e permanente nesta luta é a cultura do povo.

Uma avaliação correta do papel da cultura no movimento de libertação exige que se estabeleça uma distinção entre cultura e manifestações culturais. A cultura é a síntese dinâmica da realidade, ao nível da consciência do indivíduo, da coletividade ou de um grupo humano, das relações existentes entre as categorias sociais nessa sociedade. As manifestações culturais são as diferentes formas em que individual ou coletivamente se exprime esta síntese em cada etapa da evolução da sociedade ou do grupo humano em questão.

Verifica-se que a cultura é o próprio fundamento do movimento de libertação e que somente as sociedades que preservam a sua cultura são capazes de se mobilizar, organizar e lutar contra a dominação estrangeira. A cultura, qualquer que seja a caraterística ideológica ou idealista da sua expressão emerge como fator indispensável do processo histórico. É nela que reside a capacidade de elaborar ou de fecundar elementos que asseguram a continuidade da história e, ao mesmo tempo, determinam as possibilidades de progresso ou retrocesso da sociedade.

Consequentemente, o domínio imperialista, ao rejeitar o progresso histórico da sociedade explorada, acaba por negar o seu progresso cultural. Por isso a sociedade que efetivamente se liberta do jugo estrangeiro retoma as vias ascendentes da sua própria cultura, sendo esta alimentada pela realidade vivida. Essa mesma cultura rejeita tanto a influência nociva das culturas estrangeiras como qualquer subordinação em relação a elas.

Vê-se, assim, que a luta de libertação é, antes de tudo, *um ato de cultura*. Daí a necessidade de o movimento de libertação atribuir uma importância primordial às caraterísticas gerais da cultura, não apenas da sociedade dominada, mas também de cada categoria social. A posição e o comportamento de cada categoria ou de cada indivíduo perante a luta e o seu desenvolvimento são, decerto, ditados pelos seus interesses econômicos, mas também profundamente influenciados pela sua cultura. Mas pode-se mesmo afirmar que a diferença de nível de cultura explica os diferentes comportamentos dos indivíduos de uma mesma categoria social perante o movimento de libertação.

É evidente que uma multiplicidade de categorias sociais e, em particular, de etnias, toma mais complexa a definição do papel da cultura no movimento de libertação. Mas esta complexidade não pode e não deve diminuir a importância decisiva, no desenvolvimento deste movimento, do caráter de classe da cultura nas categorias urbanas e sociedades rurais hierarquizadas, o que deve ser tido em consideração, mesmo quando a luta de classes ainda se encontra em estado embrionário. Mostra a experiência que, perante a necessidade de uma opção política, exigida pela contestação da dominação estrangeira, as categorias privilegiadas, na sua maioria, colocam os seus interesses imediatos de classe acima dos interesses de grupo ou da sociedade, contra as aspirações das massas populares.

Com isto não se deve esquecer que a cultura integra tanto elementos essenciais como secundários, forças e fraquezas, virtudes e defeitos, aspectos positivos e negativos, fatores de progresso e de estagnação.

Seja qual for a complexidade deste panorama cultural, o movimento de libertação necessita reconhecer e definir os dados contraditórios para preservar os valores positivos e fazer confluir esses valores no sentido da luta, no quadro de uma nova dimensão, a dimensão nacional. É necessário igualmente sublinhar que é apenas no decurso da luta que a complexidade e a importância dos problemas culturais se revelam em toda a sua amplitude. Isto faz com que a estratégia e a tática se rendam às exigências da realidade que só a luta é capaz de desvendar. Ademais, só a luta patenteia como e em que grau a cultura se revela fonte inesgotável da valentia, da energia física e moral para as massas populares e em que medida ela cria estorvos, dificuldades, erros, irresponsabilidade e baixas no ritmo e na eficácia da luta.

No decurso da luta os dirigentes do movimento de libertação, na maioria provenientes dos centros urbanos (pequena burguesia e trabalhadores assalariados) e as massas populares (principalmente camponeses), prosseguem e aumentam o seu nível cultural: passam a conhecer melhor a realidade do seu país, libertando-se dos complexos e preconceitos de classe, adquirem uma visão mais ampla do mundo, rompem barreiras étnicas, fortalecem a sua consciência política, participam com maior entusiasmo na vida do seu país e do mundo.

Como é de conhecimento geral, qualquer que seja a forma que adotar, a luta exige a mobilização e a organização da maioria esmagadora da população, a unidade política e moral das diversas categorias sociais, a eliminação progressiva das sobrevivências da mentalidade tribal e feudal, a rejeição das regras e tabus sociais e religiosos incompatíveis com o caráter racional e nacional do movimento da libertação; essa luta fomenta ainda muitas outras mudanças na vida do povo. A luta da libertação requer a materialização dos princípios democráticos, da crítica e autocrítica, o envolvimento cada vez maior da população na gestão da sua própria vida, a liquidação do analfabetismo, a criação de escolas e estruturas de saúde, a preparação de quadros entre operários e funcionários. Ela promove uma marcha acelerada da sociedade rumo ao progresso cultural. Isto demonstra que a luta de libertação não é apenas uma manifestação cultural, mas também *fator de cultura*.

No seio da sociedade autóctone, a luta da libertação atua no sentido de levar à criação de uma unidade gradual, mas sólida, correspondente à unidade moral e política, indispensável ao desenvolvimento da luta. Uma vez rompido o hermetismo dos diferentes grupos, a agressividade de caráter racial, tribal e étnico tende a decrescer e a ceder lugar à compreensão mútua, à solidariedade e ao respeito recíproco entre diferentes setores horizontais da sociedade reunidos pelo destino comum e pela luta contra a dominação estrangeira, quer dizer, por sentimentos de que as massas populares rapidamente tomam consciência, a não ser que o oportunismo político, próprio das camadas sociais médias, entrave este processo. Podemos constatar a confluência dos interesses dos grupos e da evolução da sociedade em geral no sentido do progresso universal, em função das novas coordenadas históricas. Só uma intensa e produtiva atividade política – o elemento fundamental da luta – poderá definir a trajetória e os limites dessa evolução, bem como a sua continuidade.

A partir do momento em que a luta se toma um fator irreversível a despeito das tentativas do colonizador de a sufocar, opera-se uma mudança qualitativa da opinião pública na metrópole, que paulatinamente vai aceitando a probabilidade e até a inevitabilidade da independência da sua colônia. Tal mudança reflete o reconhecimento – consciente ou não – do fato de o povo colonizado em luta ter identidade e cultura próprias. Isto ocorre a despeito de uma minoria ativa agarrada aos seus interesses e preconceitos persistir em rejeitar o direito desse povo à independência e refutar a ideia da equivalência das culturas que esse direito implica. É essa equivalência que as próprias potências colonialistas reconhecem implicitamente quando, procurando desviar a luta dos seus verdadeiros objetivos, recorrem a novas formas de domínio, por meio de políticas falaciosas de "promoção econômica e social", de "desenvolvimento cultural". Com efeito, se o neocolonialismo é, antes de mais nada, a continuação camuflada do domínio imperialista por meio de um poder político autóctone, não é menos verdade que ele é, igualmente, o reconhecimento tácito, pela potência colonial, da identidade do povo dominado, o que exige a materialização de uma direção política própria, para satisfazer os requisitos e necessidades culturais.

Convém igualmente sublinhar que a opinião pública das metrópoles, ao admitir a existência da originalidade e da cultura no povo colonial e, por conseguinte, o seu direito inalienável à autodeterminação e independência, realiza um progresso notável de ordem cultural, desembaraçando-se de um elemento negativo da sua cultura, o preconceito da superioridade da nação colonialista sobre a nação colonizada. Este progresso pode trazer consequências importantes e, mesmo, decisivas para a evolução política da potência imperialista ou colonial, o que é demonstrado por numerosos fatos históricos.

As coordenadas da cultura, assim como as de qualquer fenômeno em evolução, variam no tempo e no espaço. A cultura, como a história, é um fenômeno dinâmico, estreitamente ligado à realidade econômica e social, ao nível das forças produtivas e ao modo de produção da sociedade que a originou. Eis porque a cultura – criação da sociedade, síntese dos equilíbrios e das decisões que ela engendra para sair dos conflitos em cada fase da história – é uma realidade social que não depende da vontade das pessoas, da cor da sua pele, do contorno dos seus olhos ou das fronteiras geográficas.

A apreciação correta do papel da cultura no movimento de libertação exige que ela seja vista duma perspectiva global e nos laços internos dos fatores que a determinam.

Para que a cultura desempenhe um papel relevante no movimento de libertação, este deve definir claramente os objetivos a atingir pelo povo que representa e dirige, no sentido de se tomar o dono da sua própria história, para ter o direito de gerir livremente as suas forças produtivas a favor do desenvolvimento ulterior de uma cultura mais rica, popular, nacional, científica e universal. Para o movimento de libertação, mais importante do que provar a especificidade ou não da cultura do povo, é fazer uma análise crítica dessa cultura em conformidade com as exigências da luta e do progresso e considerá-la, sem complexos de superioridade ou de inferioridade, como parte integrante da civilização universal e do patrimônio comum da humanidade, visando uma comunhão harmoniosa com o mundo contemporâneo.

Sendo a mais complexa manifestação da força e da dignidade de um povo, a luta de libertação enriquece a cultura e abre perante ela novas perspectivas de desenvolvimento. As manifestações culturais impregnam-se de novo conteúdo e procuram novas formas de se exprimir. Deste modo convertem-se em arma potente de informação e formação política, não só na luta pela independência, como também na decisiva batalha pelo progresso.

A mulher e o homem, companheiros na grande aventura que é a vida no nosso planeta[1]

A mulher não precisa de favores de ninguém.
Apenas precisa de justiça e, na base da justiça,
pode conquistar tudo aquilo a que tem direito.

Numa boa iniciativa dos vossos professores, sobretudo do Diretor desta Escola, vocês reúnem-se aqui hoje para, mais uma vez, celebrar o dia 8 de março, Dia Internacional da Mulher. Trata-se de uma boa iniciativa, e espero que, em todo o lado, os camaradas se lembrem de dizer umas palavras sobre este dia, de grande significado para todos nós.

No ano passado a camarada Ana Maria explicou-vos o significado desta data e hoje foi a vez do camarada Madeira brevemente nos lembrar disso.

Parece-me que todos já compreenderam que o objetivo principal da comemoração é mostrar respeito, consideração, amor pelas mulheres, tanto as da nossa terra como as do mundo inteiro, mas, em primeiro lugar, pelas mulheres da nossa terra e, antes de mais, pelas nossas companheiras de trabalho, as nossas companheiras diretas na

---

1 Excertos da intervenção pronunciada na Escola Piloto do PAIGC em Conacri em 8 de março de 1971. Texto extraído de: Fonseca, Luíz e Pires, Olívio (org.) A luta criou raízes. Intervenções, entrevistas, reflexões e artigos. Praia: Fundação Amílcar Cabral, 2018.

luta; e, em particular nesta escola, dos alunos para com as alunas, dos professores pelas professoras e dos alunos pelas professoras, e destacar a mulher como parte fundamental da humanidade, como companheira do homem nesta grande aventura que é a vida no nosso planeta. Respeito, dedicação, amizade, amor, para que, cada dia, nos sintamos mais unidos às nossas companheiras, constituamos um só corpo, homens e mulheres, no trabalho, ao serviço do nosso povo e da humanidade. Isso é muito importante. Devemos honrar as mulheres, respeitar as mulheres, amá-las no mais puro sentido da palavra.

A mulher é a nossa mãe. Nada é mais importante do que uma mãe, mesmo para os animais, quanto mais para os seres humanos. O nosso camarada Kêssana, de uma maneira que muito nos sensibilizou, recitou tão bem o poema intitulado "Mãe" que talvez nem fossem precisos discursos, bastando apenas esse poema para hoje, entre nós, comemorarmos o dia 8 de março.

Mas as mulheres são também as nossas filhas, porque, qualquer de nós, qualquer homem do mundo pode ter filhos e filhas. E filhos, todos nós desejamo-los por serem o nosso prolongamento nesta aventura que, como eu disse há pouco, é a vida sobre a Terra. A mulher, ainda, camaradas, é a nossa própria companheira, e um homem deve respeito à sua mulher, que vive com ele em casa e lhe dá filhos. Ele sabe que ela é fundamental para a sua vida.

A mulher também é a nossa irmã. Filha da nossa mãe, filha do nosso pai. Na nossa terra, ainda vamos mais longe, pois consideramos como irmãs as filhas dos nossos tios e tias. São sangue do nosso sangue, pedaço do nosso próprio corpo, e por quem devemos ter amor, dedicação; e devemos respeitá-la porque sabemos que ela é um pedaço de nós mesmos, camaradas.

A mulher é ainda a nossa camarada, a nossa companheira da luta. No momento atual da nossa vida, da vida do nosso povo na Guiné e em Cabo Verde, esse é o aspecto da mulher mais importante para nós: mulher-camarada, mulher-companheira de luta. Ela é uma das forças principais da nossa luta: força em casa, na rua, no campo de batalha, nos hospitais, nas escolas, força por todo o lado, quer em trabalhos simples, quer em trabalhos importantes, que exigem mais intelecto.

Camaradas, vocês todos sabem, porque os vossos professores vos disseram, há muito tempo que a mulher é objeto de falta de respeito, falta de consideração, falta de justiça. A isso chama-se discriminação.

No início da humanidade, homens e mulheres colhiam para comer frutos e plantas que nasciam no mato sem ninguém as ter semeado. Os homens e mulheres eram iguais, sem distinção alguma entre eles. Pouco a pouco começaram a compreender a Natureza, o ambiente em que viviam e acabaram notando que de uma semente que caía no chão nascia outra planta, igual àquela que tinha dado a semente. Foi o momento em que o ser humano descobriu a agricultura. Mas quem de fato descobriu isso, conforme se acredita, foram as mulheres.

Durante bastante tempo, a mulher teve nas suas mãos o trabalho agrícola na vida da família. Durante esse período a mulher era a força principal da família, porque ela é que se dedicava à agricultura enquanto o homem só se dedicava à caça; por assim dizer, a mulher é que dirigia. Durante um longo tempo, em todos os povos do mundo, fosse na Europa, na África, na Ásia ou na América, a mulher era a força principal. Foi o período qualificado de matriarcado em que as mulheres é que detinham o poder. Mas, aos poucos, com o aparecimento de outras formas de trabalhar, de produzir e, sobretudo, a partir do momento em que apareceu a propriedade privada, começaram a surgir guerras por causa das terras, por causa dos animais. Então, o homem assumiu o papel principal nas guerras. Enquanto a mulher ficava em casa a tratar das coisas, o homem guerreava.

De tanto guerrear, o homem fez-se mais forte e passou a mandar. E, como era o homem que caçava, os animais apanhados eram considerados propriedade sua. Quando passaram a criar animais em casa, estes também pertenciam ao homem. E, como o homem guerreava por causa da terra, esta passou a ser vista pela mulher como pertencendo ao homem. Este começou, assim, a ter mais força do que a mulher e a mandar mais do que ela. Aos poucos, foi surgindo um novo regime que se chamou de patriarcado. Devemos notar bem que, enquanto no matriarcado não havia propriedade sobre os bens, quando surgiu o patriarcado, em que os homens passaram a mandar, começou o regime da propriedade, em que cada um tinha a sua própria terra, defendendo-a contra os outros. A sociedade patriarcal desenvolveu-se e perdura até nossos tempos, quer na nossa terra, quer na Europa e em outras partes do mundo.

Contudo, o mundo não se desenvolveu sempre da mesma maneira em todos os lugares. A situação da mulher da nossa terra ao longo dos tempos era diferente da de outros lugares. Mesmo na nossa terra há diferenças. Por exemplo, todos sabemos que as mulheres balantas têm muito mais poder entre o povo balanta do que as mulheres mandingas entre o povo mandinga.

A situação da mulher varia de país para país, mas podemos constatar que em África a mulher sofre de grande discriminação. A situação da mulher é de se manter atrás do homem, abaixo do homem, ser menos considerada que o homem. Muitos homens, e também mulheres, pensam que assim é que deve ser. Mas outros são da opinião que se quisermos o progresso do ser humano terá de existir igualdade entre homens e mulheres.

Ora, nós fazemos parte do grupo de pessoas em África que desejam a dignificação e o progresso da mulher, que defendem a igualdade de direitos entre o homem e a mulher. Isto é muito simples: queremos que as nossas mães sejam iguais aos nossos pais, queremos que as nossas irmãs sejam iguais a nós, queremos que as nossas filhas não sejam escravas de ninguém, não sofram abusos de ninguém. Parece-me ser justo que os maridos, os pais, os irmãos e os filhos desejem isso para as esposas, filhas, irmãs ou mães.

Para isso, é preciso lutar. Antigamente, também na Europa, a situação da mulher era ainda pior do que na nossa terra. Mas, aos poucos, os homens e as mulheres lutaram juntos pela justiça, relativamente à situação da mulher. É uma luta que ainda não acabou. Não pensem que na Europa todas as mulheres são iguais aos homens, ainda há muita diferença. Mas, aos poucos, a mulher foi ganhando direitos, e hoje pode frequentar todas as escolas, pode ter qualquer emprego importante e ser mesmo chefe de governo ou chefe de Estado.

Essa é uma grande vitória não só das mulheres daqueles países, mas também de todas as outras mulheres do mundo, como as da África ou de qualquer outra parte onde elas ainda sofrem discriminação. Pois, sendo assim, a mulher que está aqui conosco poderá dizer: afinal, é possível. Do mesmo modo como na Europa a mulher foi capaz de se levantar, as mulheres da nossa terra, de qualquer grupo, poderão levantar-se e conseguir tudo o que as europeias conseguiram nos seus países. Isso é, portanto, uma vitória das mulheres do mundo. Qualquer vitória de uma mulher em qualquer parte do mundo é uma vitória para todas as mulheres do mundo, camaradas. Mas, repito, é preciso lutar, temos de lutar. Nada cai do céu a não ser a chuva. Nesta terra é preciso lutar para conseguir tudo o que de bom ela pode produzir. Mesmo para conseguir a comida é preciso lutar, quanto mais para os direitos de qualquer ser humano. É, pois, preciso que os homens com ideias mais avançadas, homens que tenham melhor coração, homens que já entenderam bem as ideias do PAIGC, se agarrem nelas com força e lutem pelos direitos da mulher. Mas, primeiramente, é também preciso que as mulheres se mobilizem e lutem para defender os seus direitos e não admitam, em caso algum, nenhum abuso, nenhuma falta de respeito, nenhuma falta de consideração ou qualquer discriminação em relação a elas.

Na Guiné, as mulheres são a força de uma tabanca. Entre muitas etnias, na nossa terra, a agricultura é fundamentalmente feita por mulheres. Não vou lembrar-vos, todos vocês sabem, seja na bolanha, no arroz de pampam, ou no campo de mancarra, são as mulheres que trabalham; para colher os alimentos no campo ou no lugar, são elas que trabalham; para preparar a comida, desde bater e pilar o arroz, cozinhá-lo, ir buscar água, lavar a roupa, criar os meninos, tudo isso são tarefas executadas pelas mulheres. Por isso mesmo podemos concluir que as mulheres são as pessoas mais importantes da nossa terra. Se não fosse a mulher, nada funcionaria.

Mas, apesar disto tudo, a mulher é vítima da violência, ela é vendida e trocada por vacas, é enxovalhada, é objeto de abusos e, às vezes, mal nasce, pequenina ainda, já lhe destinaram um homem! Todos esses abusos, que conhecemos, terão de acabar na nossa terra. Queremos que cada pai tenha a certeza de que a sua filha é respeitada e que poderá progredir e destacar-se consoante as suas capacidades.

Em Cabo Verde acontece o mesmo. A mulher em Cabo Verde, seja a mulher do campo, ou da cidade, é a força da casa. É ela que tem de lavrar, colher, pilar, preparar tudo, a cachupa ou outros alimentos para os homens. As mulheres dos empregados, como as de Bissau, da Praia ou de S. Vicente, ou as dos operários que ganham pouco, precisam de fazer milagres e mais milagres para darem de comer aos filhos ou lhes arranjarem roupa decente.

Camaradas, a situação das mulheres na Guiné e em Cabo Verde é, de uma maneira geral, um espelho da situação da mulher em África. Mas também em outras partes do mundo a mulher sofreu muito. Basta nos lembrarmos que, por exemplo, na China onde hoje há mulheres que dirigem milhares e milhares de homens nas fábricas, na agricultura etc., há cerca de 20 anos as mulheres não podiam andar ao lado dos homens, tinham de ficar 5 metros atrás! Basta isto para se ter uma ideia de que, ao fim e ao cabo, não é só na nossa terra que a mulher sofre ou sofreu, ou que a mulher luta para poder erguer-se, levantar a cabeça e ser igual ao homem.

Mas, como já vos disse, há países, sejam eles capitalistas ou socialistas, onde a situação da mulher progrediu muito. Nos países capitalistas, algumas das mulheres que pertencem a famílias com meios para darem um curso superior aos filhos, podem ganhar posições de destaque. Mas em geral, nesses países, as operárias recebem salários inferiores aos dos homens e a grande massa das mulheres, quer do campo, quer da cidade, tem ainda de lutar pela sua emancipação, como geralmente se diz – pela sua libertação, como preferimos dizer.

Os países socialistas deram-nos grandes exemplos de como a mulher pode progredir em pouco tempo para uma vida diferente, plena, igual à do homem. Várias instituições do Estado são dirigidas por mulheres e, nos Parlamentos, elas estão também representadas em grande número. Nesses países, a todas são garantidas condições para se desenvolver, todas têm a obrigação de ir à escola, como os homens. As portas das universidades, das escolas técnicas, secundárias e médias estão igualmente abertas para todos os homens e mulheres. Na educação, do ensino primário ao universitário, grande parte dos professores são mulheres.

As fábricas, as cooperativas agrícolas estão abertas, tanto para os homens como para as mulheres. E quem trabalhar melhor, quem tiver mais conhecimentos, quem mostrar mais capacidade de trabalho, quem der mais provas, é que deve dirigir, seja homem ou mulher. E, em vários outros ramos, tal como na indústria, há fábricas em que as mulheres são em maior número, como as de tecidos, artigos elétricos, eletrodomésticos, relógios etc. No setor da saúde, por exemplo, há casos em que elas constituem 60 a 80% dos médicos.

Isso trouxe uma força acrescida a esses países, porque conseguir aproveitar toda a capacidade e todo o rendimento tanto dos homens como das mulheres representa uma grande riqueza, camaradas. E é uma riqueza com base na justiça e em oportunidades, possibilitando a toda a gente realizar o seu potencial, ao mesmo tempo fazendo progredir o seu país.

Nós temos de fazer o máximo na nossa terra para abrir um caminho largo que leve ao desenvolvimento da mulher. Já começamos a abri-lo, mas, amanhã, depois da nossa luta, continuaremos ainda com mais vigor, com mais coragem, com mais entusiasmo.

O PAIGC, como já ouviram dos vossos professores, coloca a questão com toda a clareza: nós queremos a igualdade entre homens e mulheres na vida familiar, na vida pública e em todas as atividades políticas e temos demonstrado isso na prática concreta da nossa luta.

Logo no começo da luta, as badjudas da nossa terra acorreram em quantidade para as bases da guerrilha. Muitas pegaram em armas. Aos poucos, dado que ainda há muitos aspectos ligados às tradições que necessitam ser abordados, e a prioridade é lutar contra o colonialismo português, vimos que não era muito conveniente juntá-las nas bases com os camaradas e elas foram integradas, principalmente, como enfermeiras e milicianas. Assim, a maioria dos nossos milicianos são mulheres assim como a maioria dos enfermeiros. Mas, numa fase mais avançada da luta pelo progresso da nossa terra, não haverá nenhuma diferenciação. Elas poderão participar em qualquer atividade.

As mulheres já mostraram muito amor pelo nosso "chão", muito amor pelo nosso povo. Várias vezes, no começo da luta, os homens fraquejaram, mas as mulheres agarraram com força e prosseguiram com a luta, dando o exemplo.

Todos os camaradas sabem que as mulheres se têm ocupado de tarefas importantes no nosso partido. Desde os tempos da guerrilha até agora, em todo o lado, centenas das nossas enfermeiras, dezenas das nossas professoras, ajudaram-nos em todos os aspectos, em toda a parte. A mulher tem dado o máximo da sua contribuição para ajudar a desenvolver a luta, para ajudar o PAIGC a vencer.

O PAIGC tem procurado colocar mulheres em cada comitê do partido, na tabanca. Num comitê de cinco pessoas, três são homens e duas são mulheres, mas se for de três pessoas, uma terá de ser mulher, é o que exigem os nossos regulamentos. É também assim, obrigatoriamente, nos grupos de colaboradores dos comitês de zona. Já em outros níveis de direção do partido, as mulheres participam de acordo com a sua capacidade.

Nesta matéria devemos evitar dois erros. Um é recusar que a mulher participe nos órgãos de direção do partido. Outro é colocá-la nesses órgãos só por ser mulher. Isso não serve, seria só para fingir.

Para participar nos órgãos da direção do partido as mulheres têm de mostrar a sua capacidade e o seu valor, tal como se exige dos homens.

Infelizmente, desde os tempos antigos, os homens têm tido maiores oportunidades de ir à escola, de aprenderem mais etc. Por isso, aparecem mais homens do que mulheres nos órgãos de direção do PAIGC. Mas fazemos força para que, por exemplo, haja sempre a presença de mulheres nos nossos comitês inter-regionais. Por isso mesmo é que o Comissário Político Principal do Sul, pelo seu próprio valor, pela sua capacidade, é uma mulher, a Camarada Carmen Pereira. Não é nenhum favor. Tal como a camarada Titina Silá no comitê inter-regional do Norte, pelo seu valor, pela sua capacidade.

O nosso desejo era que tivéssemos mulheres na Comissão Política do partido. Só depende delas, do seu trabalho. Pelo fato de querermos que a mulher avance, ela não pode esperar nada que não conquiste pelo seu valor, pelo seu trabalho, pela sua capacidade. Esta é a justiça que deve ser feita em relação à mulher! Ela não precisa de favores de ninguém. Apenas precisa de justiça e, na base da justiça, pode conquistar tudo aquilo a que tem direito.

O fundamental é termos homens e mulheres com a sua própria responsabilidade, com o seu próprio valor, com a sua afirmação própria.

É este o nosso caminho, camaradas. É este o caminho que devemos seguir e continuar. É o único caminho que pode realmente trazer a liberdade à nossa terra. Um país não pode ser livre, não pode ser feliz, não pode progredir, se a mulher não for livre, se ela não puder contribuir com toda a sua capacidade para o progresso do seu povo. Não há país algum que possa considerar-se efetivamente livre se as suas mulheres estiverem subjugadas ou forem objeto de falta de respeito. Mas para acabar com isso, camaradas, as mulheres devem lutar, devem elas mesmas empenhar-se nesse sentido.

O PAIGC abriu o caminho. Elas devem agarrar nesse desígnio com afinco a fim de conquistarem todos os direitos na nossa terra, como é de justiça, como desejamos. Por isso mesmo, a mulher deve, a cada passo, rejeitar a imagem do ente resignado, triste, fraco, infeliz, como muitos homens a consideram e em muitas sociedades se acredita que ela seja, e mostrar que é dotada da mesma sensatez e razão que o homem e, tal como ele, capaz de pensar e de agir.

Por isso mesmo, nenhuma mulher deve ficar na sombra do seu companheiro. A mulher que tiver um companheiro deve tratá-lo bem, com amizade e amor, mas deve destacar-se por si mesma, pela sua personalidade, capacidade e valor.

É também fundamental ninguém pensar que o fato de ser mulher de um responsável confere alguma autoridade relativamente aos outros militantes do partido. Ser mulher de responsável não é um cargo de partido! Costumo dizer que não há casais militantes. Como militante do PAIGC, cada um tem direito apenas àquilo que lhe cabe como tal, e engana-se redondamente quem acreditar que pode esconder-se atrás do valor do seu marido ou do pai do seu filho.

Por isso, as mulheres, as badjudas da nossa terra devem pôr de lado a ilusão de que conseguem singrar na vida apoiando-se nos responsáveis do partido. É natural que uma rapariga tenha uma relação com um responsável, se ela for clara e com base na reciprocidade, não por cálculo. Mas muitas acreditam que juntar-se a responsáveis para terem filhos com eles é o caminho a seguir. Isso é puro engano. A mulher deve ser consciente e não aceitar, de maneira nenhuma, que qualquer responsável ou algum outro membro do partido a utilize, conforme lhe apetecer. Isso é vergonha para as mulheres da nossa terra, é uma vergonha para todos nós do PAIGC, tanto para os homens como para as mulheres.

O que queremos é que a mulher na Guiné e em Cabo Verde se levante. Ela tem dado provas de muito valor, grandes provas. Bastaria que cada um pensasse um pouco na sua própria mãe para sentir o valor que tem cada mulher. Basta pensar um pouco nas mulheres curvadas sobre os campos, nas mulheres enfrentando os sacrifícios, mulheres carregando sacos pesadíssimos no cais de S. Vicente, mulheres lutando para não morrer de fome nos campos de Santiago, tantas mulheres sofrendo na nossa terra!

Mas há também, um pouco por toda a parte, mulheres impedidas de escolher os seus companheiros que, sem o seu consentimento, lhes são impostos pelos pais, tios ou outros familiares.

Tudo isso mostra o quanto as mulheres têm sofrido na nossa terra.

Queremos que elas se levantem, que essas situações acabem e que sejam elas mesmas a assumir em suas mãos a responsabilidade desta luta, não pensando que se trata de algum favor que o homem lhes faz. A vida da mulher não pode ser melhorada apenas com leis, tem de ser por meio da luta. Qualquer badjuda, qualquer mãe da nossa terra, esteja onde estiver, deve levantar a cabeça e exigir respeito para si própria, quer perante qualquer homem, quer em relação ao seu trabalho, para mostrar o seu valor, provando que é consequente a palavra de ordem do PAIGC que proclama a igualdade de direitos da mulher e do homem.

Eram essas as ideias que eu queria transmitir aos camaradas, na ocasião em que, mais uma vez, esta escola tomou a feliz iniciativa de comemorar o 8 de março, Dia Internacional de Solidariedade com a Mulher.

O que desejo aos camaradas é que daqui a alguns anos, vocês todos, meninas e rapazes sentados aqui à minha frente, possam sentir-se de fato realizados na nossa terra, nesse grande sonho do PAIGC de igualdade real de homens e mulheres, em direitos e deveres, em todos domínios, tanto na Guiné como em Cabo Verde. Com mulheres dignas, de cabeça erguida, tal como os homens, sem medo de ninguém, donas dos seus destinos, ao serviço do nosso povo, ao serviço da África, ao serviço da Humanidade.

Internacionalismo

Portugal é imperialista?[1]

Na nossa luta, não procuramos explicar aos nossos militantes, ao nosso povo, às nossas populações, a natureza profunda da luta contra o imperialismo: profunda e complexa. A situação do nosso povo era tal, antes do início da luta, a nossa experiência política estava de tal modo reduzida a zero que seria difícil pormos o problema da luta na base de um combate contra o colonialismo, contra o imperialismo diretamente. Tivemos de orientar a mobilização do nosso povo e a sua organização para a luta, a partir, em primeiro lugar, dos problemas concretos, diários, da sua vida, para passar a generalizações sobre o colonialismo e o imperialismo. Hoje, as pessoas compreendem muito bem o que é o colonialismo, e o colonialismo português em particular, e começam a desenvolver nos seus espíritos uma visão clara do fenômeno imperialista. Mas no ano passado, durante uma reunião com membros das comissões de base do nosso partido, discutia eu com eles os problemas respeitantes ao colonialismo português, e eu dizia que Portugal não é um país imperialista, que Portugal é

[1] Extratos da Conferência em Helsínque, em 20 de outubro de 1971. Texto extraído de Andrade, Mário (coord.). Obras escolhidas de Amílcar Cabral. Unidade e luta. Volume 1. a prática revolucionária. Praia: Fundação Amílcar Cabral, 2013.

um país colonialista atrelado ao imperialismo, mas que ele próprio pela sua natureza, não é um país imperialista.

Quem quer que conheça a economia de Portugal por meio da sua história facilmente constata que a infraestrutura econômica portuguesa nunca atingiu um nível que se possa classificar de imperialista. O próprio país, depois do Tratado de Methuen, em 1711, tornou-se uma semicolônia da Inglaterra, e, ao nível da exploração em África, foi e é apenas um intermediário da exploração imperialista dos nossos povos. É a polícia para esta exploração, mas não é verdadeiramente a potência imperialista que explora os nossos povos. Basta lembrar que a maior parte das indústrias portuguesas, incluindo as do vinho do Porto, os caminhos de ferro, os telefones etc., pertencem, tal como as minas portuguesas, a empresas estrangeiras. Basta lembrar que mais de 60% das suas exportações de Angola e Moçambique se destinam aos Estados Unidos, à Inglaterra, à Bélgica, à França, à Alemanha Federal e não a Portugal.

Mas o meu camarada, o camponês, da comissão de base de uma tabanca que não sabia estas coisas, quando me ouviu dizer que Portugal não é imperialista, disse-me: "Cabral, toda a gente nos diz que lutamos contra o imperialismo, que nos batemos contra os portugueses e vens agora dizer-nos que eles, não são imperialistas, então diz-me: quem é esse Senhor Imperialista que ninguém vê, mas de que toda a gente fala?" Eis colocado, na linguagem de um camponês, um problema capital da luta contra o imperialismo: o da distinção entre imperialismo e dominação imperialista. Por vezes, ouve-se muita gente gritar: "Abaixo o imperialismo", no seu próprio país, mas finalmente lutam contra a dominação imperialista. Parece-nos de primeira importância caracterizar e distinguir o imperialismo da dominação imperialista, situá-los no seu contexto histórico e definir a sua posição geográfica.

Como bem sabem, historicamente, da Idade Média surgiu um novo sistema de produção, que se chamou capitalismo. O capitalismo desenvolveu-se em determinados países com todas as contradições próprias ao desenvolvimento dos fenômenos da história, e atingiu neste desenvolvimento uma nova fase, que se chamou imperialismo. O imperialismo é o resultado da concentração gigantesca do capital financeiro nos países capitalistas por meio da criação dos monopólios, em primeiro lugar os monopólios das empresas capitalistas. Esta dominação dos monopólios nos países capitalistas é em primeiro lugar um fenômeno econômico, de forma nitidamente característica. Em seguida acrescentam-se implicações de caráter político, social, cultural, moral etc. É, portanto, preciso por um lado distinguir o fato econômico destas implicações e, por outro, caracterizar a relação do imperialismo com o resto do mundo. Não é exagerado afirmar que a partir do momento em que a dominação econômica e política do capital financeiro, portanto dos monopólios, atinge um determinado nível e se consolida, trava-se uma luta sangrenta entre o capital de livre concorrência e o capital financeiro, este representado pelos monopólios e os bancos. E até mesmo uma análise superficial da história econômica contemporânea e dos nossos dias mostra que, nesta luta, o capital financeiro, ou seja, o imperialismo, sai em geral vitorioso. Quer dizer que o capitalismo segregou o imperialismo ao mesmo tempo que as condições para a destruição do capitalismo.

Sabem que esta situação nova se caracteriza por complexos de contradições, que levam a uma confrontação permanente, aberta ou não, pacífica ou não, entre os próprios países imperialistas, à procura de novos equilíbrios nas relações de forças, e em função da necessidade de obter matérias-primas e mercados.

Analisado desta forma, o imperialismo surge com a sua verdadeira face, e, situado onde está verdadeiramente situado, ou seja, nos países capitalistas tornados imperialistas. O imperialismo existe, portanto, nos países capitalistas e não nos nossos países.

É desta necessidade de mercados novos, de matérias-primas cada vez em maiores quantidades, desta sede insaciável de mais-valia que nasce a dominação imperialista no mundo. Quando o imperialismo atingiu um nível muito importante, tinha já procedido a uma divisão do mundo, e foi no início deste século que fez esta nova divisão, sobretudo de África, quando da Conferência de Berlim, como sabem. Ou seja, a concentração interna nos países capitalistas do capital financeiro. Portanto, à criação dos monopólios no interior dos países capitalistas corresponde a monopolização das colônias, a conquista das colônias, a sua monopolização pelos países imperialistas.

E é no quadro deste monopólio das colônias que se revelaram as mais duras contradições entre os próprios países imperialistas, conduzindo a duas guerras mundiais. E também neste quadro que é interessante ver como em Portugal, um país não imperialista, subdesenvolvido, conseguiu preservar as suas colônias, apesar da inveja selvagem dos verdadeiros países imperialistas. Pode dizer-se abertamente que o responsável pelo fato de Portugal ter conseguido preservar as suas colônias, foi a Inglaterra.

Na altura da Conferência de Berlim, com efeito, Portugal foi uma semicolônia de Inglaterra. A Inglaterra adoptou esta tática de defender com todas as suas forças Portugal para que ele pudesse preservar as suas colônias, porque sabia que poderia explorá-las como se fossem suas. A Inglaterra evitou assim que Angola e Moçambique, sobretudo, mas também a Guiné, Cabo Verde etc., pudessem ser objeto da cobiça dos outros países imperialistas. Submetidas a uma divisão, estão preservadas nas mãos de Portugal, mas exploradas também pela Inglaterra. Portanto, a dominação imperialista é a dominação econômica, política, dos países ou dos povos não capitalistas pelo imperialismo ou pelas potências imperialistas. Quer dizer que consideramos no âmbito geral da economia mundial os países capitalistas imperialistas como um núcleo. Criaram à sua periferia os países dominados pelo imperialismo. Se um país se encontrasse num estado de desenvolvimento ainda não capitalista, a dominação era puramente colonialista. Se este país tivesse já alguns indícios de capitalismo, a dominação seria neocolonialista, ou semicolonial. Portanto, o imperialismo, ou a dominação dos povos pelo capital financeiro, opera-se sob uma forma de *colonialismo, neocolonialismo ou de semicolonialismo.*

É esta dominação que caracteriza os nossos países, do Vietnã ou da China até Cuba ou à Terra do Fogo, ao Chile, também durante um certo tempo nalguns países (europeus, como Portugal e outros). É a esta zona de dominação imperialista que se chama em geral atualmente o Sul pobre em contradição com o Norte rico. Mas é preciso distinguir quer no Sul pobre quer no Norte rico, as diferentes situações que existem. Nem tudo é homogêneo.

Não temos tempo suficiente para analisar todas estas distinções, queremos apenas dar atenção a este fato. Basta lembrar que países como a Suécia, a Finlândia e outros países, nunca foram países imperialistas, mas fazem parte desse Norte rico. O que importa é concluir dizendo que a luta contra o imperialismo deve ser travada no próprio interior dos países imperialistas, e a luta contra a dominação imperialista nos nossos próprios países.

Nesta luta contra a dominação imperialista dos nossos países, consideramos que a luta contra o neocolonialismo é hoje a luta mais importante. O colonialismo na sua forma clássica passou para sempre, mesmo se lutamos contra um colonialismo arcaico, o português, enquanto o neocolonialismo continua a enraizar-se por todo o lado, servindo-se dos fantoches para iludir a libertação verdadeira dos povos. Cuba lutou contra um neocolonialismo que tinha a idade praticamente da sua independência fictícia, e ganhou. O Vietnã luta hoje corajosamente contra um neocolonialismo já também um pouco velho, e seguramente ganhará no Vietnã do Sul, tal como ganhou no Vietnã do Norte.

O que é importante é reconhecer o caráter evidente da ligação íntima que existe entre a luta contra o imperialismo nos países imperialistas e a luta contra a dominação imperialista nos nossos países. É evidente que a destruição eventual da dominação do capital financeiro no interior do mundo capitalista, implica necessariamente a destruição da dominação imperialista.

Se acontecesse, por milagre, que o capital financeiro, concentrado em monopólios, dos Estados Unidos da América fosse destruído e que os Estados Unidos se transformassem num país progressista, a luta do povo vietnamita deixaria de se justificar. O que é importante reconhecer, é que a destruição progressiva da dominação imperialista nos nossos países contribui de forma decisiva para a destruição do capital financeiro nos países imperialistas.

Desta ligação íntima entre estas lutas, ligação dinâmica, resulta a importância decisiva da unidade e da solidariedade de todas as forças anti-imperialistas no mundo. A unidade e a solidariedade são decisivas para o sucesso geral da luta contra o imperialismo [...].

O colonialismo português é, como sabem, o mais atrasado de todos os colonialismos. Portugal é um país que, oficialmente, nas estatísticas portuguesas, tem 46% de analfabetos. Como agrônomo, trabalhei em Portugal em determinadas regiões onde existem 70% de analfabetos. Portugal mantém ainda em certas regiões uma estrutura feudal. É preciso compreender que Portugal não pode realizar um processo de descolonização porque não pode pretender neocolonizar. É um país demasiado atrasado para pretender neocolonizar. A obstinação de Portugal resulta de muitos fatores subjetivos mas também, principalmente, de fatores objetivos como este: Portugal não tem uma infraestrutura econômica que lhe permita fazer concorrência às outras potências no mundo. Mas isto não basta. Objetivamente, Portugal tem como fatores decisivos na sua criminosa guerra colonial o auxílio das potências da Otan e dos seus outros aliados racistas ou colonialistas. É por isso que Portugal pode utilizar contra nós os aviões a reação mais modernos, enquanto o próprio Portugal nem sequer fabrica aviões de brinquedo para as crianças. Eis como a cumplicidade dos países da Otan, o auxílio que Portugal recebe, financeiro, político e em material de guerra, se revela um auxílio criminoso, dirigido contra os interesses do nosso povo, contra os interesses dos outros povos africanos, contra os interesses da humanidade em geral. Em face desta realidade concreta, temos uma consciência clara do fato de que, ao mesmo tempo que aceitamos os esforços e sacrifícios no nosso próprio país, devemos contar com a solidariedade internacional para desenvolver a nossa luta e vencer o colonialismo português.

Esta solidariedade desenvolve-se cada vez mais em África e no mundo, quer por parte dos países socialistas, quer por parte dos países como a Suécia, a Finlândia etc., quer por parte de todas as forças progressistas anticolonialistas no próprio Portugal. E devemos afirmar perante vós que consideramos preciosa a ajuda de sangue que o povo vietnamita, os povos indochineses, todos os povos em armas contra o imperialismo dão todos os dias a favor da libertação do nosso povo. Esta solidariedade deve desenvolver-se cada vez mais, reciprocamente, porque a luta é uma e a mesma que vós mesmos travais aqui na Finlândia pela paz, pela segurança do mundo, pela felicidade dos povos.

Intensifiquemos a ação em todos os planos da luta[1]

No começo de um novo ano da luta gloriosa contra o colonialismo português, pela independência e o progresso verdadeiro do nosso povo africano da Guiné e Cabo Verde, tenho o prazer de vos endereçar em meu nome e no da direção nacional do nosso partido, felicitações calorosas e os melhores votos de saúde, de longa vida e de novas e mais importantes vitórias ao serviço da causa sagrada da libertação total da África, da dominação imperialista e da opressão social e cultural.

Um novo ano de luta – o décimo do nosso combate libertador – significa para nós mais um ano de esforços e de sacrifícios, de batalhas sem tréguas contra as hordas colonialistas e racistas de Portugal, de desenvolvimento e intensificação cada dia maior da nossa ação política e militar em todas as frentes de luta. Mas um ano novo de luta significa principalmente, para o nosso povo – para os homens, as mulheres e as crianças da nossa terra –, mais um ano de existência na dignidade reconquistada, de liberdade e soberania nas nossas regiões libertadas, de consolidação da nossa nação africana e do nosso Estado em desenvolvimento, de melhoria e aumento tanto da nossa consciência política e patriótica

1 Extraído de Andrade, Mário (coord.). *Obras escolhidas de Amílcar Cabral.* Unidade e luta. Volume 2. A prática revolucionária. Praia: Fundação Amílcar Cabral, 2013. Discurso proferido em janeiro de 1972.

como da eficácia do nosso trabalho, nos campos de cultura como nas oficinas e no artesanato, nas escolas das aldeias como nos internatos, nos hospitais como nos postos sanitários – em todos os domínios da vida nova que o nosso povo forjou na luta e que nenhuma força no mundo será capaz de destruir.

Neste momento em que a humanidade renova as suas esperanças numa vida melhor, de dignidade, de justiça e de paz – de independência e de progresso para todos os povos e de felicidade para todos os homens –, o nosso pensamento vai em primeiro lugar para o nosso povo africano, para as heroicas populações das regiões libertadas da nossa terra, para as populações dos centros urbanos e das zonas ainda ocupadas pelo inimigo colonialista, para as populações de Cabo Verde, ainda sujeitas à ameaça da fome e ao jugo colonial. Ao nosso povo do continente e das ilhas, aos homens e mulheres patriotas da nossa terra, rendo aqui uma homenagem particular, pela contribuição decisiva que têm dado ao avanço da nossa luta, à custa de esforços e sacrifícios de toda a ordem, os quais, pela sua grandeza, só a certeza na vitória e na realização das suas mais legítimas aspirações, podem justificar.

O nosso povo sabe-o bem, mas nunca é demais repeti-lo – que a criação e a existência real e dinâmica do nosso partido é a obra mais importante que ele próprio realizou ao longo da sua história. Sabe também – e ninguém melhor do que ele – que os progressos da nossa luta, as vitórias alcançadas em todos os domínios da nossa atividade, assim como a situação desesperada em que se encontra o inimigo colonialista – são o fruto dos seus esforços e sacrifícios, o resultado da sua decisão inquebrantável de se libertar para sempre da odiosa dominação estrangeira, e ser o dono do seu destino. O nosso povo sabe-o bem, mas é necessário lembrá-lo, neste momento em que entramos no décimo ano do nosso combate contra o colonialismo português, que os esforços e sacrifícios enormes que têm consentido para que avance vitoriosamente a nossa luta armada de libertação não podem ser compensados apenas por uma bandeira e por um hino nacional ou pela criação de um governo próprio, composto de naturais da nossa terra. A bandeira da nossa nação africana flutua, já, há alguns anos, nos céus da nossa terra. O hino do nosso partido e do nosso povo é já cantado tanto pelas crianças como pelos adultos, inclusive nas áreas ainda ocupadas pelo inimigo. Filhos do nosso povo governam já as regiões libertadas da nossa terra, no quadro da organização do nosso partido e de uma administração política e civil que se desenvolve e se consolida progressivamente. Mas o nosso povo está consciente de que a única e verdadeira compensação dos esforços e sacrifícios que tem consentido para o avanço vitorioso da luta reside na vida nova, de trabalho, de justiça, de democracia e de perspectivas seguras de progresso econômico, social e cultural, que estamos criando e desenvolvendo na nossa terra. Uma vida em que, diretamente e por meio dos seus melhores filhos – mas livre de toda a espécie de dominação estrangeira –, o nosso povo é o verdadeiro senhor do seu destino e não aceita mais a exploração, os abusos e a opressão, seja dos estrangeiros, seja de camadas privilegiadas da nossa própria terra. Uma vida em que o nosso povo assume as suas responsabilidades históricas em todos os domínios da sua atividade e perante a comunidade internacional, para desenvolver, com os seus próprios esforços e sacrifícios e na cooperação com as forças sãs da humanidade – com todos os povos – as bases econômicas, sociais e culturais para a criação da paz, da felicidade do progresso a que tem direito e que constituem os objetivos maiores da ação do nosso partido. Uma vida em que o nosso povo, pelas suas próprias mãos e cabeça, liquidará definitivamente na Guiné e Cabo Verde, a miséria, a fome, a ignorância e o medo a que tem sido sujeito, seja pela odiosa dominação colonial portuguesa, seja pelas condições materiais, sociais e culturais próprias ao estágio de desenvolvimento histórico da nossa sociedade africana.

O nosso povo sabe que nós não estamos a lutar para sermos na nossa terra cidadãos portugueses de 2ª ou mesmo de 1ª classe, mas está também cada dia mais consciente de que a nossa luta tem como objetivo fundamental a libertação do homem africano da Guiné e Cabo Verde, de toda e qualquer espécie de opressão, a liquidação progressiva e definitiva de todas as barreiras econômicas, sociais e culturais a que tem estado sujeito, a construção de uma sociedade nova, baseada no trabalho e na prática rigorosa da justiça; enraizada na nossa própria história e nas realidades da nossa terra, mas aberta a todas as conquistas realizadas pela humanidade no caminho do progresso.

Porque o nosso povo, sob a direção do nosso partido, está consciente das causas e dos objetivos da nossa luta, ele está cada dia mais decidido a ser o próprio construtor do seu progresso, como está sendo e será, até à vitória final, o conquistador da sua liberdade e soberania nacional. Por isso mesmo, o nosso povo votou e votará ao fracasso total, todas as manobras demagógicas dos criminosos colonialistas portugueses visando a desviá-lo do caminho da luta, com concessões de última hora que só enganam os enganados ou com as falsas promessas de uma Guiné e de um Gabo Verde melhores... do que Portugal. Por isso mesmo, as nossas populações e todos os patriotas dos centros urbanos e das zonas ainda ocupadas pelo inimigo, assim como as populações de Cabo Verde – nomeadamente a juventude –, sabem que todas as concessões dos colonialistas são o fruto da luta, estão cada dia mais interessados no desenvolvimento da luta, e manifestam cada vez mais o seu apoio decisivo ao nosso grande partido.

Porque o nosso povo está consciente dos seus direitos e deveres tanto na nossa terra como nos planos africano e internacional, ele não esperou que os criminosos colonialistas portugueses decidissem reconhecer o seu direito à autodeterminação. Pegou em armas e, ao longo de nove anos de luta caracterizada por um intenso trabalho político e pelo constante desenvolvimento da nossa ação armada, autodeterminou-se. Libertou a maior parte da nossa terra na Guiné e está desenvolvendo cada dia mais a ação política do nosso partido em Cabo Verde. Por isso mesmo, o nosso povo, sob a direção do nosso partido, está decidido a consolidar e defender as conquistas que já realizou, a desenvolver e reforçar os órgãos do nosso Estado e da soberania nacional, a conquistar a sua independência e soberania internacional seja qual for a atitude dos criminosos colonialistas portugueses. Por isso mesmo o nosso povo conta e contará cada dia mais com o apoio fraternal, moral, político e material, dos países africanos independentes e com a solidariedade concreta de todas as forças anti-imperialistas e anticolonialistas, para acelerar a liquidação total da presença colonial portuguesa na nossa terra.

Nesta perspectiva certa e neste momento em que devemos todos festejar as vitórias alcançadas no decurso do ano findo, saúdo igualmente, com a maior alegria e esperança, os corajosos combatentes e militantes do nosso grande partido, vanguarda revolucionária do nosso povo, do qual são e serão cada dia mais os melhores filhos. Ao felicitar todos pelos sucessos registrados e pelas derrotas infligidas ao inimigo, encorajo-os a redobrar de esforços, e preparar-se para consentir cada dia maiores sacrifícios e para agir com mais eficácia, ao serviço da libertação total da nossa pátria e do progresso do nosso povo.

Aos trabalhadores da nossa ação política e administrativa como aos da nossa atividade econômica, social e cultural; aos militantes camponeses, operários, artesãos, professores, enfermeiros e enfermeiras, médicos, engenheiros e técnicos de diversos ramos, endereço os melhores votos de aperfeiçoamento constante do seu trabalho, para o desenvolvimento e a consolidação das nossas regiões libertadas e todas as conquistas da luta, para o progresso da vida nova que o nosso povo forjou e de que eles são, como militantes do nosso partido, os artífices principais.

Saúdo e felicito os heroicos combatentes das Forças Armadas Nacionais e das Forças Armadas Locais, pelas importantes vitórias alcançadas em 1971, as quais, tendo levado a nossa ação à retaguarda do inimigo, em particular a Bissau e a Bafatá, criaram uma situação nova no quadro do desenvolvimento da nossa luta. Lembrando aqui, com profunda saudade e o mais elevado respeito, os combatentes que, durante o ano findo, caíram no campo da honra em defesa dos sagrados direitos do nosso povo, afirmo a certeza de que neste novo ano de luta as nossas Forças Armadas vão intensificar mais ainda a sua ação, utilizar cada vez melhor as armas poderosas de que dispomos, para dar golpes cada vez mais duros ao inimigo colonialista.

Tendo em consideração os acontecimentos dos últimos dias do ano findo, dirijo uma saudação e felicitações particulares aos combatentes das frentes do Norte, em especial do setor de Mores, pela derrota vergonhosa que infligiram às hordas colonialistas entre 10 e 26 de dezembro, quando estas tentaram penetrar nessa área. Obrigando o inimigo a reconhecer publicamente que sofreu nessa operação 61 baixas e a tecer elogios à ação das nossas Forças Armadas, os camaradas que se bateram em Mores obtiveram uma das nossas maiores vitórias em 1971.

No decurso do ano findo, regressaram ao nosso meio, depois de terem terminado os seus estudos em países amigos ou em Portugal, vários compatriotas, militantes do partido, professores, engenheiros, economistas, médicos, juristas e técnicos de diversos ramos, que se encontram já em plena atividade no quadro da luta.

Aproveito esta oportunidade para felicitar mais uma vez esses camaradas e reafirmar-lhes que a sua presença é um encorajamento para todos nós, na certeza de que vão pôr toda a sua capacidade ao serviço do nosso partido e da luta.

Em nome do nosso povo, saúdo os povos irmãos dos países independentes da África, os seus governos e seus dirigentes, com votos de novas vitórias na consolidação da independência e na construção do seu progresso, ao serviço da libertação total do nosso continente da dominação colonialista e racista. Saúdo em particular os povos, os governos e líderes das Repúblicas da Guiné e do Senegal que, face às agressões criminosas dos colonialistas portugueses, desenvolvem cada dia mais o seu apoio solidário à nossa luta, que é também a deles.

É já do conhecimento público que os colonialistas portugueses e os seus aliados imperialistas preparam novas agressões contra a República da Guiné, com vistas à destruição do seu regime democrata e popular. Ao que parece, pois, os inimigos da África não tiraram a devida lição da derrota vergonhosa que lhes foi infligida pelo povo da República da Guiné aquando da covarde agressão perpetrada contra esse país, em 22 de novembro de 1970. Aproveito esta oportunidade para reafirmar aqui que, na eventualidade de qualquer agressão contra a República da Guiné ou contra a República do Senegal, nós nos bateremos lado a lado com esses povos irmãos até à derrota dos agressores, em defesa da sua soberania e independência, pela continuação vitoriosa da nossa luta de libertação nacional.

À Organização da Unidade Africana e aos países independentes da África que se têm esforçado para melhorar a sua ajuda ao nosso partido; aos povos e aos governos dos países socialistas e da Suécia, assim como a todas as organizações anti-imperialistas portuguesas, endereço, em nome do nosso povo, os votos de continuação e que nos dão na luta difícil, mas vitoriosa, contra os criminosos colonialistas portugueses. Ao povo de Portugal, que nunca confundimos nem confundiremos com os colonialistas portugueses, endereço, em nome do nosso povo, os votos de continuação e desenvolvimento da sua luta corajosa contra a guerra colonial, pela democracia, pela paz e pelo progresso a que têm direito, pela libertação da sua pátria do regime fascista em que vive há quase meio século e pela construção de um Portugal melhor. Saúdo em particular os verdadeiros patriotas portugueses, civis ou militares, que, em Portugal ou na nossa terra, desenvolvem uma ação concreta e estão dispostos a consentir os sacrifícios necessários para porem fim à criminosa guerra colonial, em defesa dos interesses do seu povo, da amizade e da cooperação construtiva entre o nosso povo africano e o povo de Portugal.

Aos inimigos do nosso povo e da África, em particular aos colonialistas portugueses e aos seus aliados, devo lembrar, neste momento em que entramos no décimo ano do nosso combate pela liberdade e a independência, que nenhuma força no mundo será capaz de parar a marcha vitoriosa da nossa luta. Que, sejam quais forem as suas manobras e os seus crimes abjetos, o nosso povo africano não voltará mais a ser dominado por estrangeiros, e vai com certeza completar a libertação da nossa terra, conquistar a independência e construir o seu próprio progresso.

A direção nacional do nosso partido tem seguido com a devida atenção as manobras demagógicas do governo colonial português e do seu agente principal na nossa terra, às suas chamadas reformas administrativas, às concessões de caráter racista e paternalista que têm feito às populações que ainda controlam, isso tudo na cínica intenção de desmobilizar o nosso povo para desviá-lo do caminho da liberdade e do progresso verdadeiro.

Os esforços tão desesperados quanto vãos, que faz o atual chefe dos colonialistas portugueses na Guiné no sentido de destruir o nosso partido para liquidar a nossa luta, são a prova mais clara de que os colonialistas portugueses não conhecem nem nunca conhecerão a África, não compreendem nem podem compreender o sentido da história e continuam convencidos da sua capacidade de, como dizem, "enganar o preto". Essa ignorância, incapacidade e convicção racista, caracterizaram sempre a ação dos colonialistas portugueses em África, explicam todos os crimes que praticaram e praticam contra os povos africanos, são a causa subjetiva das atuais guerras coloniais e vão seguramente provocar a perda de Portugal, com graves consequências para o povo português.

Neste momento em que festejamos o nono aniversário do desencadeamento da nossa luta armada e nos preparamos para intensificar ainda mais a nossa ação em todas as frentes de combate, parece-nos útil repetir, nesta Mensagem, o que disse ao atual chefe dos colonialistas na Guiné, um homem grande que assistiu ao chamado Congresso do Povo: "Se, na verdade, querem a paz e o bem-estar para o nosso povo, façam as malas, juntem as vossas tropas e vão-se embora para a vossa terra."

Essa é uma opinião em que devem meditar o atual chefe dos colonialistas na Guiné e todos os agentes do colonialismo português na nossa terra. Tanto mais quanto é certo que, aqueles que desejam sinceramente fazer uma revolução social, terão, em Portugal, um vasto campo de ação, pois o bom povo português que, do Minho ao Algarve, sempre viveu na ignorância, na miséria e na exploração desenfreada do seu trabalho, está há séculos à espera de uma revolução.

Porque, na nossa terra, não há crimes nem sangue, nem sorrisos ou palavras doces que possam parar o caminho do nosso povo para a independência e o progresso. Porque o nosso povo está de pé e com armas nas mãos na Guiné, está de pé e decidido a pegar em armas em Cabo Verde, para se libertar totalmente e para sempre de toda e qualquer espécie de dominação estrangeira. Porque marchamos no sentido da história e temos ao nosso lado, decididos a ajudar-nos cada dia mais, todas as forças progressistas do mundo.

Como todos vocês sabem, o nosso povo conseguiu vitórias e sucessos importantes na luta, durante o ano findo, tanto nos planos político e militar como nos outros ramos da nossa atividade. Os Serviços de Informação do nosso partido apresentarão brevemente, nas emissões que difundem diariamente, o balanço da nossa ação em 1971.

Nesta Mensagem devo apenas informar-vos que, no decurso do ano findo, infligimos às tropas colonialistas perdas mais pesadas de que nos anos anteriores, tanto em material como em homens. O partido fez avançar consideravelmente a sua ação em Cabo Verde e os preparativos para o desenvolvimento da luta nas ilhas. Melhoramos e desenvolvemos o trabalho político nas regiões libertadas e nas áreas ainda ocupadas, tivemos uma boa produção agrícola, os serviços sociais – o ensino, a assistência sanitária e o funcionamento dos Armazéns do Povo – registraram progressos significativos, obtivemos grandes sucessos no plano africano e internacional, nos quais se reforçou o prestígio do partido e da luta, assim como os laços que nos unem a todas as forças anticolonialistas.

Encorajados pelos resultados obtidos no ano findo, vamos redobrar de esforços para obter novas e mais importantes vitórias em 1972!

Vamos intensificar a nossa ação armada em todas as frentes, utilizar armas e outros meios mais poderosos ainda contra os criminosos colonialistas portugueses!

Vamos desenvolver e aprofundar o trabalho político, para elevar ainda mais alto a consciência nacional e o patriotismo do nosso povo!

Vamos fazer avançar a luta em Cabo Verde, assim como nos centros urbanos e zonas ocupadas da Guiné, para a libertação total da nossa pátria africana!

Vamos criar os Conselhos Regionais e a 1ª Assembleia Nacional Popular da Guiné, para reforçar e desenvolver a soberania do nosso povo e abrir novas perspectivas à evolução da nossa luta!

Vamos melhorar o trabalho nas nossas escolas e internatos, hospitais e postos sanitários, tribunais populares e administração civil, assim como em todos os ramos da nossa atividade, para consolidar e fazer progredir a vida nova que está criando o nosso povo!

Vamos dar golpes cada vez mais duros aos criminosos colonialistas portugueses para expulsá-los para sempre da nossa terra!

Viva o PAIGC, força, luz e guia do nosso povo na Guiné e Cabo Verde!

Morte aos criminosos colonialistas portugueses e seus lacaios!

Mensagem de ano novo[1]

Neste momento em que começamos um novo ano de vida e de luta e o nosso combate pela independência do nosso povo africano completa dez anos, devo lembrar a todos – militantes, combatentes, responsáveis e dirigentes do nosso grande partido – que a hora é de ação e, não, de palavras. Ação cada dia mais vigorosa e mais eficaz na Guiné, para infligir maiores derrotas aos colonialistas portugueses e tirar-lhes todas as pretensões tão criminosas como vãs, de reconquistarem a nossa terra. Ação cada dia mais desenvolvida e melhor organizada em Cabo Verde, para passar a luta a uma fase nova, de acordo com as aspirações do nosso povo e os imperativos da libertação total da nossa pátria africana.

Devo, no entanto, respeitar a tradição para vos dirigir algumas palavras, nesta hora em que todos os seres humanos sãos – os que querem a paz, a liberdade e a felicidade para todos os homens – renovam as suas esperanças e certeza numa vida melhor para a humanidade, na dignidade, na independência e no progresso verdadeiro de todos os povos.

1 Extraído de: Andrade, Mário (coord.). *Obras escolhidas de Amílcar Cabral.* Unidade e luta. Volume 2. A prática revolucionária. Praia: Fundação Amílcar Cabral, 2013. Mensagem proferida em janeiro de 1973.

Como todos sabem, realizamos no ano findo as eleições gerais nas regiões libertadas, com voto universal e secreto, para a criação dos Conselhos Regionais e da 1ª Assembleia Nacional da história do nosso povo. Em todos os setores de todas as regiões, as eleições decorreram num ambiente de grande entusiasmo por parte da população.

Os eleitores votaram em massa pelas listas que haviam sido elaboradas depois de oito meses de debates públicos e democráticos, em que foram selecionados os representantes de cada setor. Reunidos os Conselhos Regionais eleitos, estes elegeram, por sua vez, entre os seus membros, os representantes para a Assembleia Nacional Popular. Esta terá 120 membros, dos quais 80 foram eleitos entre as massas populares e 40, entre os quadros políticos, militares, técnicos profissionais e outros, do partido. Como sabem, os representantes dos setores ocupados temporariamente pelos colonialistas foram escolhidos a título provisório.

Hoje, o nosso povo africano da Guiné dispõe pois de mais um órgão de soberania, a sua Assembleia Nacional Popular. Esta será, de acordo com a Constituição que estamos a elaborar, o órgão supremo da soberania do nosso povo na Guiné. Amanhã, com o desenvolvimento certo da luta, criaremos também a 1ª Assembleia Popular em Cabo Verde. A reunião conjunta dos membros desses dois órgãos formará a Assembleia Suprema do Povo da Guiné e Cabo Verde.

A criação da primeira Assembleia Nacional Popular na Guiné é uma vitória transcendente da luta difícil, mas gloriosa, do nosso povo pela independência. Ela abre perspectivas novas para o avanço da nossa ação político-militar, é o resultado dos esforços e sacrifícios consentidos pelo nosso povo nestes dez anos de luta armada, é uma prova concreta de soberania do nosso povo e do seu elevado grau de consciência nacional e patriótica. Quero, pois, neste momento, endereçar as minhas felicitações calorosas ao nosso povo, a todos os eleitores e eleitoras que, como homens e mulheres conscientes, souberam cumprir tão dignamente os seus deveres de cidadãos livres da nossa nação africana; a todos os militantes, responsáveis e dirigentes que, nas comissões ou noutros setores de atividade, deram a sua melhor contribuição para o êxito desta realização que ficará na história da nossa terra. Felicito com igual entusiasmo os valorosos combatentes das nossas Forças Armadas que, pela sua ação corajosa, criaram em todos os setores a segurança necessária à realização das eleições apesar de todas as tentativas criminosas do inimigo colonialista no sentido de evitar que elas se realizassem.

Mas uma Assembleia Nacional, como qualquer órgão de qualquer corpo vivo, deve poder funcionar para valer a sua existência. Temos, por isso, uma tarefa maior a cumprir no quadro da nossa luta neste novo ano de 1973: devemos fazer funcionar a nossa Assembleia Nacional Popular. E vamos fazê-lo, para realizar completamente as decisões tomadas pelo nosso grande partido, na reunião do Conselho Superior da Luta de Agosto de 1971, decisões que foram entusiasticamente apoiadas pelo povo.

Vamos, no decurso deste ano e tão cedo quanto seja possível e conveniente, reunir a Assembleia Nacional Popular na Guiné, para que ela cumpra a primeira missão histórica que lhe compete: a proclamação da existência do nosso Estado, a criação de um executivo para esse Estado e a promulgação de uma Lei fundamental – a da 1ª Constituição da nossa história –, a qual será a base da existência ativa da nossa nação africana. Quer dizer: representantes legítimos do nosso povo, escolhidos pelas populações e eleitos por cidadãos conscientes e patriotas da nossa terra, vão proceder ao ato mais importante da sua vida e da vida do nosso povo: o de afirmar perante o mundo que a nossa nação africana, forjada na luta, está irreversivelmente decidida a marchar para a independência sem esperar pelo consentimento dos colonialistas portugueses, e que, a partir desse momento, o Executivo do nosso Estado será, sob a direção do nosso partido, o PAIGC, o único, verdadeiro e legítimo representante do nosso povo em todos os problemas nacionais e internacionais, que lhe dizem respeito.

Da situação de colônia que dispõe de um movimento de libertação e cujo povo já libertou em 10 anos de luta armada a maior parte do seu território nacional, vamos passar a situação de um país que dispõe do seu Estado e que tem uma parte do seu território nacional ocupado por Forças Armadas estrangeiras.

Esta mudança radical na situação da nossa terra corresponde à realidade concreta da vida e da luta do nosso povo na Guiné, baseia-se nos resultados concretos da nossa luta, e tem o firme apoio de todos os países e governos africanos, e de todas as forças anticolonialistas e antirracistas do mundo. Ela corresponde também aos princípios da Carta das Nações Unidas a às resoluções adotadas por esta organização internacional, nomeadamente na sua XXVII Sessão.

Nada, nenhuma ação criminosa ou manobra ilusionista dos colonialistas portugueses, poderá evitar que o nosso povo africano, dono do seu próprio destino e consciente dos seus direitos e deveres, dê esse passo transcendente e decisivo para a realização do objetivo fundamental da nossa luta; a conquista da independência nacional e a construção, na paz e na dignidade reconquistadas, do seu progresso verdadeiro, sob a direção exclusiva dos seus próprios filhos sob a bandeira gloriosa do nosso partido.

A importância transcendente da formação da Assembleia Nacional Popular, da proclamação do Estado na Guiné e da criação dos órgãos executivos correspondentes, os quais não serão provisórios nem viverão no exílio, implica necessariamente muito maiores responsabilidades para o nosso povo e, em particular, para os militantes, combatentes, responsáveis e dirigentes do nosso partido. Estas iniciativas históricas exigem de nós todos mais esforços e sacrifícios cotidianos, mais pensamento para agir melhor, mais atividades para melhor pensar. Pensar cada problema "concreto" que temos de resolver de modo a encontrar para ele a solução mais conveniente nas condições específicas da nossa terra e da nossa luta. Elas exigem que intensifiquemos e desenvolvamos a nossa ação política e militar na Guiné, sem descuidar as importantes atividades que temos desenvolvido nos planos econômico, social e cultural. Elas exigem que façamos com êxito os esforços necessários para o avanço da luta política em Cabo Verde e para que o nosso povo nas ilhas passe, o mais breve possível, a uma ação direta e sistemática contra os criminosos colonialistas portugueses.

Nessa perspectiva, não podemos esquecer nem um só momento que estamos em guerra e que o inimigo principal do nosso povo e da África – os colonialistas fascistas portugueses – alimentam ainda, com o sacrifício e a miséria do seu povo e por meio de manobras as mais pérfidas e de atos os mais bárbaros, a criminosa intenção e a vã esperança de destruir o nosso partido, liquidar a nossa luta e recolonizar o nosso povo. Por isso, a maior parte da nossa atenção, das nossas energias e dos nossos esforços, deve ser dedicada à luta armada, à guerra, à ação concreta das nossas Forças Armadas tanto nacionais como locais. Por isso, devemos, no decurso de 1973, pôr todas as nossas capacidades e possibilidades, humanas e materiais, em ação, para intensificar mais ainda a luta em todas as frentes para tirar maior rendimento dos homens, das armas e da experiência de que dispomos, para dar golpes mais duros ao inimigo colonialista liquidando maior número das suas forças vivas. Porque a história das guerras coloniais e a nossa experiência de dez anos de luta nos ensinam que os agressores colonialistas – e, muito particularmente, os agressores colonialistas portugueses – só compreendem uma linguagem, a da força, só medem uma realidade, o número dos cadáveres.

É verdade que em 1972 infligimos grandes derrotas e perdas muito importantes aos criminosos agressores colonialistas portugueses. Dentro de alguns dias, os nossos Serviços de Informação tornarão público o balanço da nossa ação no ano findo, o qual será amplamente divulgado pela nossa Emissora Rádio Libertação e por outros meios de informação. Mas devemos reconhecer que o inimigo, dispondo de mais aviões e helicópteros que lhe são fornecidos pelos seus aliados da Otan, aumentou significativamente os bombardeamentos e os assaltos terroristas contra as nossas regiões libertadas, tentou e está tentando criar-nos situações difíceis com os seus planos de reocupação de algumas localidades dentro dessas regiões. Mas devemos sobretudo reconhecer que, com os homens, as armas e a experiência de que dispomos, poderíamos e devíamos ter feito mais e melhor. Isso é o que devemos fazer e vamos com certeza fazer em 1973, tanto mais que vamos utilizar em todas as frentes armas e outros meios de guerra mais poderosos ainda.

Com base num maior número de quadros e combatentes mais preparados e com maior experiência, vamos utilizar com maior eficácia os meios de que dispomos e de que vamos dispor, para dar golpes decisivos e mortais aos criminosos agressores colonialistas portugueses.

Ao mesmo tempo que intensificamos a ação armada em todas as frentes, devemos ser capazes de desenvolver a nossa ação à retaguarda do inimigo, no coração do inimigo, lá onde ele se sente mais seguro. Felicito aqui os corajosos militantes que, com a sua ação decidida, deram no ano findo alguns golpes importantes ao inimigo, particularmente em Bissau, Bafatá e Bula. Mas chamo a atenção de todos para a necessidade de desenvolver e intensificar esse tipo de ação. Chegou na realidade a hora de, com base numa organização clandestina eficaz e sólida, destruir o maior número possível de meios humanos e materiais dos criminosos agressores colonialistas portugueses nos centros urbanos da nossa terra. Na realidade, nós enfrentamos um inimigo bárbaro que não tem o menor escrúpulo nas suas ações criminosas, que usa todos os meios para tentar destruir-nos onde quer que nos encontremos. Por isso, e porque lutamos na nossa terra pelos direitos sagrados do nosso povo à independência, à paz e ao progresso verdadeiro, devemos, neste momento decisivo, dar ao inimigo colonialista e racista – a ele, aos seus agentes e aos seus meios – golpes demolidores onde quer que se encontrem. Esta é uma tarefa urgente a que devem dedicar-se com a melhor atenção todos os responsáveis e militantes desse setor da luta, e muito especialmente os camaradas que, com coragem e decisão, militam nos centros e áreas ainda ocupadas pelo inimigo.

Quero referir-me aqui a um problema importante da guerra colonial que enfrentamos: as grandes tentativas que o inimigo tem feito para ocupar ou voltar a ocupar algumas localidades das nossas regiões libertadas. Lembro aos camaradas do partido e ao nosso povo que essas tentativas, quer tenham ou não êxito, são próprias das guerras coloniais, e, como os bombardeamentos e os assaltos terroristas, fazem necessariamente parte da ação do agressor colonialista, sobretudo quando as forças patriotas libertaram já a maior parte do território nacional, como é o nosso caso. Devemos pois encarar esse problema com realismo e dar-lhe o justo valor que tem no quadro geral da nossa luta, sem exagerar nem diminuir a sua importância.

Como sabem os camaradas e sobretudo os dirigentes e responsáveis do partido, o agressor colonialista enfrenta, no quadro da sua guerra colonial, uma contradição principal, sem solução, na qual se debate durante toda a guerra. É a seguinte contradição: para ter a sensação de que domina o território ele é obrigado a dispersar as suas tropas, levando-as a ocupar o maior número de localidades possível. Mas, dispersando as suas tropas, ele fica mais fraco e, assim, as forças patrióticas, concentradas, podem dar-lhe golpes mais duros e mortais. Então ele é obrigado a retirar-se para concentrar as suas tropas, para tentar evitar grandes perdas em vidas humanas, para melhor resistir ao avanço das forças nacionalistas, contra as quais pretende ganhar tempo. Mas, concentrando as suas tropas, deixa sem a sua presença militar e política vastas áreas do país, que são organizadas e administradas pelas forças patrióticas.

Na fase atual da nossa luta e da guerra colonial portuguesa, o inimigo cego pelo desespero das derrotas que sofreu e sofre, tanto na nossa terra como no plano internacional, está a tentar, em vão, é certo, fazer o rio Corubal voltar ao Futa Djalon em vez de correr para o Geba e para o mar. Nesta tentativa, como na de enganar o nosso povo com a miragem duma "Guiné melhor" à portuguesa, como na de fazer os africanos baterem-se contra os africanos, está condenado ao fracasso: não poderá libertar-se da contradição principal da sua suja guerra colonial.

Para nós o que importa, com base no conhecimento da estratégia a que o inimigo é forçado pelas leis objetivas da guerra colonial, não é preocuparmo-nos muito porque o inimigo quer instalar-se em Gampará, em Cabochanque, em Cadique ou em outras localidades. O que importa é, por um lado, levarmos para a frente os nossos próprios planos de luta e, por outro, fazermos tudo para liquidar o maior número possível de forças vivas do inimigo, quando se instala ou se move para se instalar em qualquer localidade das nossas regiões libertadas. O que importa é dar-lhes aí golpes duros, não deixá-lo sossegado, fazer do ponto ocupado um cemitério para as suas tropas, até obrigá-lo a retirar-se, como fizemos em Baiana, Gadembel e, mais recentemente, na Tabanca Nova do Cubisseco. Isso devemos fazer e vamos fazer de certeza em qualquer parte das nossas regiões libertadas que o inimigo ocupe. Isso temos também de fazer nos seus quartéis fortificados ainda existentes no nosso país.

Naturalmente, devemos continuar em 1973 a intensificar o nosso trabalho político no seio das massas populares, tanto nas regiões libertadas como nas áreas ocupadas da Guiné e em Cabo Verde. Sem diminuir em nada o valor do trabalho já realizado nesse domínio e que conduziu à falência da tão mentirosa quanto apregoada "política da Guiné melhor", devemos reconhecer que há alguns setores, senão regiões, onde a ação política é ainda deficiente. Temos, no decurso deste ano, de fazer todos os esforços necessários para melhorar a nossa ação nesses setores, pois, como sabemos, seja qual for a importância da nossa ação armada, a nossa luta é fundamentalmente uma luta política que visa um objetivo político concreto: a independência e o progresso da nossa terra.

Felicitando os camaradas que, na Guiné e em Cabo Verde, melhoraram muito o trabalho político no ano findo, encorajo todos a redobrar de esforços para consolidar e desenvolver as conquistas políticas do partido e da luta, para elevar cada dia mais a consciência política e o patriotismo das massas populares, dos militantes e dos combatentes, para reforçar a unidade indestrutível do nosso povo, base essencial dos sucessos da nossa luta. Para, no domínio da segurança e do controle, reforçarem a vigilância contra o inimigo e os seus agentes, contra todos aqueles que, por oportunismo, ambição, fraquezas morais ou servilismo em relação ao inimigo, possam tentar destruir o nosso partido e, portanto, a luta justa do nosso povo pela independência.

Em Cabo Verde, os acontecimentos de setembro de 1972 que constituíram o primeiro choque entre as populações do Arquipélago e as forças de repressão colonialista vieram dar mais uma prova do nível de tensão em que se encontra aí a situação política. Ao felicitar os patriotas da Praia e de São Tiago, que agiram com coragem e decisão perante a provocação dos colonialistas e seus agentes, encorajo-os a melhorar cada dia a organização clandestina, a agir com segurança e sem permitir ao inimigo liquidar os quadros nacionalistas, e a prepararem-se por todos os meios ao seu alcance para a fase nova da nossa luta no Arquipélago, que exige a teimosia criminosa dos colonialistas portugueses. Reafirmo que a direção do partido está mais do que nunca decidida a fazer tudo o que é possível para o avanço da luta em Cabo Verde.

Tendo em conta os progressos já feitos nas ilhas e a complexidade de problemas específicos a resolver, torna-se necessário e urgente, em meu entender, uma modificação realista na estrutura da direção do partido para dar a alguns camaradas a possibilidade de dedicarem toda a sua atenção ao desenvolvimento da luta em Cabo Verde. Tal modificação será proposta à próxima reunião da direção do partido.

Ainda no plano político, chamo a atenção dos camaradas para a diversidade de problemas novos que temos de estudar e resolver de maneira adequada, os quais resultam das novas perspectivas do desenvolvimento da luta que serão abertas pela proclamação do Estado na Guiné: no interior, melhoria e desenvolvimento dos serviços administrativos, criação de organismos de controle das nossas atividades, novo recenseamento de população, identificação de todos os elementos que a formam etc.; e, no exterior, organização, controle e proteção dos cidadãos emigrados, sua identificação com correspondente distribuição de passaportes, mobilização dos jovens residentes no estrangeiro para a luta etc., sem falar do tipo de relações a estabelecer no plano internacional. São, é certo, problemas novos, mas muito importantes que devemos estudar profundamente e resolver a tempo.

As preocupações com a guerra e com o trabalho político não devem, no entanto, fazer-nos esquecer ou mesmo subestimar a importância das nossas atividades nos planos econômico, social e cultural, fundamento da vida nova que estamos criando nas nossas regiões libertadas. Devemos todos, mas principalmente os quadros especializados nesses assuntos, dar a melhor atenção aos problemas da economia, da saúde, da assistência social, da educação e da cultura, para melhorar o nosso trabalho de maneira significativa e estarmos aptos a resolver os grandes problemas que teremos de enfrentar com a nova situação que a luta está criando. Nessa perspectiva, temos desde já de encarar com determinação e afinco os problemas maiores da melhoria do abastecimento e das condições de vida das populações, dos impostos e da fiscalidade, da vida financeira nova que desejamos estabelecer, da moeda que teremos de usar etc., assim como do tipo de assistência social que desenvolveremos, com base na experiência já vivida, da escolarização e da formação de mais quadros para a reconstrução nacional, e para a construção do progresso do nosso povo. Tantos problemas novos, qual deles o mais complexo mas também o mais exaltante, e que temos de ser capazes de resolver ao mesmo tempo que intensificamos e desenvolvemos a nossa vigorosa ação político-militar para expulsar as tropas colonialistas das posições que ainda ocupam na nossa terra da Guiné e Cabo Verde. Os quadros especializados do partido devem dedicar-se atentamente ao estudo e à solução desses problemas, para cumprirem o seu dever para com o nosso povo.

Em nome da direção do partido, felicito os nossos produtores agrícolas da Guiné pelas colheitas obtidas no ano passado, apesar da escassez de chuvas. Encorajo todos a fazerem mais e melhor neste ano, para garantirem uma boa produção, porque, como sabemos, essa é a base principal da nossa vida e da nossa luta, a qual os criminosos podem roubar-nos o fruto do trabalho do nosso povo.

Mas é com pesar que lembro aqui que, neste momento ainda, as populações de Cabo Verde estão ameaçadas de fome. Isso por culpa dos colonialistas portugueses que nunca souberam nem quiseram criar no Arquipélago o mínimo de condições econômicas e sociais para garantir a subsistência e uma vida decente das populações nos anos de secas prolongadas. Forçado pelo avanço impetuoso da luta e pela denúncia feita pelo nosso partido perante a opinião mundial, o governo colonial de Portugal tem concedido empréstimos e subsídios a Cabo Verde para, como dizem os colonialistas, "debelar a crise", quer dizer, para evitar que muita gente morra de fome ao mesmo tempo, mas sem evitar que os mais débeis, sobretudo as crianças, morram lentamente de fome específica, ou mesmo total. Levanto mais uma vez a minha voz, em nome da direção do nosso partido, para protestar contra uma tal situação e para denunciar o crime que tem perpetrado o governo colonial fascista de Lisboa ao transferir para Portugal cerca de 15 a 20 mil jovens cabo-verdianos para o trabalho das minas, para servirem de varredores nas cidades principais, para as funções de operários não qualificados, causando assim uma grande sangria nas forças vivas da Cabo Verde, no intuito de barrar caminho ao avanço da nossa luta libertadora. Apelo para os patriotas cabo-verdianos e guineenses residentes em Portugal, a fim de que se unam cada dia mais e se organizem, para, ao lado de todos os trabalhadores forçados transferidos de Cabo Verde, desenvolverem a sua ação patriótica ao serviço do partido, do nosso povo e de África, para, no momento oportuno, darem os golpes devidos ao inimigo, fazendo assim voltar-se o feitiço contra o feiticeiro.

Chamo a atenção dos responsáveis do abastecimento das populações e principalmente dos trabalhadores dos armazéns do povo, para o fato de que, este ano, o partido disporá, mais do que nunca, de quantidades importantes de artigos de primeira necessidade que devemos ser capazes de pôr à disposição das populações de todas as regiões libertadas, sejam quais forem as dificuldades que tenhamos que enfrentar. Na realidade, tanto dos países socialistas, nomeadamente da União Soviética, como da Suécia, da Noruega e de outros países ou de organizações humanitárias, recebemos uma ajuda que nos permitiu melhorar grandemente a ação dos armazéns do povo assim como das instituições sanitárias e da educação. Espero que todos façam os esforços necessários para tornar 1973 um ano de maior eficácia ainda no abastecimento das nossas populações em artigos de primeira necessidade.

Como todos sabem, 1972 foi um ano de grandes e decisivas vitórias do nosso grande partido e do nosso povo no plano internacional. Entre os principais êxitos alcançados quero aqui lembrar apenas os seguintes:

- A visita doravante histórica da Missão Especial das Nações Unidas às regiões libertadas da nossa terra, a qual trouxe consequências importantes para o prestígio não só do nosso partido e da nossa luta, mas para todos os movimentos de libertação em África. Ao lembrar esse acontecimento, a que os agressores colonialistas portugueses quiseram opor-se com os seus crimes mais bárbaros, saúdo, neste começo de um novo ano os povos do Equador, da Suécia e da Tunísia, do Senegal e do Japão, cujos filhos corajosos visitaram a nossa terra, integrados na Missão Especial. Agradeço aos governos respectivos por terem consentido que os seus representantes fizessem tal visita e ao secretário-geral das Nações Unidas pela maneira decidida como pôs em prática uma resolução histórica e transcendente da Assembleia Geral da organização internacional.
- A resolução do Comitê de Descolonização da ONU, na sua sessão de Abril de 1972, pela qual o nosso partido foi

reconhecido, por aclamação, como o único, verdadeiro e legítimo representante do povo da Guine e Cabo Verde.

– As resoluções da Assembleia Geral das Nações Unidas que, entre outras decisões importantes, confirmam o reconhecimento do nosso partido como único e legítimo representante do nosso povo africano, e pedem a todos os Estados, governos e organizações nacionais e internacionais e aos órgãos especializados da ONU para reforçarem a sua ajuda ao nosso partido e tratarem sempre com ele, e só com ele, todos os problemas relativos ao povo da Guiné e Cabo Verde.

– A resolução histórica do Conselho de Segurança que, pela primeira vez sob a presidência de uma mulher, a nossa irmã e camarada guineense Jeanne Martin Cissé, adotou por unanimidade uma resolução que condena o colonialismo português e exige ao governo de Portugal que cesse a guerra colonial em África, retire as suas tropas de ocupação e entre em negociações com as forças patrióticas respectivas, as quais, na nossa terra, são representadas pelo nosso partido. Pela primeira vez, na luta política e diplomática contra o colonialismo português, o nosso partido falou na ONU com o estatuto de observador, e os próprios aliados do governo colonial fascista de Portugal votaram em bloco contra ele no seio do Conselho de Segurança das Nações Unidas. Esta resolução tem, e terá assim, um caráter de primeira importância, no desenvolvimento ulterior da nossa ação político-militar, para expulsar da nossa terra os criminosos agressores colonialistas portugueses.

– Por último, mas não menos importante, lembro as resoluções de solidariedade e de apoio incondicional e total adotadas pela Conferência dos Chefes de Estado e de Governo africanos em Rabat, na qual o nosso partido foi mais uma vez escolhido como porta-voz de todos os movimentos de libertação em África.

O ano findo foi de fato um ano de grandes vitórias no plano internacional, tanto mais quanto é certo que temos hoje a certeza do apoio moral, político, e em alguns casos material, dos Estados africanos independentes, em primeiro lugar dos países vizinhos e irmãos, as Repúblicas da Guiné e do Senegal, assim como de todos os países e forças verdadeiramente anticolonialistas e antirracistas. Recebemos ou vamos receber neste ano mais ajuda material da União Soviética e de todos os outros países socialistas, assim como da Suécia, da Noruega, da Dinamarca, da Finlândia, de diversos partidos e organizações políticas da Europa e de instituições humanitárias, como o Conselho Mundial das Igrejas, a Rowntree da Inglaterra, a World Church Service, o Secours Populaire Français, a Cruz Vermelha Internacional, e de vários comitês de apoio criados no mundo. Organismos especializados ou autônomos das Nações Unidas, como a Comissão Econômica para África, a Unesco, a Unicef, a OMS, o Alto Comissariado para os Refugiados e a OIT, desenvolvem e vão desenvolver cada dia mais a cooperação com o nosso partido, e amanhã seguramente com o nosso Estado.

Compreendem assim todos por que é que o governo colonial fascista de Marcelo Caetano e os seus representantes na nossa terra têm razões bastantes para estarem desesperados. E para, como gente sem escrúpulos que são, gente que despreza os interesses e direitos dos povos, inclusive do seu próprio povo, lançam mão de todos os meios, de todos os crimes, para, tentarem, parar a nossa luta. Compreendem, assim, porque é que os criminosos agressores colonialistas portugueses e o seu chefe na nossa terra estão assanhados mais do que nunca, intensificam os bombardeamentos e multiplicam os assaltos contra as nossas regiões libertadas, fazem tudo para tentarem reocupar algumas localidades nessas regiões, a fim de se consolarem das derrotas militares, políticas e diplomáticas que lhes infligimos, a fim de verem se conseguem, com os novos crimes que estão a cometer, desmoralizar as nossas forças e desmobilizar as nossas populações. São as derrotas que sofreram em 1972 tanto na nossa terra como no plano africano e internacional, que explicam a agressão intensificada contra as nossas regiões libertadas em particular contra a região de Cubucaré, que foi visitada em Abril pela Missão Especial das Nações Unidas.

O desespero do governo colonial fascista de Portugal é tanto mais compreensível quanto é certo que faliu completamente a chamada "política da Guiné melhor", e sente que também vai falir a mentira da política de um "Cabo Verde melhor". Em relação à Guiné, é o próprio governo colonial fascista de Lisboa que, pela voz do chefe dos criminosos agressores colonialistas, confessa essa falência, quando afirma que o que quer o homem africano é ter "a sua própria expressão política e social". É isso exatamente o que quer o homem africano da Guiné e Cabo Verde. Mas nós chamamos a isso *independência*, quer dizer, a soberania total do nosso povo no plano nacional e internacional, para construir ele mesmo, na paz e na dignidade, à custa dos seus próprios esforços e sacrifícios, marchando pelos seus próprios pés e guiado pela sua própria cabeça, o progresso a que tem direito, como todos os povos do Mundo. E isso em cooperação com outros povos, incluindo o povo de Portugal, o qual, em três guerras de libertação contra Castela, em Espanha, lutou para conquistar a sua própria expressão política e social, a sua independência – e venceu. Nós, como outros povos que lutaram e venceram, continuaremos a luta sob todas as formas o tempo que seja necessário. Porque estamos na nossa terra e por que temos a certeza de vencer.

Acontece ainda, como vocês sabem, que, enquanto as populações dos centros urbanos ocupados pelos colonialistas se interessam cada dia mais pelo partido e pela luta, como o prova o grande número de jovens que têm abandonado Bissau e outras praças para se juntarem às frentes de combate, a situação em Portugal se degrada aceleradamente e o povo português afirma, cada vez com maior vigor, a sua oposição à criminosa guerra colonial. Por isso, o governo colonial fascista de Lisboa e os seus agentes na nossa terra estão apressados em ver se conseguem mudar a situação antes que fiquem completamente perdidos na sua própria terra.

Mas perdem o seu tempo e fazem perder em vão e sem glória as vidas dos jovens portugueses que mandam para a guerra. Cometerão ainda mais crimes contra as nossas populações, farão ainda muitas tentativas e manobras para tentarem destruir o nosso partido e a luta. Farão certamente ainda vários atos de agressão desavergonhada contra os países vizinhos. Mas tudo em vão. Porque nenhum crime, nenhuma força, nenhuma manobra ou demagogia dos criminosos agressores colonialistas portugueses, será capaz de parar a marcha da história, a marcha irreversível do nosso povo africano da Guiné e Cabo Verde para a independência, a paz e o progresso verdadeiro a que tem direito.

Avante, camaradas e compatriotas na nossa luta heroica de libertação nacional!

Saúde, longa vida e êxitos cada vez maiores ao nosso povo africano, aos nossos corajosos combatentes, a todos os militantes, responsáveis e dirigentes do nosso grande partido!

Vamos proclamar a existência do nosso Estado na Guiné e avançar com a luta vitoriosa do nosso povo em Cabo Verde!

Vamos expulsar os colonialistas tugas de Cubucaré como de todas as regiões da nossa terra!

Viva o PAIGC, força, luz e guia do nosso povo, na Guiné e Cabo Verde!

Morte aos criminosos agressores colonialistas portugueses!